安東金氏
獨立運動家列傳

金渭顯 編

藝文春秋館

백야사(白冶祠)

충청남도 홍성군
대한독립군(大韓獨立軍) 총사령관(總司令官) 백야(白冶) 좌진(佐鎭) 장군의 사당

청산리전투(靑山里戰鬪) 전승기념(戰勝紀念)

좌진(佐鎭) 장군의 흉상

중국 길림성 해림시

추양사(秋陽祠)

지산공(志山公, 휘 福漢)사당.
충청남도 홍성군(洪城郡) 갈산면(葛山面)

기의비(紀義碑)

사적비(事蹟碑)

대규(大圭) 의사 기념비

경상북도 영양군 입암면 방전리

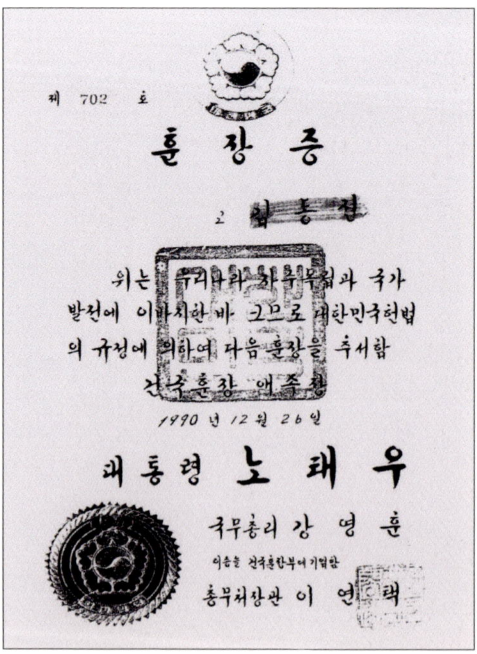

제 702 호

훈 장 증

고 김 동 진

위는 우리나라 자주독립과 국가 발전에 이바지한 바 크므로 대한민국헌법의 규정에 의하여 다음 훈장을 수여함

건국훈장 애족장

1990 년 12 월 26 일

대통령 노 태 우

국무총리 강 영 훈

이증을 건국훈장부에 기입함

총무처장관 이 연 택

동진공(東鎭公) 훈장증

복온공주궁(福溫公主宮)

오천공(梧泉公, 휘 奭鎭) 순절유택(殉節遺宅)-서울시 강북구 번동 93번지
(서울시 등록문화재 제 40호)

대 한 민 국

건국공로훈장증

대한민국 정부는 우리
나라 자주독립에 이바
지한바 많은 고 김석진
선열에게 건국공로훈장
단장을 추서하여 길이
표창함

대통령 윤보선

一九六二년 三월 一일

내각수반 송요찬

이 증을 제 三八 호로서 건국공로훈장부에 기입함

내각사무처장 김병삼

오천공 훈기(梧泉公 勳記)

충현서원(忠賢書院)

경기도 용인시 기흥읍 민속촌 내
오천공(梧泉公, 휘 奭鎭) 외 3현을 모셨다.

하구공(何求公, 휘 始顯) 생가

경상북도 안동시 풍산읍 현애리(玄厓里) 358-312
북애공(北厓公, 諱 垕) 종택(종택)-(경상북도 민속문화재 제27호)

풍서농민회 창립총회 기념사진

청원루(淸遠樓) (경상북도 유형문화재 第199호)
경상북도 안동시 풍산읍 소산리 87
서윤공종택(庶尹公宗宅)

우리 안동김문(安東金門)의 족보 제9간 을미보(乙未譜, 2015)를 편찬하면서 수권(首卷)에 기록할 사료를 분야별로 조사하다 보니 다른 분야에 비하여 상대적으로 항일독립운동분야가 적게 다루어져 있었다.

그래서 근대사 서적과 독립운동사에 관련된 사료와 저서들을 열람하였더니 상당한 수의 항일독립운동에 참여한 선조들을 찾을 수 있었다.

이 사료들을 모아서 한 권의 책으로 만들어야겠다고 생각하고 있었는데 마침 우리 일족 중에 독립운동에 참여한 주요 인물들에 대하여 발표된 논문(서울대 신용하 교수, 성공회대 한홍구 교수, 안동대 김희곤 교수, 동아일보 국제부장 김창희)이 있어서 필자의 동의를 얻어 뒷면에 실었다.

편집내용은 다음과 같다.

첫째, 공공사료(實錄, 事件記錄, 裁判記錄)에 나타난 인물, 둘째, 전기(傳記), 행장(行狀), 묘비명(墓碑銘), 사전(事典) 등에 실린 인물, 셋째, 포상(褒賞), 훈장(勳章) 등을 받은 인물, 넷째, 족보(族譜), 가승(家乘) 등에 실린 인물 등을 선정하였다. 마지막으로 개인의 저서, 논문, 현지인의 증언까지도 조사하여 기준에 맞는 인물이면 실었다. 편집 순서는 휘자를 가나다 순으로 엮었다.

조사할 때 어려움이 있었다. 사전 등에 나오는 인물들은 이미 인용한

참고문헌 또한 일일이 재조사를 해야 하지만 여건이 안 되어 그대로 옮겨 실었으며 족보를 이용할 때에는 개개인에 대한 행적이 기록되지 않아서 찾기가 어려웠다.

더구나 동명이인이 너무 많아 구별하기 용이하지 않았고 독립운동에 참여하였던 집은 거의 몰락하거나 생활이 어려워서 입보하지 못한 집도 있어서 검색이 힘들었다. 또한 사회주의에 참여하였던 집안들은 아직까지도 드러내기 어려워하는 형편이라 더욱 어려웠다.

후기의병과 독립운동가를 구분하는 것도 힘들었다. 이는 후기의병이 독립운동으로 이어졌기 때문이다. 국가혁신이나 개혁을 부르짖었던 분들은 어떤 명분으로 넣어야 하느냐로, 농민운동 특히 소작인의 이익을 위한 농민회, 공산주의 참여자, 교육구국, 조선회복연구단 등은 어떻게 다루어야 하느냐로 고민하였다.

일인자본이 농토에까지 손을 뻗쳐 토지 매입을 하면서 한편으로는 토착지주를 보호하며 마수를 뻗을 때 침투를 막을 소작인 보호를 명분으로 농민회를 조직한다거나, 정신교육을 통한 항일인사 육성이란 명분으로 항일 단체를 설립하거나, 일본황민화교육을 막겠다는 학생운동으로 조선회복연구단을 조직하는 등의 여러 활동들을 모두 나라를 구하려는 노력으로 바라보고 취재하였다.

그러나 그때 그 시기에 조선인의 한 사람으로 독립만세 한 번 부르고 독립자금 좀 내었는데 그걸 어찌 내세우겠느냐면서 극구 사양한 분들도 있었다.

우리는 있었던 일을 그대로 기록으로 남기자는 데 목적이 있는 것이다. 이번 조사에서 누락된 분들도 많은 것으로 알고 있다. 안동을 관향으로 쓰는 집안이 한 집 더 있는데 혹 오류로 혼효되었을 가능성도 있다. 본의가 아니므로 이해하여 주시기를 바란다.

사료를 모을 때 부산의 민한 회장님, 청양의 구동 이사님 등의 협력이 컸으며 소산의 특히 모현 회장님은 안동지역 사료 수집과 풍서농민회에 대한 자세한 증언을 해주셔서 마무리하는 데 큰 도움이 되었다.

이에 감사드린다.

최선을 다했음에도 오류나 오기 등의 시비가 있을 것으로 사료되오니 제현들의 질정이 있으시길 바란다.

2019년 11월 1일

김위현 근서

| 차례 |

| 차례 |

論文

| **표지사진 설명** |
대한독립군사령관 백야(白冶) 좌진(佐鎭) 장군 동상이다.
충청남도 홍성군 홍성읍 고암리에 있다.

◀ 동농공 존영

가진(嘉鎭) _ 1846년 1월 29일생~1922년 7월 4일졸

조선후기의 문신 독립운동가로 자는 유경(猷卿) 또는 덕경(德卿), 호는 동농(東農)이다. 아버지 예조판서(禮曹判書) 응균(應均)과 어머니 함안박씨(咸安朴氏) 사이에 2남중 2남이다.

1877년 규장각검서관(奎章閣檢書官)으로 공직에 올라 1880년 사헌부감찰(司憲府監察), 1881년 장악원주부(掌樂院主簿)가 되었다. 그 뒤 인천항 통상사무아문주사(通商事務衙門主事) · 장령(掌令) · 사복시정(司僕寺正) · 동부승지 등을 역임하였다. 1886년(고종 23)에는 문과에 급제하여 1887년부터 주일본판사대신(駐日本辦事大臣)으로 4년간 동경(東京)에 주재하였으며, 1891년부터 안동대도호부 부사를 지냈다.

▲ 동농공의 유묵

1894년에는 군국기무처회의원(軍國機務處會議員)이 되어 내정개혁에 참여하였으며, 병조참판 · 외무독판서리(外務督辦署理) · 전우사무총판(電郵事務總辦) · 공조판서 등을 역임하였다. 1895년 농상공부대신, 1896년 중추원 일등의관을 지냈다.

갑오경장이 실패한 뒤에는 1896년 7월에 조직된 독립협회의 위원에 선임되었고, 1897년에는 신구법(新舊法)을 절충하기 위하여 설치한 교전소(校典所)의 지사원(知事員)과 황해도관찰사를 역임하였다. 1900년 중추원의장, 1902년 궁내부특진관(宮內部特進官), 1906년 충청도관찰사를 지냈으며, 대한자강회가 조직되자 이에 참여하였다. 1907년 규장각제학을 역임하였고, 1909년에는 대한자강회의 계승단체인 대한협회의 회장이 되어 친일단체 일진회를 성토하였다. 그러나 1910년 일제가 우리나라를

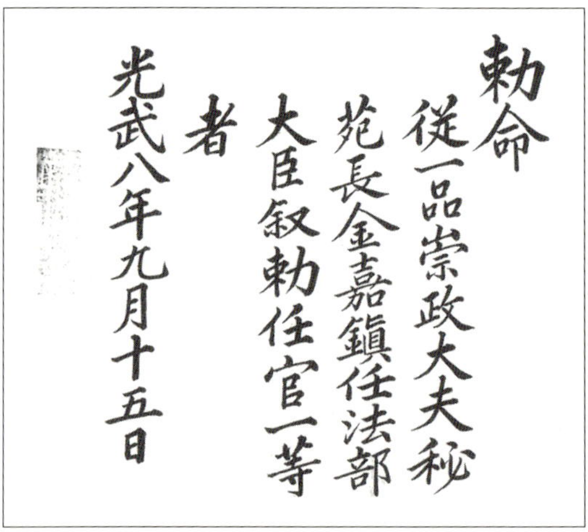
勅命
從一品崇政大夫秘
苑長金嘉鎭任法部
大臣敘勅任官一等
者
光武八年九月十五日

▲ 동농공의 법부대신(法部大臣) 칙명서(勅命書)

강점하고 수여한 남작(男爵)을 받았다가 그 뒤 반납하고 비밀결사 단체인 대동단(大同團)의 총재 및 고문으로 추대되어 상해로 건너가 독립운동을 하였다.

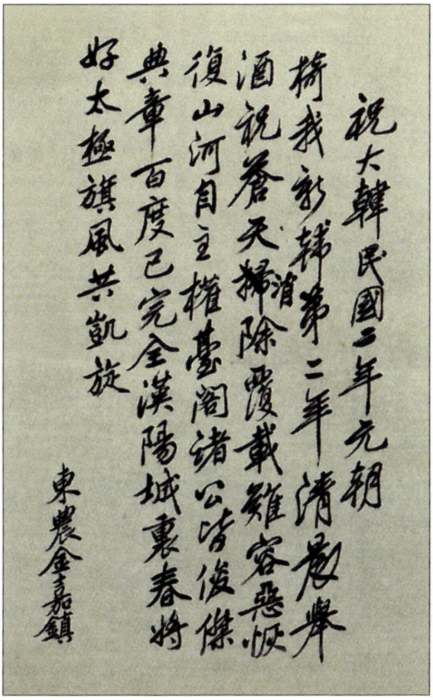

▲ 대한민국 2년 원조축시

이때는 집도 옮기게 되었는데 처음 수표교 옆에 살다가 종로구 청운동 427번지(현 예수그리스도 후기 성도교회자리) 백운장(白雲莊)으로 옮겼다가 다시 사직공원 건너편(옛 동농길) 쪽으로 이사하였다. 그 후 생활이 어려워지자 집을 줄여서 체부동 45-2(자하문로 13, 지금 동농 집터 표시가 도로변에 있다)에 살다가 상하이로 망명하였다.

1920년 3월에는 대동단 총재의 명의로 포고문 · 통고문을 배포하였으며, 대동단의 박용만(朴容萬) · 나창헌(羅昌憲) · 손영직(孫永稷) · 고광원(高光元) 등과 공동명의로 갹금권고문(醵金勸告文)을 발표하였다. 그 뒤 단원들이 붙잡혀 대동단이 해체된 뒤에는 대한민국임시정부 요인으로 활약하였다. 한학과 서예로도 명성이 높았다.

[참고문헌] 『高宗實錄』; 『承政院日記』; 『日省錄』; 『大韓季年史』 上 · 下; 『韓國痛史』; 『韓國獨立運動之血史』; 『독립신문』; 『大韓每日申報』; 『駐韓日本公使館記錄』; 『甲午改革』(元裕漢, 한국사 17, 1977); 『大韓民國臨時政府史』(李炫熙, 集文堂, 1982); 『大同團實記』(申福龍, 養英閣, 1983); 『3.1獨立運動과 臨時政府의 法統性』(李炫熙, 東方圖書, 1987); 『安東金氏世譜』(乙未譜, 2015); 金渭顯, 『東農金嘉鎭傳』(학민사, 2009); 『東農金嘉鎭全集』(延世大, 2011).

건우(健佑) _ 1926년 7월 21일생~1999년 8월 26일졸

▲ 건우공 존영

이명은 김원현(金元顯)이고 호는 응천(應天)이다. 출신지는 안동면(安東面) 법상동(法尙洞: 현 안동시 법상동) 153-1번지이다.

1944년 경북 안동농림학교(安東農林學校) 학생을 중심으로 결성된 비밀결사 명성회(明星會)의 단원으로 항일활동을 전개하였다.

안동농림학교(安東農林學校) 임과(林科) 10회생으로서 재학시 비밀결사 단체인 명성회(明星會)에 가입하여 중경임시정부(重慶臨時政府)의 활동과 연합군(聯合軍)의 전황을 알리는 유인물 배포와 무력봉기를 위한 자금조달 동지규합에 힘썼다. 이들은 태평양전쟁의 전황을 주시하면서 일제의 패망을 예견하였고, 조국 광복을 위한 독립운동의 방략으로 결정적 기회에 무장봉기를 일으키기로 뜻을 모았다. 그리고 이같은 뜻을 널리 알리기 위해 기관지 『새벽』을 발간하여 안동농림학교를 비롯하여 인근의 경주중학(慶州中學)·경북중학(慶北中學)·대구사범학교(大邱師範學校) 등의 학생층과 일반 지식인들에게 배포하여 항일사상을 고취하였다.

한편 1944년 11월에는 안동농림학교 내에 조직된 비밀결사 대한독립회복연구단과 연대를 이루며, 다음해인 1945년 2월 17일을 기해 무장봉기를 전개하기로 결의하였다. 거사를 위해 자금모집 및 동지규합에 진력하던 중, 일경에 사전 발각됨으로써 계획을 변경하여 3월 10일 소위 일본육군기념일에 맞춰 거사할 계획을 세워 갔으나 역시 사전 발각되어 피체되고 말았다.

이 일로 옥고를 치르며 일경의 모진 고문을 받았으나 광복과 더불어

1945년 8월 17일 출옥하였다.

정부에서는 그의 공훈을 기리어 1996년에 대통령 표창을 수여하였다.

[참고문헌] 『안동농림학생항일약전』(安東農林高等學校同窓會, 1978); 『刑事事件簿』(대구지방경찰청 안동지청); 『安東鄕土誌』(宋志香, 1983) 436 · 438面; 安東版獨立史(金乙東, 1985); 김희곤, 『안동독립운동가 700인』(안동시, 2001).

경동(景東) _ (호적: 守東) 1877년 8월 26일생~1919년 4월 3일졸

자는 태세(泰世)이고 아버지 두한(斗漢)과 어머니 전주이씨(全州李氏) 사이에 3남중 2남이다.

경상남도 창원(昌原) 사람이다.

1919년 4월 3일의 진전면(鎭田面)·진북면(鎭北面)·진동면(鎭東面)의 연합 독립만세운동에 참여하였다. 이곳의 독립만세운동은 3월 28일의 진전면 고현리(古縣里) 장날을 이용하여 독립만세운동을 주동한 후 피신한 변상태(卞相泰)·권영대(權寧大)·권태용(權泰容)에 의해 계획되었는데, 그는 이곳의 청년유지 변상섭(卞相攝)·황태익(黃泰益)·김영종(金永鍾)·구수서(具守書)·변상술(卞相述)·변우범(卞又範) 등과 함께 연락을 취하며, 4월 3일 인근의 3개 면민들을 동원하여 진전면 양촌리(良村里)의 냇가에서 만세운동을 전개하기로 결의하였다.

▲ 경동공의 묘소

4월 1일 변상태·황태익 등은 변우범의 집에 모여 회의를 한 후, 동리 서당에서 태극기를 제작하여 미리 동리 사람들에게 나누어 주고, 인근지역을 순회하며 주민의 참여를 촉구하였다.

4월 3일 오전 9시, 수천여 명의 시위군중이 양촌리 냇가에 집결하였으며, 변상섭의 독립선언서 낭독에 이어 독립만세를 선창하자 양촌리 계곡은 온통 태극기의 물결 속에 독립만세 소리로 진동하였다.

이에 공은 시위군중과 함께 독립만세를 외치며 헌병주재소가 있는 진동면으로 시위행진을 시작하였다. 이때 별도로 독립선언서를 낭독하고 독립만세 시위를 전개한 뒤, 진전면의 시위대열을 기다리던 진동면민들도 이에 가세하여 시위군중은 5천여 명으로 늘어났다. 오후 2시, 시위대열이 진북면 사동리(社洞里) 다리 앞에 이르렀을 때, 급보를 받고 출동한 일본 헌병과 보조원 8명 및 재향군인 30여 명이 시위군중과 충돌하였다.

일제와 피비린내 나는 육박전이 벌어져 다수의 부상자가 속출하고 있을 때, 마산(馬山)에서 응원 출동한 일본군 야포대대 군인이 현지의 일본 헌병, 보조원, 재향군인과 합세하여 무차별 사격을 가하였다. 이 야만적인 발포로 8명이 현장에서 순국하고 22명이 부상당하였는데, 이때 공도 흉탄에 맞아 순국하였다.

정부에서는 공의 공을 기리어 1968년에 대통령 표창을 추서하였다.

[참고문헌] 『韓國獨立運動史』(文一民, 176面); 『韓國獨立史』(金承學, 下卷 109·121); 『獨立運動史』(國家報勳處, 第3卷, 245·247·249面); 『獨立有功勳錄』(第3卷, 三·一독립운동, 국가보훈처, 1987); 『안동김씨 부산 류방(流芳)』1; 『安東金氏世譜』(乙未譜, 2015).

경한(慶漢) _ 1904년 1월 14일생~졸년 미상

▲ 경한공 존영

출신지는 안동면(安東面) 옥정동(玉井洞: 현 안동시 옥정동)이다. 1925년 8월 안동청년연맹 결성에 참여하여 집행위원으로 선출되었다. 안동청년운동단체 토론회에서는 사업발전이 도덕이냐 법률이냐를 두고 토론하였는데 법률 편에 섰다. 그해 10월에는 사상단체 정광단(正光團) 결성에도 참여하여 조사부를 맡았다. 이후 그는 1927년 2월 고려공산청년회에 참여하여 안동야체이카에 배속되어 비밀당원으로 활동하였으며, 5월 안동청년동맹 집행위원장으로 선출되었다.

1927년 8월 신간회 안동지회가 창립되자, 여기에 참여하여 전형위원 · 조직부원 · 상무간사 · 대표의원으로 선출되었다. 이후 사회운동을 꾸준하게 벌여 그 해 가을 조선공산당에 입당하여 안동야체이카 책임자가 되었다. 1928년 1월 조선청년총동맹 경북연맹위원회 교양부원, 1929년 안동기근구제회 창립대회 준비위원으로 활동하다가, 1930년 경북공산당사건으로 경찰에 검거되어 1930년 12월 대구지법에서 징역 1년 3개월형을 선고받았다.

[참고문헌] 『한국사회주의운동 인명사전』; 「동아일보」 1925.9.4; 10.13; 1928.1.21; 2.6; 3.10; 4.5; 1929.8.10; 8.14; 김희곤, 『경북유림과 독립운동』(景仁文化社, 2015); 김도형(金度亨), 『풍산지역의 농업경영과 소작쟁의』(한국근현대사연구 18, 국민대); 김희곤, 『안동사람들의 항일투쟁』(지식산업사 2007).

계한(啓漢) _ 1867년 6월 12일생~1956년 7월 13일졸

▲ 계한공 존영

출신지는 안동면(安東面) 법상동(法尙洞: 현 안동시 법상동)이다. 1919년 3월 18일 경북 안동 읍내 시장에서 유동붕(柳東鵬) 등과 함께 독립만세운동을 전개하였다. 안동 읍내의 의거는 기독교 계통과 천도교 계통의 두 갈래로 각기 계획되어지다가 추진과정에서 서로 긴밀히 연락하면서 합동시위의 형태로 일어났다. 이들은 읍내 장날인 3월 18일 오전 11시를 기해 거사하기로 계획을 세우고 각기 동지를 포섭하는 한편, 선언서와 태극기를 인쇄 · 제작하였다.

그리하여 공은 거사 당일에 유동붕 · 송기식(宋基植) · 송장식(宋章植) · 권중호(權重浩) · 이종록(李鍾祿) 등 천도교 인사들과 함께 태극기와 선언서를 배포하면서 독립만세를 고창하고 1백 50여 명의 군중과 함께 만세시위를 전개하였다. 이에 일경은 총검으로 탄압하여 시위군중을 해산시켰는데, 만세시위의 불길은 오후 6시 기독교도를 중심으로 다시 일어났고, 오후 12시경에는 3천여 명의 군중이 시내 각처에서 모여들면서 군청과 경찰서 등 일제 기관을 포위하며 만세시위를 거세게 전개하였다. 그는 이 일로 피체되어 1919년 4월 7일 대구지방법원 안동지청에서 소위 보안법 위반으로 징역 6월을 받아 공소하였으나 5월 2일 경성복심법원과 6월 5일 고등법원에서 각각 기각, 형이 확정되어 옥고를 치렀다. 1995년에 대통령 표창을 받았다.

[참고문헌] 「판결문」(1919.4.7 대구지방법원 안동지청); 「판결문」(1919.5.2 대구복심법원); 「판결문」(1919.6.5 고등법원); 『독립운동사』(국가보훈처, 3권 398면).

광현(光顯) _ 1913년 9월 22일생~2006년 12월 10일졸

▲ 광현공 존영

출신지는 안동시 화성동 151번지이며 신학박사이자 장로회 총회장, 신학대학 이사를 역임했다. 안동교회 목사로 재직 중이던 1945년 안동농림학교(安東農林學校) 학생 항일운동단체인 조선회복연구단(朝鮮回復硏究團)을 지도하였다.

[참고문헌] 『안동판독립사』; 『안동농림50년사』; 『安東金氏世譜』(乙未譜, 2015).

구현(龜顯) _ 1889년 11월 28일생~1969년 10월 21일졸

▲ 구현공 존영

족보상의 이름은 옥현(玉顯)이다. 경북 안동군 서후면 교동 392번지에서 출생하여 본적지 소재 송포정사(松圃精舍)에서 주민들을 규합하여 10여 년간 한학교사(漢學敎師)로 종사하면서 평소 투철한 애국심과 사명감으로 조국독립과 발전을 위해 적극 참여하였다.

1920년 음력 5월경 경북 안동시 서후면 교동 권영목의 집 뒷

▲ 구현공 묘표(대전현충원)

▲ 송포정사(松圃精舍)

방에서 동료 이남호와 함께 상급자인 권영목의 주도 아래 독립운동비밀결사단체인 '흠치교(吽哆敎)' 에 가입하여 교첩을 받고 국권회복의 결의선서를 하였다. 동교 교주(敎主) 차교석의 주도 아래 동교(同敎)의 힘으로 1924년 갑자(甲子)에 독립을 목표로 선전하였다. 치성금(致誠金: 독립운동자금) 15원을 흔쾌히 지불하고 그 외 고폐(告弊: 독립운동 특별자금) 모집과 조직 확대를 위해 적극 활동해 오던 중 동료 26명과 함께 체포되어 1921년 6월 12일 대구지방법원 안동지청에서 조선총독

▲ 송포정사(松圃精舍) 현판

부 1919년 제령 제7호 제1조 1항, 형법 제52조, 제58조의 규정에 의해 징역 2년을 선고받아 복역하였다. 출소 후에는 본적지에서 농민들을 상대로 한학을 교육하면서 농촌계몽활동에 이바지하는 등 조국의 독립과 발전을 위해 신병의 위험을 무릅쓰고 불철주야 활동하여 조국독립에 기여하였다.

정부는 고인의 공훈을 기려서 2006년 건국포장을 추서하였다.

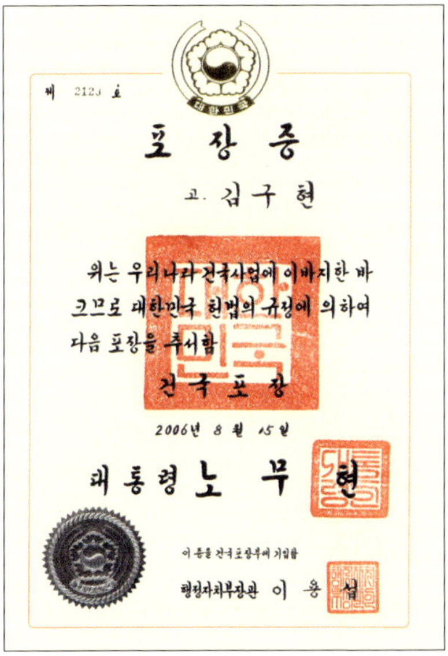
제 2123 호

포 장 증

고. 김 구 현

위는 우리나라 건국사업에 이바지한 바 그므로 대한민국 헌법의 규정에 의하여 다음 포장을 추서함

건 국 포 장

2006년 8 월 15 일

대 통 령 노 무 현

이 훈을 건국포장부에 기입함

행정자치부장관 이 용 섭

▲ 포장증

▲ 건국포장

[참고문헌] 「판결문」(1921.6.22 대구지방법원안동지청); 「판결문」(1921.11.26. 대구복심법원); 「판결문」(1922.2.27 고등법원); 安東金氏世譜(乙未譜, 2015).

국진(國鎭) _ 1905년 12월 24일생~1974년 11월 9일졸

출신지는 안동면(安東面) 법상동(法尙洞: 현 안동시 법상동)이다. 1927년 8월 신간회 안동지회 결성에 참여하였고, 1928년 1월 간사 및 건의안 작성위원으로 선출되어 조사연구부에 속해 활동하였다.

이후 1929년에는 간사와 대표회원으로 선출되어 활동하였다.

묘는 경기도 양주군 주내면 야산에 있다.

[참고문헌] 「조선일보」 1928.1.21, 2.6, 1929.1.29; 김희곤, 『경북유림과 독립운동』(景仁文化社, 2015).

국현(國顯) _ 1904년 4월 19일생~1972년 1월 26일 졸

풍북면(豊北面) 현애리(玄厓里) 출신으로 1922년 권오설의 하계강습회에 참여하면서 농민운동가로 활동하였다.

[참고문헌] 『安東金氏世譜』(乙未譜, 2015); 김희곤, 『경북유림과 독립운동』(景仁文化社, 2015).

기진(箕鎭) _ 1904년 12월 3일생~1950년 9월 6일졸

▲ 기진공 존영

자는 성오(成五)이고 출신지는 풍서면(豊西面) 소산리(素山里: 현 풍산읍 소산리)이다. 공은 1924년 9월 풍산청년회를 혁신하여 설립된 신흥청년회(新興青年會)에 참여하여 활동하였다.

1925년 11월 12일 풍서농민회에 참여하여 집행위원이 되었다. 풍서농민회는 '상호부조와 생활개량(무산계급의 해방을 위한 투쟁)'을 목적으로 소작료와 지세문제를 당면과제로 삼고, 악독한 지주에게 대항하고 간악한 소작인들을 처치하여 농민생활 보장을 투쟁 방향으로 잡았다. 이에 1926년 5월 소작권 이동문제로 인해 야기된 분규에 가담하다가 업무방해 및 협박죄로 구속되어 징역 6월형을 언도 받았다.

출옥 후 1927년 가을 고려공산청년회에 참여하여 안동야체이카에 속했다가 1930년 2월 대구지법에서 또 다시 징역 8월형을 선고받고 옥고를 치렀다.

[참고문헌] 『한국사회주의운동인명사전』; 「동아일보」 1924.9.22.; 「조선일보」 1924.9.23.; 1926.5.3.

노진(魯鎭) _ 1893년 7월 1일생~1960년 11월 7일졸

자는 경로(景魯), 호는 학남(鶴南)이다. 아버지는 정규(政圭), 어머니는 선성이씨(宣城李氏)이며 소산동(素山洞) 사지(笥池) 315번지에서 태어났다.

공은 일찍이 개화문명(開化文明)을 접하여 계급타파(階級打破)와 선진문명(先進文明)을 받아들이고자 상경하여 보성전문학교(普成專門學校)에 입학하였다. 그러나 재학 중에 3·1운동이 일어나자 류창우(柳昶佑)와 류벽우(柳璧佑)를 후원하고 서울세브란스의전(醫專)의 김재명(金在明)과도 교류하다가 안동으로 돌아와 김원진(金元鎭), 류동붕(柳東鵬), 김병우(金炳宇), 강대극(姜大極)과 같이 안동지구 3·1운동 방침에 대해 논의하였다.

그 후 용궁지구(龍宮地區)에서 신태식(申泰植)을 둘러싼 의용단(義勇團) 활동을 지원하고 막후에서 김용환(金龍煥), 김규헌(金奎憲)과 같이 임시정부에 보낼 독립자금 모금에 주력하였다. 또한 공의 토지와 우마(牛馬)를 방매하여 자금에 충당하였으며 길림성(吉林省)을 왕복하면서 이상룡(李相龍), 노백린(盧伯麟)과도 연락을 하였다.

경성(京城: 서울)에서는 이상재(李商在), 안재홍(安在鴻), 현상윤(玄相允), 김상기(金庠基)와 함께 후진에게 민족정기를 보급하려 노력하였으며 신간회(新幹會)에 가담하여 경향 각지를 누볐으나 일본경찰이 이를 알아차리고 소환하는 일이 생기자 만주로 건너가 김시현(金始顯)을 만났다.

그 후 김응섭(金應燮)과 봉천(奉天)·장춘(長春)지구를 편력하면서 동지규합(同志糾合)과 군자금 모금에 주력하다가 1940년 봉천에서 일본 헌병에게 붙잡혔으나 격투 끝에 피신하여 간도지구(間島地區)를 배회하게 되었다.

이후 국내로 잠입하여 칩거하던 중에 해방을 맞이하여 건국사업에 종사하였으나 친일파 등이 횡행하므로 소산동에 있는 공의 조카 용한(龍漢)의 집에서 소일하다가 영면하였다.

[참고문헌] 김광억, 『문화의 정치와 지역사회의 권력구조 안동과 안동김씨』(서울대학교 출판문화원, 2012); 『安東金氏世譜』(乙未譜, 2015).

대규(大圭) _ 1878년 11월 9일생~1907년 11월 21일졸

▲ 대규공 존영

아버지 병도(炳度)공과 어머니 진성 이씨(眞城李氏)의 외아들이다. 자는 순집(舜集), 호는 학남(鶴南)이다.

1906년 2월 도포장(都砲將)에 추대되어서는 산악지대로 적을 유인, 접전을 거듭하였다. 특히 같은 해(1906) 4월의 진보 오누못 전투에서는 왜적 무등부대와 맞서 파천면 어천까지 수백의 적을 추격 격파함으로써 대승을 거두었다. 이 싸움에서 막료 조완이(趙完伊) 등 다수의 동지가 전사하고 장군 자신도 중상을 입는 등 아군의

▲ 대규 의사 기념비 (경북 영양군 입암면 방전리 국도변)

피해도 적지 않았으나 다시 전열을 정비하여 같은 해 5월에 울진 죽변, 멀리는 왜관까지 접전을 거듭하였다. 같은 해 8월에는 병력을 수습하여 일단 영양군 입암면 교동 본거지로 돌아와 다시 군사를 증강하니 이때 의병대장(義兵大將)으로 추대되었다.

훈 장 증

1977년 12월 13일

대통령 박정희

국무총리 최규하

총무처장관 심흥선

▲ 대규공(의병장)의 훈장증(건국훈장)

같은 해 10월에는 병옥동에서 적의 강력한 포위를 당했으나 뛰어난 용병술로 야음을 틈타 차가운 강물 속을 헤엄쳐 전 병력을 15리 밖 연당 대천으로 이동 집결시키는 데 성공하였다.

1907년 태백 일월의 준령에서 월여를 악전고투하였으나 적의 화공을 받아 같은 해 11월 21일 장갈령(안동군 임동면 대곡동) 전투에서 중과부족으로 조국광복의 한을 품은 채 장렬히 전사하였다.

1977년 12월 13일 대한민국 건국훈장 국민장(제476호)을 받았다.

[참고문헌] 『金大圭傳』; 김희곤, 『안동독립운동가 700인』(안동시, 2001).

덕규(德圭) _ 1874년 11월 13일생~1944년 2월 11일졸

경북 영덕(盈德) 사람이다. 자는 덕화(德和)로 안동김씨세보에서는 생일이 11월 15일, 졸년이 11월 16일이다.

1919년 3월 18일 경북 영덕군 영해면(寧海面) 성내동(城內洞)에서 정규하(丁奎河), 신상문(申相文), 강삼인(姜三仁) 등과 만세운동을 주도하였다.

영해 장날의 만세운동은 영덕군내 영해면 · 병곡면 · 축산면 · 창수면 내의 기독교인이 연합하여 일으킨 것이었다. 영해의 만세운동이 구체화된 것은 기독교회 조사 김세영(金世榮)이 서울에서 3 · 1운동의 광경을 직접 목격하고 돌아와 이 사실을 영덕군내 기독교계의 주요 인사들에게 알리면서였다. 이 때 병곡면의 교회 장로 정규하(丁奎河)는 거사 장소로써 영덕보다는 영해가 좋다고 하여 3월 18일 영해 장날을 기해 만세운동을 일으키기로 정하였다.

그리하여 거사 당일인 3월 18일 정오 무렵 정규하의 선창으로 준비해온 태극기를 흔들면서 독립만세를 고창하였다. 이 때 김덕규는 3천여 명의 시위군중을 이끌면서 주재소를 에워싸고 일경으로 하여금 독립만세를 부르게 하는 등 만세시위를 주도하였다.

그런데 일인 경찰부장이 시위대의 태극기를 빼앗으려 하자 김덕규 등은 일인 경찰부장을 비롯한 일경 3명을 응징하는 한편 주재소의 기구들을 파괴한 뒤 면사무소와 우편소 등 일제기관을 점령하면서 민족독립의 의지를 드높였다.

공과 동료들은 이를 저지하려는 영덕경찰서의 일본인 서장을 비롯하여 일경 5명을 여관에 감금시킨 채 만세시위를 강행하였고, 이러한 상황은 다음날인 3월 19일에도 이어졌다. 3월 19일 아침에 시위규모는 더욱 늘어나 영해읍을 진동시켰다. 이에 포항에서 일본 헌병이 출동하였으나 시위대의 위세에 눌려 손을 쓰지도 못하는 상황이었다.

그러던 중 대구의 일본군 보병 80연대의 병력이 출동하여 총격을 가함으로써 시위군중은 현장에서 8명의 순국자를 내고 해산하였다.

공은 이 일로 피체되어 1919년 7월 11일 대구지방법원에서 소위 소요(騷擾)·공무십행 방해·상해(傷害) 및 보안법 위반으로 징역 1년을 받아 공소하였으나 9월 30일 대구복심법원에서 기각, 형이 확정되어 옥고를 치렀다.

정부에서는 고인의 공훈을 기리어 1995년에 건국훈장 애족장을 추서하였다.

[참고문헌] 「判決文」(1919. 9. 30. 大邱覆審法院); 『獨立運動史』(國家報勳處有功勳錄, 第12卷 427~433面); 『獨立運動史資料集』(國家報勳處, 第12輯 1376~1396面).

덕진(德鎭) _ 1864년 4월 16일생~1946년 2월 15일졸

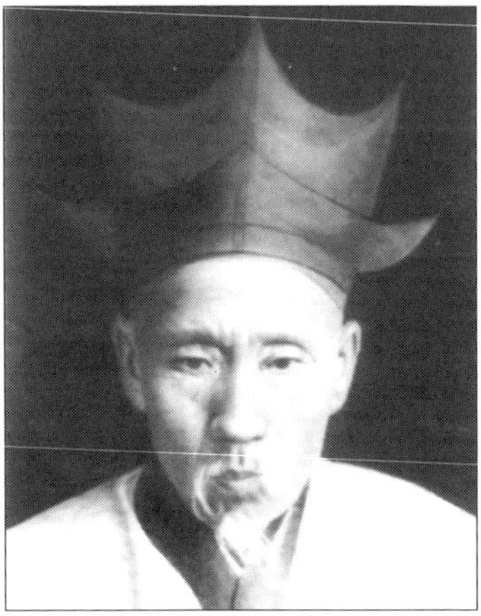

▲ 덕진공 존영

자는 경명(景明) 호는 낙계(樂溪)이고 1865년 충청남도 청양군 장평면(長平面) 낙지리(樂只里)에서 태어났다.

족보에는 1889년(고종 기축)생이라 하였고 졸년은 기록되지 않았다. 낙계 김덕진 사적비문(樂溪金德鎭事蹟碑文)에는 고종 을축(1865) 4월 16일에 태어나서 정해년(1947) 2월 15일 운명하였다고 적혀 있다.

40세 되던 해에 을사보호조약(乙巳保護條約)이 맺어지자 뜻있는 사족들은 울분을 참지 못하고 은거하며

▲ 덕진공 필적

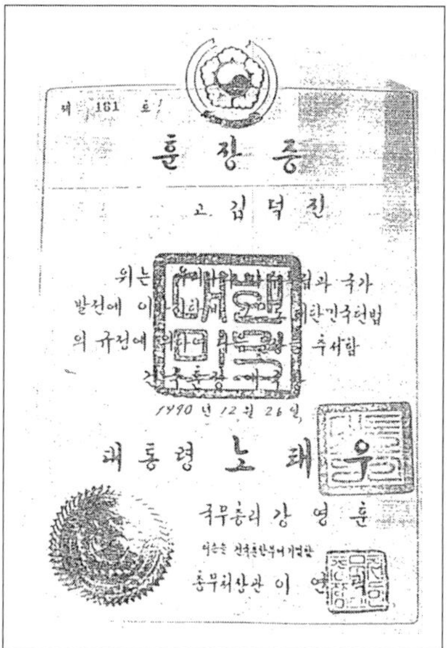
제 161 호

훈 장 증

고 김덕진

위는 우리나라의 … 과 국가 발전에 이바지한 … 대한민국헌법의 규정에 의하여 … 수여함

건국훈장 애국장

1990 년 12 월 26 일

대통령 노 태 우

국무총리 강 영 훈

이증을 훈장부에 기입함

총무처장관 이

▲ 훈장증

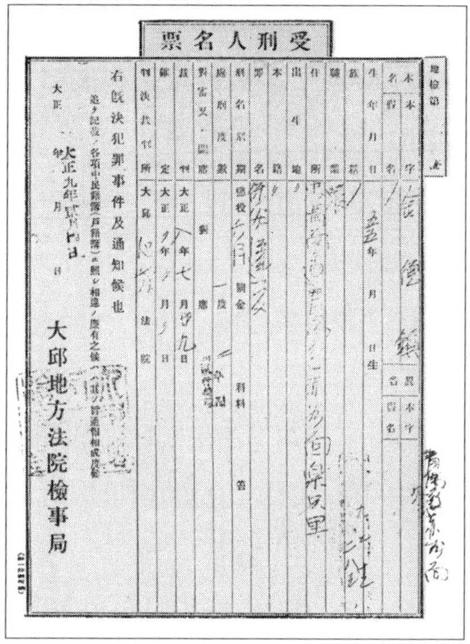
受刑人名票

右既決犯罪事件及通知候也

大正 年 月 日

大邱地方法院檢事局

▲수형인명표(受刑人名票)

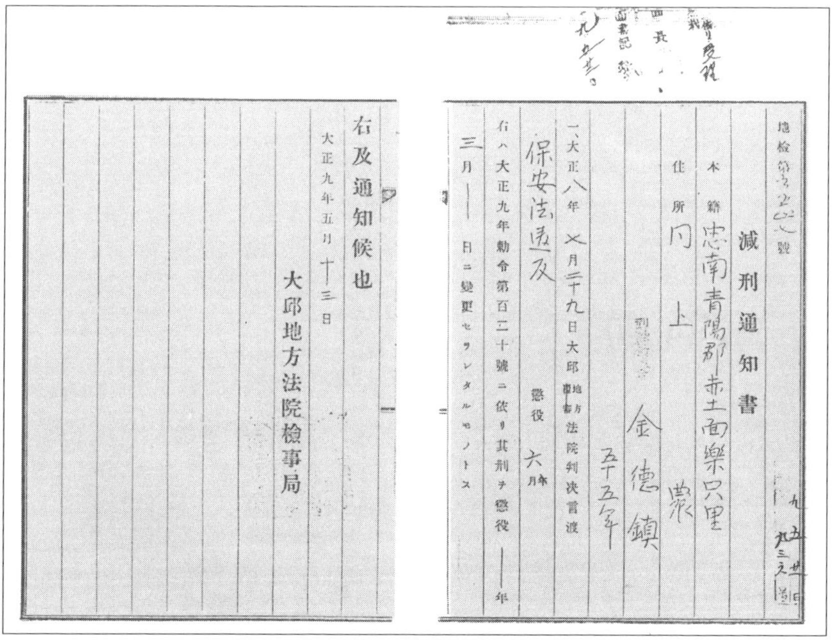
地檢第 號

減刑通知書

本籍 忠南青陽郡赤土面樂只里

住所 同上

金德鎭

二十五年

一、大正八年 月二十九日大邱地方法院判決言渡

保安法違反 懲役六月

右ハ大正九年勅令第百二十號ニ依リ其刑ヲ懲役 年 月 日ニ變更セラレタルモノトス

右及通知候也

大正九年五月十三日

大邱地方法院檢事局

▲ 감형통지서(減刑通知書)

때가 오기를 기다리던 차에 뜻있는 동지들이 모여 전 참판 민종식(閔宗植)을 찾아가서 모의하고 1906년 의병을 일으켰다. 그 해 5월 19일 홍주성(洪州城)을 공격하여 의병이 집결하게 되니 사기가 드높아졌다. 결국 일본군과 접전 끝에 300여 의병이 전사하고 70여 명이 체포되었다. 공주(公州)에 피신하였다가 결국 체포되어 공주감옥에 수감되었다가 서울로 압송되어 종신형(終身刑)을 언도받고 전남 지도(智島)로 유배되었다.

1919년 파리장서(巴里長書) 사건으로 체포되어 공주 감옥에 수감되었다가 대구 감옥으로 이감되었다. 1947년(공적 조서에는 1946년으로 적혀 있다) 2월 15일 낙계정사(樂溪精舍)에서 운명하였다.

1990년 12월 26일 건국훈장 애국장을 받았다.

[참고문헌] 『騎驢隨筆』; 대구지방법원검사국, 수형인명표(受刑人名票), 감형통지서(減刑通知書); 『洪州義兵實錄』(洪州義兵遺族會); 『安東金氏世譜』(乙未譜, 2015).

도현(道顯)

1925년 9월 27일에 열린 남후청년회(南後靑年會) 창립식에서 임원으로 선출되었다.

[참고문헌] 김희곤, 『경북유림과 독립운동』(景仁文化社, 2015).

동규(東圭) _ 1904년 4월 8일생~1921년 1월 24졸

아버지 병선공(炳善公)과 어머니 전의이씨(全義李氏)의 2남중 둘째이다. 대구중심 국채보상운동이 일어났을 때 예천군 국채보상회에 참여하였다.

그 후 독립운동에 참여하였다.

1995년 독립유공자로 인정되어 애국장 포장(보훈처)을 받았다.

[참고문헌] 『安東金氏世譜』(乙未譜, 2015); 김희곤, 『경북유림과 독립운동』(景仁文化社, 2015).

동엽(東燁) _ 1898년~졸년 미상

출신지는 풍서면(豊西面) 소산리(素山里: 현 풍산읍 소산리).

공은 1925년 11월 풍서농민회에 참여하여 집행위원으로 선출되었다.

풍서농민회는 '상호부조와 생활개량' 을 목적으로 소작료와 지세문제를 당면과제로 삼고, 투쟁방향을 악독한 지주에게 대항하고 간악한 소작인들을 처치하여 농민의 생활을 보장하는 것으로 잡았다.

공은 1926년 5월 소작권 이동문제로 투쟁을 벌이다가 업무방해 및 협박죄로 구속되어 100원의 벌금형을 받았다.

[참고문헌] 「조선일보」 1926.5.3.

동진(東鎭) _ 1891년 11월 29일생~1939년 3월 15일졸
(족보에 의거하였음)

홍성(洪城) 사람이다. 자는 경중(景仲), 호는 백관(白官)이며 이명으로 동진(東振)이라고도 하였다. 충청남도 홍성군 갈산면 행산리 387번지에서 출생하였고, 백야(白冶, 휘 佐鎭) 장군의 동생이며, 고균(古筠, 휘 玉均)의 사종질(四從姪)이다.

1920년 6월 임시정부 연통제와 교통국이 설치되자 이에 가입하여 군자금 모집활동을 하다가 일경에 피검되었으나 증거불충분으로 1921년 12월에 다행히 면소 석방되었다.

1922년 의용단(義勇團) 조직에 참가하여 군자금 모집활동을 계속하다가 1923년 군자금 모집활동이 탄로나 일경에 체포되어 8개월간 옥고를 겪었다. 1924년 출옥 후 만주로 망명하여 1927년 대한독립단(參議府 正義府, 新民府, 統合團體 總裁 金佐鎭)을 조직하고 부총재에 취임하여 중형인 좌진 장군을 도왔다. 1930년 좌진 장군이 피살되자 한족연합회(韓族聯合會)를 재조직하여 항일투쟁을 계속하다가 1931년 중일전쟁이 발발하자 일군에 체포되어 2년간의 옥고를 치르고 그 후유증으로 1939년 48세로 영면하였다.

1990년 건국훈장 애족장(제702호 노태우대통령), 1977년 2월 13일 표창장(제4567호 박정희대통령)을 받았다.

[참고문헌] 『韓國獨立運動史』(文一民, 274 · 275 · 289面); 『韓國獨立史』(金承學, 下卷 110面); 『武裝獨立運動史秘史』(174面); 『國外容疑朝鮮人名簿』(總督府警務局, 45面); 「東亞日報」(1927. 8. 14字); 『韓國獨立運動史』(國史編纂委員會, 5卷 93面); 『獨立運動史』(國家報勳處, 4卷 724 · 987面); 『獨立運動史資料集』(國家報勳處, 10卷 747 · 1104面); 『明治百年史叢書』(金正明, 1卷 分册 505面); 『高等警察要史』(206 · 208 · 210面); 『安東金氏世譜』(乙未譜, 2015).

두진(斗鎭) _ 1900년 4월 14일생~1978년 3월 20일졸

자는 건칠(建七), 호는 노천(魯川)이다. 서울 고학당(苦學堂)에서 수학한 후 고향에서 보통학교 선생으로 근무했다.

1926년 도쿄(東京)로 건너가 노동을 하면서 쥰텐중학(順天中學) 야간부에 다니다가 중퇴한 후 다시 세이소쿠(正則) 영어학교를 다녔다.

1927년 7월 도쿄 조선노동조합 동부지부에 참여하여 지부장이 되었다.

1928년 5월 고려공산청년회 일본총국에 참여하여 후카가와(深川) 야체이카에 소속되었다. 8월 조선공산당 일본총국이 주도한 국치일기념투쟁에 참가했다가 일본경찰에 검거되었다.

[참고문헌] 『한국사회주의운동인명사전』; 『安東金氏世譜』(乙未譜, 2015).

두한(斗漢) _ 1918년 5월 15일생~1972년 11월 21일졸

▲ 두한공 존영

(제3대, 제6대 국회의원) 호는 의송(義松)이고 독립운동가 좌진(佐鎭)의 아들이다.

서울 교동국민학교를 졸업하였으나 고아나 다름없는 부랑아생활로 어린 시절을 보냈다. 항일시기 말에는 종로를 중심으로 우리나라의 주먹왕으로 군림하였다. 그러나 김좌진 장군의 아들임을 긍지로 삼아 일제의 무기고를 폭파하거나 조선인 상인을 보호하는 등의 협객으로도 행동하였다. 광복 이후 이승만(李承晩), 김구(金九), 신익희(申翼熙) 등이 주도하는 대한청년단의 감찰부장을 맡아 반공대열의 최선봉에서 활약하였다.

그러나 반공투쟁과정에서 살상행위를 하여서 미군정청에 의해 사형언도를 받고 오키나와 미군부대에 수감되었다. 사형집행일을 불과 며칠 앞두고 대한민국 정부수립을 맞아 그 집행의 위기에서 벗어났다. 정부수립 이후에도 대한노동조합총연합회 최고위원, 대한학도의용군 참모장 등을 역임하면서 반공·노동운동을 계속하였다.

1954년 종로 선거구에서 무소속으로 출마하여 제3대 민의원에 당선되었고, 1965년에도 제6대 국회의원 보궐선거에서 당선되는 등 정치사에도 행적을 남기었다. 용산구의 보궐선거로 제6대 국회에 등단하자마자 한독당내란음모사건과 관련되어 서대문 감옥에 수감되었으나 야당은 물론 공화당까지 석방결의안에 106표의 찬성표를 던져 석방되었다.

그러나 국회에서 사카린밀수사건이 논란중일 때 국회오물투척사건으로 의정사상 전대미문의 오점을 남기고 다시 서대문감옥에 수감되는 기이한 행적을 남기었다. 결국 1966년 의원직을 사퇴함으로써 공의 독특한 정치생활은 막을 내렸다.

정계은퇴 후 고혈압으로 1972년 11월에 세상을 떴다.

[참고문헌] 「東亞日報」; 『歷代國會議員總覽』(韓國國會人物史編纂會, 租稅公論社, 1983); 『安東金氏世譜』(乙未譜, 2015).

두한(斗漢)

1927년 8월에 설립된 신간회 안동지회에 참여하여, 1929년 1월 간사, 1929년 8월 집행위원으로 각각 선출되었다.

[참고문헌] 「조선일보」 1929.1.29.; 8.14.

면동(冕東) _ 1900년 9월 1일생~1974년 윤 4월 7일졸

▲ 면동공 존영

소산 출신이다.

자는 지경(之卿)이다.

풍서농민회 창립부터 서기일을 맡아 온갖 기초를 닦았다.

[참고문헌] 「김모현 회장 증언」

명동(明東) _ 1903년 11월 25일생~1951년졸

출신지는 충남 공주(公州)이다. 3 · 1운동에 참가한 후 1927년 신간회(新幹會)가 결성될 때 발기인 34명 가운데 한 사람으로 창립에 기여하였으며 중앙집행위원이 되어 민족운동과 항일투쟁을 했다.

1945년 광복 후 민족통일총본부 사무국장으로 있다가 1948년 공주에서 제헌국회의원(制憲國會議員) 및 제2대 국회의원에 당선되었다.

[참고문헌] 『歷代國會議員總覧』(黃錫俊, 乙支社, 1982); 『安東金氏世譜』(乙未譜, 2015).

명인(明仁) _ 1899년 4월 2일생~1966년 8월 22일졸

▲ 명인공 존영

출신지는 안동면(安東面) 법상동(法尙洞: 현 안동시 법상동)이다. 1907년 3월에 설립된 안동의 근대 중등교육기관인 협동학교(協東學校)를 졸업하였고, 1919년 3월 18일에 일어난 안동면 2차 시위에 참여하였다.

이후 1921년 1월 안동 계명학교(啓明學校) 교사로 활동하면서 학생들에게 망향가(望鄕歌)·소년행진곡(少年行進曲)·용진가(勇進歌) 등 애국적 창가를 가르치고 일제의 불법침략 사실을 인식시키며 독립정신을 고취시키다가 1921년 2월 3일 일본경찰에 체포되었다.

3월 14일 대구지방법원 안동지청에서 보안법 위반혐의로 징역 1년형을 언도받고 항소하였으나, 4월 11일 대구 복심법원에서 형이 확정되어 복역하였다.

1983년 대통령 표창, 1990년 건국훈장 애족장을 받았다.

[참고문헌] 「형사사건부」; 『내고장 편람』(남선면, 안동문화원, 2016).

명한(命漢) _ 생졸년 미상

1925년 9월 27일 창립된 남후청년회(南後青年會)에 참여하여 활동하였다. 남후청년회는 그 지방의 유지들이 옛 호남강습소(湖南講習所)에 모여 창립식을 하였는데 이때 임원으로 선출되었다.

[참고문헌] 「동아일보」 1925.10.2.

무규(武圭) _ 1887년 8월 7일생~1945년 3월 28일졸 (안동김씨세보 2015 을미보에는 졸년월일이 1946년 2월 9일이다.)

출신지는 임동면(臨東面) 대곡동(大谷洞) 289번지이다. 1920년 8월(음력) 임동면에서 차경석(車京錫)을 교주로 하는 흠치교에 가입하였다. 8인조로 자금모집 및 교도포섭에 힘을 쏟다가 활동이 노출되어 체포되었다. 이 일로 징역 1년을 언도받고 1년 4개월 동안 옥고를 치렀다.

2008년 건국포장을 받았다.

[참고문헌] 「판결문」(1921.4.22 대구지방법원안동지청); 「판결문」(1921.11.26 대구지방법원); 『安東金氏世譜』(乙未譜, 2015).

문규(文圭) _ 1874년생~1919년졸

일명은 필규(弼圭)이다. 항일투쟁 기미독립운동에 가담했다가 일본 군대에 체포되어 옥사하였다. 선원(仙源, 휘 尙容) 선생의 후예(後裔)로 문한(文翰)이 유여(有餘)하며 독립사상(獨立思想)이 철저하였다.

양주(楊州) 마석우리(磨石隅里)에서 서당을 열고 청년들을 훈도(訓導)하며 독립사상(獨立思想)을 고취(鼓吹)하던 중 을미년 3월 1일에 독립만세의거(獨立萬歲義擧)가 일어나자 제자 청년들을 이끌고 군중 틈에 끼어들어 독립만세를 외치다가 일본경찰에게 발각되어 체포되었다.

일본경찰의 비인도적 만행으로 상투가 풀리고 머리채를 일경이 탄 말꼬리에 잡아 매인 채 서울까지의 백십여 리 먼 길을 끌려온 후 투옥(投獄)되어 일경의 혹독한 고문으로 옥중에서 향년 46세에 원사순국(冤死殉國)하였다.

1965년 문하생과 사회유지들이 선생의 거사지인 양주 마석우리(磨石隅里)에 동지 여러 선열들을 추모하는 순국선열추념비(殉國先烈追念碑)를 건립하였다.

[참고문헌] 『安東金氏汎宗中會報』 第 246號.

문한(文漢) _ 1909년 10월 4일생~1946년 9월 24일졸

자는 현삼(賢三), 호는 청우(淸宇)이다. 아버지는 동진(東鎭)이다.

만주(滿洲)에 이주하여 아버지를 보좌하며 반일독립운동(反日獨立運動)을 전개하다가 1940년 9월 23일 종로경찰서(鐘路警察署)에 구금되었다.

[참고문헌] 『安東金氏世譜』(乙未譜, 2015).

문현(文顯) _ 1901년 7월 2일생~1981년 2월 4일졸

▲ 문현공 존영

자는 성내(聖乃), 호는 영운(嶺雲), 소산 출신으로 권오설의 하계강습회에 참여하여 교육을 받고 농민운동가로 활동하였다.

[참고문헌] 『安東金氏世譜』(乙未譜, 2015); 김희곤, 『경북유림과 독립운동』(景仁文化社, 2015).

병걸(炳杰) _ 생졸년 미상

1908년 3월 8일에 설립된 교남교육회(嶠南教育會)에 참여하여 활동하다가 1908년 광명학교(廣明學校: 풍산) 설립에 참여하여 김태동(金泰東)과 함께 설립비용과 운영경비를 부담하였다.

[참고문헌] 『교남교육회잡지』 제11호; 『학계휘문』; 김희곤, 『안동독립운동가700』; 『安東金氏世譜』(乙未譜, 2015).

병계(炳季) _ 1879년생~1944년졸

항일투쟁 기미년 독립운동에 참가하였는데 경상북도 문경군(聞慶郡) 주모자였다.

[참고문헌] 『安東金氏世譜』(乙未譜, 2015).

병기 _ 생졸년 미상

1908년 3월 15일 재경 영남인사들이 창립한 교남교육회(嶠南教育會)에 참여하여 교육구국운동을 전개하였다.

[참고문헌] 『교남교육회잡지(회원명부)』; 김희곤, 『안동독립운동가 700인』.

병년(炳秊) _ 생졸년 미상

호는 취운(翠雲)이다. 임종할 때 아들 우규(雨圭)를 불러 유언하기를 "나는 경술년 한일합병(韓日合倂)때 이미 죽은 몸이다. 지금 와서 죽음을 알려 무엇하랴. 나 죽은 후 부고(訃告)를 내지 말며 상여도 성장을 하지 말고 다만 흙을 모아 덮어두라" 고 하였다.

공이 운명함에 아들 우규는 유언대로 친히 노복만을 데리고 운구한 후 흙을 모아 겨우 무덤을 만드는 데 그쳤고 부고는 일체 내지 않았다.

[참고문헌] 『安東金氏汎宗中會報』 第234號

병도(炳道) _ 1886년 4월 17일생~1965년 2월 15일졸 (족보에는 졸년이 1956년 11월 9일이다)

이명은 김병도(金炳途), 자는 의사(義士), 호는 부련(溥蓮)이고 출신지는 임서면(臨西面) 현하동(縣下洞: 현, 길안면 현하리) 1053번지이다.

1908년 3월 15일 재경 영남인사들이 창립한 교남교육회(嶠南教育會)에 참여하여 교육구국운동을 전개하였다. 이후 1919년 3월 21일 길안면 천지 장날에 일어난 만세시위에 참여하여 시위를 주도하다가 일본 경찰에 체포되었다. 5월 3일 대구지방법원 안동지청에서 소요 및 보안법 위반 혐의로 징역 1년, 벌금 50원의 형을 언도받고 대구형무소에서 복역하였다.

1986년 대통령 표창, 1990년 건국훈장 애족장을 받았다.

[참고문헌] 「판결문」(1919.5.3 대구지방법원); 『교남교육회잡지(회원명부)』; 『독립운동사자료집』 5집; 『독립운동사』 3권; 『安東金氏世譜』(乙未譜, 2015).

병수(炳秀) _ 1879년 3월 13일생~1944년 8월 21일졸

자는 덕진(德眞), 호는 해선(海仙)이고 찬근공(瓚根公)의 아들이다.

임진왜란에 봉화의병장(奉化義兵將)으로 순국(殉國)한 경호공(景虎公)의 21세손이다.

동양의 평화를 위한다는 허울을 내세워 이른바 병자수호조약(丙子修好條約)이래 악착스레 침략의 마수(魔手)를 펴오던 일본이 고종 32년(1895)엔 폭도를 침입시켜 민비(閔妃)를 살해하고 동42년(1905)에는 이른바 보호조약을 강제로 체결하여 우리 자주권(自主權)을 빼앗기에 이르렀다.

날로 암울해져 가는 국사를 탄식해 오던 공은 구국(救國)을 위해 몸바칠 계기를 살피던 중 융희(隆熙) 2년(1908) 4월 초에 의병대장 이강년(李康秊)의 선봉장인 권용유(權用侑)가 왜적을 토벌하고자 봉화(奉化)에 온다는 정보를 알고 내성(乃城)·영주(榮州)의 적정(賊情)을 밀탐하여 제보함과 함께 여러 차례에 걸쳐 거금을 던져 군비를 도움으로써 의병의 사기를 돋우어 의병활동에 이바지했다.

그 뒤에도 넉넉하던 재산을 의병 돕기에 거의 사용하고 나서 나라가 무너진 이듬해인 1911년 일본의 감시를 피하여 그 형과 함께 문경(聞慶) 신북면(身北面) 용연리(龍淵里)에 옮겨 숨어 살았다.

기미년(1919) 만세운동이 일어나자 신태인(申泰仁)·전중년(全仲秊)·이은화(李殷和) 등 동지와 더불어 그해 4월 15일 용연리(龍淵里), 갈산리(葛山里) 두 동네 주민이 동원된 도로(道路) 부역 현장에서 일제히 독립만세를 불렀다.

그 다음 날엔 갈평(葛坪) 장날 많은 군중을 이끌어 우렁차게 대한독립만세를 부르며 시위행진을 벌이고 그 다음으로 갈평헌병주재소(憲兵

駐在所)를 향해 돌진하다가 왜군 헌병에 체포되었다.

문경 헌병분견소(憲兵分遣所)에서 심한 고문(拷問)을 치르고 대구지방법원 상주지청(尙州支廳)에서 징역 8개월에 언도되어 대구형무소에서 복역(服役), 이듬해 1월 20일 출옥했다.

독립유공자로 인정되어 대통령 표창장을 받았다.

[참고문헌] 『安東金氏世譜』(乙未譜, 2015); 宋志香, 『安東鄕土誌』(下) (大星文化社, 1983).

병우(炳宇) _ 1880년 12월 7일생~1936년 1월 18일졸
(안동김씨종회보에는 생일이 27일 졸년월일이 1930년 정월 17일로 기재)

▲ 병우공 존영

출신지는 풍남면(豊南面) 어담리(漁潭里: 현 풍천면 어담리)이다.

자는 순형(舜衡)이고 어담공(漁潭公, 휘 三益) 후예(後裔)로서 1880년 12월 7일 신근(信根)공의 둘째 아들로 태어났다.

20세를 전후해서 국가가 외세(外勢)의 침공(侵攻)에 흔들림을 보고 구태의연(舊態依然)한 보수정신(保守精神)으로서는 도저히 회복(恢復)시킬 가망이 없음을 깨닫고 신문화운동(新文化運動)에 착안(着眼)한 나머지 서학(西學)인 기독교(基督敎)에 입교하여 동지(同志) 규합(糾合)으로 개화운동(開化運動)을 전개(展開)하고 풍산에 교회(敎會)를 설립하였다.

그 후에 고등학교를 세워 교육사업(敎育事業)과 농촌계몽운동(農村啓蒙運動)을 전개하였으며 안동읍으로 이거(移去)하여 안동교회(安東敎會)와 계명학교(啓明學校)를 설립하였다. 주로 교육사업에 활약(活躍)하다가 1919년 아들 재명이 가지고 온 독립선언서를 보고 을미3·1운동이 일어나자 이상동(李相東)과 함께 만세시위를 하였다.

또한 1919년 3월 18일과 23일의 안동읍 장날을 이용하여 일어난 독립만세운동을 주동하였다. 이곳의 독립만세운동은 기독교도(基督敎徒)와 천도교도(天道敎徒)가 연합함으로써 대대적으로 거사되었는데, 그는 김익현(金翊顯)·황인규(黃仁圭)·김계한(金啓漢)·김재성(金在成)·이인홍(李仁洪) 등과 함께 기독교도의 대표로서 천도교도와 비밀

연락을 취하면서 거사계획을 추진하였다.

3월 18일 오후 6시경 그는 1백여 명의 시위군중과 함께 독립만세 시위를 하고, 이튿날 오전 1시경에는 또 다시 3천여 명의 시위군중과 군청·경찰서·대구지방법원 안동지청으로 몰려가서 애국지사의 석방을 요구하면서 투석전을 벌이다가 일제의 발포로 부득이 해산하였다.

그 후 다음 안동 장날인 23일에는 더욱 격렬한 제2차 독립만세 시위가 일어났는데, 그는 이날 오후 8시경 3천여 명의 시위군중과 함께 만세 시위에 참여하여 읍내 중심지를 향하여 시위행진을 하였다.

이때 일본 군경이 공포를 발사하며 저지하려 하였으나 시위군중은 조금도 굴하지 않고 경찰서·지방법원 안동지청을 포위하고 투석으로 대항하였다.

그러자 일제는 무자비하게도 사격을 감행하여 다수의 사상자가 발생하고 시위군중은 해산되었다.

이 활동으로 일본 경찰에 체포된 그는 1919년 4월 7일 대구지방법원 안동지청에서 보안법 위반 혐의로 징역 2년형을 언도받고 항소하였으나 5월 2일 대구복심법원과 6월 5일 고등법원에서 기각되어 복역하였다.

1977년 대통령 표창, 1990년 국민훈장 애족장을 받았다.

[참고문헌] 「판결문」(1919.4.7 대구지방법원 안동지청); 「판결문」(1919.6.5 고등법원); '신원카드'; 『독립운동사』 3권; 『安東金氏會報』 第38號; 『嶺南出身獨立運動略傳』; 『安東金氏世譜』(乙未譜, 2015).

병조(炳朝) _ 1922년 8월 29일생~1995월 2일 20일졸

자는 명래(明來)이다. 장릉참봉(長陵參奉)을 지내고 의병(義兵)에 참여하여 포대장(砲隊長)을 지냈다.

[참고문헌] 『安東金氏世譜』(乙未譜, 2015).

병천(炳千) _ 1903년 12월 30일생~1996년 2월 5일졸

자는 백여(百汝), 호는 학하(鶴下)이다. 풍산 소산 사람이다. 1922년 권오설의 하계강습회에서 교육을 받고 농촌운동가로 활동하였다.

[참고문헌] 『安東金氏世譜』(을미보, 2015); 김희곤, 『경북유림과 독립운동』(景仁文化社, 2015).

병하(炳河) _ 생졸년 미상

출신지는 풍서면(豊西面) 소산(素山)이다. 공은 1920년 대한민국 임시정부의 자금모집 활동을 하였다. 그는 안동시 서후면 금계리 출신 김연환(金璉煥)이 1920년 1월 임시정부의 밀명을 받고 국내로 들어와 자금 모집을 하자 이에 가담하여 군자금을 제공하였다.

[참고문헌] 『고등경찰요사』

병흥(炳興)

우당(藕堂) 민영달(서강에 살았음)에게 독립자금 출연을 권고하는 등 정정화(鄭靖和) 1차 모금 때 민영달에게 자금연출을 교사하는 일을 하였다.

[참고문헌] 鄭靖和, 『長江日記』(학민사, 2005).

병훈

공은 1908년 3월 15일 재경 영남인사들이 창립한 교남교육회(嶠南教育會)에 참석하여 교육구국운동을 전개하였다.

[참고문헌] 『교남교육회잡지(회원명부』.

병희(炳僖) _ 1888년 2월 5일생~1928년 3월 7일 옥중사

자는 성극(聖克), 호는 해창(海倉)이고 충청남도 대덕군 진잠면 송정리 253번지에서 출생하였다. 당숙 찬근(贊根)공에게 입양되었다.

관립 한어학교(중국어전공)를 졸업하고 보성전문학교를 졸업하였다.

1915년 가을 중국 상해로 망명하여 항일운동에 참가하여 주러시아 외교위원으로 활동하다가 다시 북만주 일대에서 활동하였다. 1917년 만주에서 귀국도중 체포되어 신의주 형무소에서 9개월간 옥고를 치렀다. 석방 후 1919년 7월에는 미국에서 온 박용만(朴容萬)의 지도로 연해주 블라디보스토크에서 이민복(李敏馥) · 조성환(曺成煥) · 백준(白準) 등과 함께 기호파를 중심으로 독립군을 편성하고자 하였다. 아울러 이러한 계획 하에 간도지방의 동지들과 협조하여 대한민국군(大韓民國軍)을 조직하여 총사령부를 블라디보스토크에 두고 조성환을 총사령에 박용만을 총참모에 선임하기로 하고 이를 위해 나머지 동지들과 군자금을 모으고자 하였다.

이때 그는 박상환(朴祥煥)과 함께 경성중학교(京城中學校) 교장 김성수(金性洙)와 경기도 고양군 용강면(龍江面)에 거주하는 부호 민영달(閔永達)에게 군자금을 수집하러 가던 중 다시 체포되어 옥고를 치렀다.

1921년에는 조선일보 편집장 겸 주필로서 언론을 통한 계몽운동과 조국광복에 주력하였다.

1922년 귀국하여 조선일보 논설반으로 활동하다가 1924년까지 일본, 동경의 형설회(螢雪會)를 중심으로 순회연극단을 조직하여 배일운동을 고취시켰다.

또 민립대학을 설립코자 기성회를 조직해 이상재, 현상윤, 최규동 등과 집행위원이 되었다. 그러나 일본경찰의 간섭으로 무산되었다.

1923년에는 조선일보 북경, 상해 특파원으로 파견되어 김원봉(金元鳳)을 단장으로 하는 의열단과 협력하여 일제 요인처단과 관공서 파괴를 시도하였으며, 1925년 신민부가 조직된 뒤에는 이에 가입하고 북만주로 가서 해참위(海參衛)를 오가며 동지를 규합하여 길림성 동빈현 홍륭진에서 선전대원으로 활약하였다.

그 뒤 국내 공작을 위하여 귀국하던 중 1927년 4월경 체포되어 김연수(金演秀), 여봉구(呂鳳九), 이기진(李基珍) 등과 함께 징역 1년에 집행유예 2년을 선고받았으나 고문의 여독으로 1928년 신의주(新義州) 옥중(獄中)에서 순국하였다.

1991년 건국훈장 애국장을 받았다.

[참고문헌] 『安東金氏世譜』(乙未譜, 2015); 『大韓獨立運動史』; 박민영, 『대전인의 해외독립운동』; 『대전지역 항일독립운동 재조명』(충청문화연구소, 2010); 춘강(春岡) 김영한(金英漢), 『독립운동가 김병희의 소조(小照)』(永嘉).

복진(復鎭) _ 1901년생~1940년졸

충북 영동(永同) 사람이다.

팔봉(八峰) 김기진(金基鎭)의 친형(親兄)으로서 조각가(彫刻家)이다.

공은 1927년 6월 일본제국주의의 지배를 벗어나 조국의 독립을 쟁취하려는 목적에서 이성태(李星泰)의 권유로 고려청년회(高麗青年會)에 가입하여 활동 중 일경에 피체되었다. 그 후 1930년 11월 28일 경성지방법원에서 소위 치안유지법 위반으로 징역 4년 6월을 받아, 미결기간을 포함하여 6년간의 옥고를 치렀다.

출옥 후 1930년대에 김제(金堤) 금산사(金山寺)와 법주사(法住寺)의 미륵불상을 제작하는 등 민족미술의 진흥에 공헌하였으며, 1936년 도산(島山) 안창호(安昌浩)의 서거 시에는 제자 이국전(李國銓)으로 하여금 그의 데드마스크를 뜨게 했다가 일경에 연행되어 조사를 받은 일도 있었다.

정부에서는 고인의 공훈을 기리어 1993년에 건국훈장 애국장을 추서하였다.

[참고문헌] 「判決文」(1930.11.28. 京城地方法院); 『朝鮮統治史料』(韓國史料研究所, 第6輯 95~97面); 『安島山全書』(주요한, 上卷 456面); 『獨立有功勳錄』(第6卷, 학생운동·문화운동 포상자, 國家報勳處, 1988).

복한(福漢) _ 1860년 7월 24일생~1924년 3월 28일졸
(안동김씨세보에는 졸일이 24일로 되어 있다)

▲ 복한공 존영

조선 말기의 문신 · 의병장. 자는 원오(元五), 호는 지산(志山)이고 출신지는 공주이다.

1892년(고종 29) 별시문과에 병과로 급제한 뒤 홍문관교리로, 이듬해에는 사서(司書)에 제수되었으며, 성균관대사성 · 형조참의를 역임하였다.

1894년 승정원승지에 제수되었으나 그해 6월에 갑오개혁이 시작되자, 기울어져가는 국운을 한탄하며 벼슬을 버리고 고향에 돌아가 자정(自靖)하기로 결심하였다.

이듬해 8월에 명성황후가 시해되고 단발령이 내리자, 이설(李偰) · 안병찬(安炳瓚) 등과 같이 홍주목사 이승우(李勝宇)를 권유하여 항일의병을 일으켰으나, 이승우가 일제와 내통함으로써 일본군에게 잡혀 투옥되었다. 곧 고종의 특지로 석방되어 성균관장 · 중추원의관(中樞院議官)에 임명되었으나, 그때마다 상소하여 왜적과 역적들을 토벌하지 못하였다 하여 사퇴하고 후진양성에 몰두하였다.

1905년 을사조약이 강제 체결되자 이설과 함께 이지용(李址鎔) · 박제순(朴齊純) · 이완용(李完用) 등 오적의 참수를 간청하는 소를 올리다가 투옥되었다.

1906년 민종식(閔宗植)과 홍주에서 다시 의병을 일으켜 일본군과 싸우다가 체포되어 옥고를 치렀으며, 1907년에도 의병은닉과 민심선동 등의 혐의로 체포되었다. 공주로 압송되는 도중에 일본순검에게 무수히 구타당하고 어렵게 목숨을 건졌으나 그 후유증으로 말미암아 식사와 용변을 다른 사람의 힘에 의지하게 되었다.

1910년 우리나라가 일제에 의하여 강제로 병탄된 뒤로는 일제의 심한 감시 속에 두문불출하였다. 3.1운동이 일어나자 문인 박경호(朴敬鎬)를 상경시켜 유림대표들과 협의하게 하였고, 영남의 곽종석(郭鍾錫)과 함께 호서의 유림을 대표하여 전국 유림 137명의 서명을 받아 파리강화회의에 독립청원서인 파리장서(巴里長書)를 발송하였다. 뒤에 발각되어 모두 일본경찰에 붙잡혔는데, 옥중에서 중병으로 90여 일만에 석방되었다.

1921년부터는 인지사(仁智社)를 세워 후진양성에 온 힘을 기울였다.

1963년 건국훈장 독립장을 받았다.

[참고문헌] 『騎驢隨筆』; 『韓國痛史』; 『洪陽紀事』; 『志山金福漢先生年譜』(1952); 『志山金福漢先生略史』; 『3 · 1運動과 儒教界(許善道)』; 『3 · 1運動50周年紀念論文集』(東亞日報社, 1969).

봉규(奉圭) _ 생졸년 미상

출신지는 안동(安東) 법상동(法尙洞) 156번지이다. 1920년 차경석(車京錫)을 교주로 하는 흠치교에 가입하였다. 8인조로 1924년 갑자년(甲子年)에 흠치교의 힘에 의해 조선이 독립이 될 것이라고 선전하면서 자금 모집 및 교도증대에 힘을 쏟다가 일본경찰에 발각되어 체포되었다.

이 일로 1921년 대구지방법원에서 징역 1년을 선고받았다.

[참고문헌] 「판결문」(1921.7.11 대구지방법원안동지청); 「판결문」(1921.11.26 대구복심법원).

봉년(奉年) _ 1922년생~졸년 미상

이명은 봉년(峰年)이고 출신지는 안동군 풍산면(豊山面) 현애(玄厓)이다. 의열투쟁가 시현(金始顯)의 아들이다. 중국 길림성 영길현 영신농장(永新農場) 학생으로 위장 입학하여 비밀활동으로 펼쳤다. 그러다가 1943년 3월 말 모친 권애라와 함께 체포되어 장춘형무소에서 11년간 옥고를 치렀다고 전해진다.

육군사관학교(군사영어학교) 1기로 졸업하고 임관하였으며, 고려동지회에 가입하여 활동하기도 하였다. 안동군참사, 풍산면 의원으로 재선되기도 하였다.

[참고문헌] 『안동사학』 3집; 『安東金氏世譜』(乙未譜, 2015).

봉한(鳳漢) _ 1889년생~1946년 11월 1일졸

자는 성소(聖韶)이고 출신지는 안동군 풍서면(豊西面) 소산리(素山里: 현 풍산읍 소산리)이다. 풍서면 소산리 청원루(淸遠樓) 내에 설립된 소산서숙(素山書塾)에서 교사로 활동하였다.

묘는 소산리 검동곡(黔東谷)에 있다.

[참고문헌] 『안동의 독립운동사』

상모(尙模) _ 1926년 12월 8일생~

안동농림학교(安東農林學校) 재학 시에 안동농림학교 학생운동으로 불리는 항일운동단체인 독립회복단(獨立回復團)을 조직하여 활약하였다.

[참고문헌] 金相培, 『洛東流芳』; (洛東流芳編纂委員會, 1992).

석근(碩根) _ 1894년 9월 26일생~1947년 4월 5일졸

경북 의성(義城) 출신으로 이명은 석근(石根).

1919년 3월 13일 경북 의성군(義城郡) 비안면(比安面)에서 태극기를 제작하고 독립만세운동을 전개하였다. 공은 3월 12일 비안면 자신의 집에서 동지들과 모여 태극기 120매를 만들었다. 공은 3월 13일 밤 태극기 40매를 휴대하고 서부동(西部洞)으로 가서 농민 50여 명에게 태극기를 배포하고 독립만세운동을 펼쳤다.

공은 체포되어 1919년 4월 7일 대구지방법원, 1919년 4월 30일 대구복심법원에서 소위 보안법 위반으로 징역 10월을 받고 옥고를 치렀다.

정부는 고인의 공훈을 기려 2007년에 건국포장을 추서하였다.

[참고문헌] 「判決文」(大邱地方法院, 1919.4.7); 「判決文」(大邱覆審法院, 1919.4.30); 『身分帳指紋原紙』(警察廳); 『高等警察要史』(1967, 27면); 『독립운동사자료집』(독립운동사편찬위원회, 제5집, 1310~1312면); 『독립운동사』(독립운동사편찬위원회, 제3권, 372~373면); 『獨立有功勳錄』(第17卷, 2006~2007년도 포상자, 국가보훈처, 2009).

석동(石東) _ 생졸년 미상

1925년 9월 27일 창립된 남후청년회(南後靑年會)에 참여하였다. 남후청년회는 그 지방의 유지들이 옛 호남강습소(湖南講習所)에 모여 창립식을 하였는데 그 자리에서 임원으로 선출되었다.

[참고문헌] 「동아일보」 1925.10.2.

석동(奭東) _ 1923년 1월 17일생~졸년 미상

대동단(大同團) 총재 가진(嘉鎭)공의 손자로서 1935년(정정화, 『長江日記』에서는 1936년으로 기록) 2월 상해로 건너갔다(누나 영원이 데리고 가서 남경에서 가족을 만남). 1938년(『長江日記』에서는 17세가 되던 1939년으로 기록) 1월 한국 광복진선(光復陣線) 청년공작대에 입대하여 항일 선무공작 활동을 하고, 1940년 9월 광복군에 입대하여 제2지대 본부요원으로 활동하였다.

1943년 6월에는 김구 주석의 주선으로 인쇄기술을 습득하여 독립신문 중문판(中文版) 발행을 위해 노력하였다.

1945년 1월 임시정부 주석 판공실(辦公室) 서기로 근무하다가 제2지대에 전속 동년 5월에는 OSS훈련단 정보파괴반을 수료하였으며, 국내정진군 본부요원에 편성되어 국내진입을 꾀하던 중 광복을 맞이하였다. 1946년 봄에 귀국하였다.

[참고문헌] 종로문화원, 『종로인물』(2019); 『安東金氏世譜』(乙未譜, 2015); 정정화, 『長江日記』(학민사, 2005).

석진(奭鎭) _ 1843년 1월 21일생~1910년 9월 8일졸

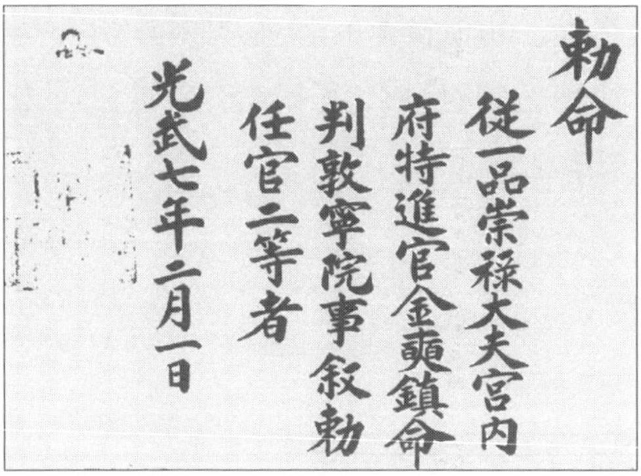
勅命
從一品崇祿大夫宮內府特進官金奭鎭命
判敦寧院事敍勅
任官二等者
光武七年二月一日

▲ 칙명서(勅命書)

자는 경소(景召) 호는 오천(梧泉)이다. 선원(仙源, 휘 尙容)공 후손 낙균(樂均)공의 맏아들로 태어나 청음(淸陰, 휘 尙憲)공 후손 도균공(道均公) 후로 출계(出系)하였다.

1860년(철종 11) 정시문과(庭試文科)에 병과(丙科)로 급제하였다. 이후 종친부(宗親府) 벼슬을 거쳐 사과(司果), 전적(典籍) 등의 벼슬을 역임하였고, 홍문관(弘文館)의 관직(官職)을 지냈다.

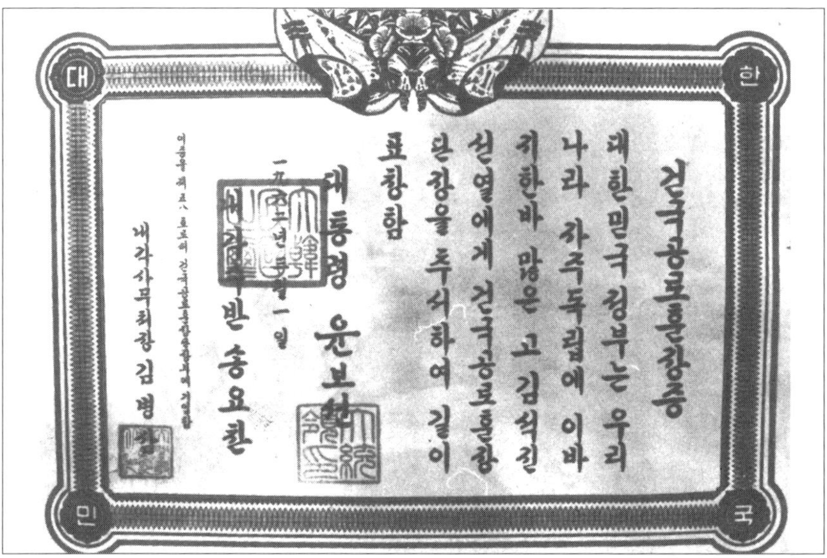

건국공로훈장증
대한민국 정부는 우리 나라 자주독립에 이바지한바 많은 고 김석진 선열에게 건국공로훈장을 추서하여 길이 표창함
대통령 윤보선
一九六二년 三월 一일
내각수반 송요찬
내각사무처장 김병삼

▲ 건국공로훈장증

▲ 복온공주궁(福溫公主宮) 석진공 생가(순절지)

지평(持平), 장령(掌令), 사성(司成), 사간(司諫) 등 청요직(清要職)에 있었으며 호조(戶曹), 형조(刑曹), 병조(兵曹), 이조(吏曹)의 참의(參議)에 이어 한성부(漢城府)의 좌우윤(左右尹), 호조(戶曹), 이조(吏曹), 형조(刑曹), 공조(工曹)의 참판(參判)을 지낸 후 형조판서(刑曹判書), 광주부유수(廣州府留守), 통어사(統禦使) 등을 지냈다.

1896년(建陽 1)에 특진관(特進官), 뒤이어 비서원경(秘書院卿), 장예원경(掌禮院卿), 귀족원경(貴族院卿) 등을 역임하고, 1901년(光武 5)에 판돈녕부사(判敦寧府事)에 이르렀다.

1905년(光武 9) 을사조약(乙巳條約)이 체결되자 항의상소(抗議上疏)를 올려 조약에 찬성날인(贊成捺印)한 오적신(五賊臣)의 처형(處刑)을 주장하였으며 1910년(隆熙 4) 한일합방(韓日合邦)이 되자 국가와 민족이 멸망(滅亡)당한 비극과 일제의 침략에 항거하여 음독자결(飮毒自決)하였다. 1962년 대한민국 건국공로훈장(複章)이 수여되었다.

[참고문헌] 『安東金氏會報』 第5號.

선규(善圭)

1923년 11월 11일에 열린 풍산소작인회(豊山小作人會) 창립총회에서 집행위원으로 선출되었다.

[참고문헌] 「동아일보」 1923년 11월 18일.

성규(成圭)

재성(在成)을 참고.

[참고문헌] 『安東金氏世譜』(乙未譜, 2015).

성동(聖東) _ 생졸년 미상

1908년 3월 15일 재경 영남인사들이 창립한 교남교육회(嶠南教育會)에 참여하여 교육 구국운동을 전개하였다.

[참고문헌] 『교남교육회 잡지(회원명부)』.

성모(聖模) _ 1926년 12월 8일생~

안동농림학교(安東農林學校)의 독립회복단 사건으로 투옥되었다가 조국 광복과 함께 풀려났다. 재학생은 아니었으나 재학생인 초등학교 동기친구인 갈정호(葛正虎), 김원현(金元顯), 이정선(李貞善)과 경주중학생(慶州中學生)이었던 정현모(鄭賢模) 등과 함께 활약하였다.

[참고문헌] 金相培, 『洛東流芳』(洛東流芳編纂委員會, 1992).

성수(成銖) _ 1868년생~1933년졸

자는 미경(美卿), 사헌부(司憲府) 감찰(監察)을 역임하였다. 독립군(獨立軍) 군자금지하조달(軍資金地下調達) 책을 맡았다. 그리고 민립대학 지방부 창립준비위원회를 조직하고 준비위원을 맡기도 하였다. 돌아가시자 군민장(郡民葬)을 치렀다.

▲ 성수공 존영

[참고문헌] 『安東金氏禮儀少丞公派世譜』(安東金氏禮儀少丞公派門中, 1987); 안동대 안동문화연구소, 『안동현대사』 2(정치 · 행정), (안동시, 2010).

성진(聲鎭) _ 생졸년 미상

임하면(臨河面) 송천동(松川洞: 현 안동시 송천동)에 설립된 봉양서숙(鳳陽書塾)에서 교사로 활동하면서 교육구국운동을 하였다.

[참고문헌] 『안동의 독립운동사』.

성진(城鎭) _ 1905년생~1931년졸

병희(炳僖)공의 큰형 병의(炳儀)공의 큰아들이다. 1921년 경성중앙고보에 입학 칼톱회 독사사건으로 왜경에 체포되어 혹독한 고문을 당하고 퇴학을 당하였다. 병희공의 노력으로 배재학당으로 전학하였으나 왜경의 탄압으로 졸업직전 중퇴되었다.

논산군 광석면 왕진리에 숨어 살며 야간학교(왕전학원)를 개설 근우회를 조직하여 배일사상을 교육하였다. 이때 논산에서는 강경에서 논산까지 금강 상류 직강공사가 시작될 때였다. 한 평을 맡아 둑을 쌓는 곳에 지게로 져서 나르는데 저녁때는 그 평의 깊이를 재어 임금을 직불하므로 일면 평뜨기 또는 강을 퍼낸다 하여 강뜨기라고도 불렀다. 공은 새벽에 지게를 지고 나가서 강뜨기의 노동을 해서 좁쌀로 식구를 연명시켰다.

논산 광석에 우신학원이라는 사립학교 교사로 내정이 되었으나 왜경이 알게 되어 강제로 취임을 못하게 하고는 조석으로 주위를 감시했다.

1931년 봄에 광석주재소에서 황인국 순사가 이 집을 살피고 돌아가는 길에 술에 취한 사람이(전태호, 全泰鎬) 운전하는 자동차에 낙사(轢死)한 일이 생겼다. 이 운전수는 형을 마치고 나와 기독교 신자가 되어 여생을 전도사로 지내며 죄과를 참회한 일이 있다. 이때 악질로 굴던 순사 중에 미정(米井), 도진(道津), 부영(富永)은 일본인이고, 방규섭(方圭燮), 황인국(黃仁國), 김횡산(金横山)은 조선인이었다.

[참고문헌] 英漢 『독립운동가 김병희(金炳僖) 소조(小照)』(永嘉 第27號).

수규(壽圭) _ 1899년생~졸년 미상

▲ 수규공 존영

출신지는 풍서면(豊西面) 소산리(素山里: 현 풍산읍 소산리)이다.

1925년 11월 풍서농민회에 참여하여 집행위원으로 선출되었다.

1926년 5월 소작권 이동문제를 제기하고 투쟁하다가 업무방해 및 협박죄로 구속되어 벌금 50원의 형을 언도받았다.

[참고문헌] 「조선일보」 1926.5.3.

수한(守漢) _ 1900년생~졸년 미상

출신지는 풍산면(豊山面) 하리동(下里洞: 현 풍산읍 하리)이다.

풍산소작인회에 참여하여 활동하다가 이용만(李用萬)을 비롯한 여러 동지들과 더불어 1924년에 소작료 인하 운동을 대규모로 전개하였는데 소작농민들의 요구가 집단적인 쟁의로 발전하자 지주와 일본인이 풍서농무회를 결성한 뒤 탄압에 나섰다.

1924년 봄 경작방해(업무방해죄)로 7명의 소작인회 회원과 같이 구속되었다. 7월 10일과 11일 이용만을 포함한 동료 12명과 함께 구속되어 30원의 벌금형을 언도받았다.

[참고문헌] 「동아일보」 1924.7.18; 7.20; 8.13; 9.5; 9.25; 10.8; 10.9; 10.19; 독립운동사편찬위원회, 『독립운동자자료집』 14 (1987).

수한(壽漢) _ 1902년 7월 6일생~1973년 10월 25일졸

출신지는 풍서면(豊西面) 소산리(素山里: 현 풍산읍 소산리)이고 택호는 물외이다. 1925년 11월 풍서농민회에 참여하여 집행위원으로 선출되었다. 풍서농민회는 '상호부조와 생활개량'을 목적으로 소작료와 지세문제를 당면과제로 삼고, 악독한 지주에게 대항하고 간악한 소작인을 처치하여 농민의 생활을 보장하는 것으로 투쟁방향을 잡았다.

공은 1926년 5월 소작권 이동문제로 투쟁을 벌이다가 업무방해 및 협박죄로 구속되어 100원의 벌금형을 언도받았다.

[참고문헌] 「조선일보」 1926.5.3.

순동(順東) _ 1874년 3월 23일생~1934년 4월 9일졸

자는 도일(道一)이다. 삼일독립운동에 참가였으며 독립유공자이다.

[참고문헌] 『安東金氏世譜』(乙未譜, 2015).

시진(時鎭) _ 1901년 1월 28일생~졸년 미상

자는 옥야(沃野), 호는 야은(野隱)이다. 삼일독립투사(三·一獨立鬪士)이다.

[참고문헌] 『安東金氏世譜』(乙未譜, 2015).

시현(始顯) _ 1883년 6월 9일생~1966년 1월 3일졸

▲ 시현공 존영

자는 윤화(潤和), 호는 하구(何求)·학우(鶴友)이고 출신지는 풍북면(豊北面) 현애동(玄崖洞: 현 풍산읍 현애리) 358번지이다. 청소년기에 안동에서 일어난 갑오·을미의병을 겪으면서 항일 의식을 가졌다.

1908년 이후 교남교육회의 일원으로 영남지방의 항일 구국 인사들과 폭넓은 교류를 통해 항일 의지를 더욱 다졌다.

1919년 3·1운동이 일어나자 그해 5월 상해를 거쳐 만주로 망명하여 그곳에서 망명 애국지사들 가운데 김좌진(金佐鎭)을 비롯하여 황상규(黃尙奎)·장건상(張建相)·김원봉(金元鳳) 등과 접촉하면서 직접적인 항일 독립투쟁을 하였다.

그 이듬해 국내에 잠입하여 국내의 여러 독립운동 단체를 위해 동지 규합·군자금 모금·무기 구입 등에 힘썼다. 이러한 활동으로 일본 경찰에 검거되어 1920년 9월 대구형무소에서 1년의 옥고를 치렀다.

1921년 출감 후 바로 상해로 망명한 공은 이르쿠츠크파 고려공산당에 입당하고, 1922년 1월 모스크바에서 열린 극동인민대표자회의 참석하여 조선대표단의 위원으로 활약하였다. 그해 5월 상해로 돌아오면서부터 본격적인 무력적 의열투쟁에 앞장섰다.

공은 김원봉이 이끄는 의열단과 함께 7월 하순경부터 일제 식민 통치기관 파괴를 목적으로 대규모 폭탄운반(일명 '김시현·황옥' 사건)의 실행 책임을 맡았다. 그는 김지섭과 함께 국내에 잠입하여 사전 계획을 세운 뒤 황옥을 포섭하여 유석현 · 장건상 등과 더불어 그 이듬해 3월 초순경부터 실행하였다.

그러나 3월 15일 이들 일행 13명은 모두 체포되어 실패하였으며, 이 사건으로 10년형을 언도받고 복역하다가 1929년 1월 29일 대구형무소에서 풀려나왔다.

이후 공은 다시 망명하여 만주 길림을 중심으로 활동을 계속하던 중 김규식의 요청으로 조선혁명군사정치간부학교를 설립하는 데 힘썼으며, 의열단의 길림과 북경의 대표자로서 활동하였다.

당시 중국 국민당 하북성 당부와 북평시 당부와 연계되어 활동하면서, 1934년 5월 초순경 북경에서 배반자 한삭평(韓朔平)을 처단하는 일을 지휘하다 체포되어 9월 22일 일본 장기지방재판소에서 5년형을 언도받고 복역하였다.

1939년 이른 봄 출옥하고 이듬해 북경으로 다시 건너가 국내와 자주

▲ 시현공 생가

연락하며 전국을 무대로 군자금 조달, 동지규합, 무기구입 등 활동을 계속하였다.

이 활동으로 인해 1944년 4월 북경에서 또 다시 일본 헌병대에 체포되어 그 이듬해 해방을 맞을 때까지 경성 헌병대에 감금되었다가 해방과 더불어 자유의 몸이 되었다.

[참고문헌] 『교남교육회잡지(회원명부)』; 『독립운동사』 3 · 7권; 『약산과 의열단』; 『독립운동사자료집』 9 · 11집; 『고등경찰요사』; 「동아일보」 1921.3.5; 1923.4.13; 8.9; 12.15; 12.19; 12.20; 1924.4.20; 1929.1.31; 9.16; 「조선일보」 1923.8.12; 8.29; 1934.9.22; 9.29; 『騎驢隨筆』; 『安東金氏世譜』(乙未譜, 2015).

연진(淵鎭) _ 1893년 3월 12일생~1978년 5월 23일졸

▲ 연진공 존영

충남 홍성(洪城) 사람이다. 시야(是也) 종진(宗鎭)의 형이다.

일찍이 북만주 지방으로 망명하여 독립운동에 투신하였으며, 1920년경 중국 봉천(奉天)에 밀파되어 만주 상해 · 국내 간의 독립운동 연락책임을 맡아 활동하였다.

1925년 12월 신사회 건설을 목적으로 홍성에서 창립된 사상단체 무공회(無空會)의 집행위원에 선임되었다. 이어 1926년 9월에는 역시 홍성에서 무산대중의 선구자가 될 것을 목표하여 윤기순(尹己順) 등과 함께 정진회(正進會)를 조직하였으며, 동년 10월 3일에는 김동진(金東鎭) 등과 함께 홍성청년회(洪城青年會)를 재조직하여 집행위원으로 선임되는 등, 홍성지방 청년 사상운동의 지도적 일원으로 활동하였다.

또한 1926년에 무공회가 인력거조합을 모체로 하여 조직한 홍성노동조합(洪城勞動組合)의 부(副)조합장으로 선임되어 노동자의 권익옹호에도 앞장섰다.

1927년 8월 25일 신간회(新幹會) 홍성지회가 설립될 때 선전부 총무간사로 선출되어 활동하였고, 1928년 12월 말에는 서무부 총무간사로 전임되었다.

1929년 6월 28일 서울 종로 중앙기독료청년회관에서 신간회 복대표대회(複代表大會)가 개최되었을 때 홍성구(洪城區) 대표로 참석하였으며, 동년 11월 24일의 신간회 제2회 중앙집행위원회에서 충남지방 특파원에 임명되어 활동하는 등 반일민족통일전선의 선두에서 활동하였다.

1930년 3월에는 신간회 홍성지회 서기장으로 일하다 일경에 강제 구인되어 조사를 받기도 하였다.

정부에서는 고인의 공훈을 기리어 1993년에 건국훈장 애족장을 추서하였다.

[참고문헌] 『團體行動報告書』 1925.12.20; 1926.10.3; 『是也金宗鎭先生傳』(李乙奎, 1963. 5. 20, 6 · 7면); 『洪陽史』(全, 1969.8.15, 22 · 23 · 25面); 『獨立運動史資料集』(國家報勳處, 第14輯 326面); 『朝鮮日報』 1927.8.28; 1928.12.28; 1929.6.28; 7.1; 7.21; 8.4; 8.12; 8.16; 1930.3.9; 『獨立有功勳錄』(第6卷, 학생운동 · 문화운동 포상자, 국가보훈처, 1988).

▶ 연한(璉漢) _ 1905년 8월 2일생~1986년 11월 17일졸 (독립운동인물사전에는 졸년이 10월 18일로 기록되었다)

▲ 연한공 존영

출신지는 안동면(安東面) 법상동(法尙洞: 현 안동시 법상동) 46번지이다.

공은 1920년 5월 창립된 안동청년회와 1925년 10월에 창립된 사상단체인 정광단에 참여하여 활동하였다.

안동청년회는 토론회도 자주 가졌는데 주로 사업발전이 「도덕이냐 법률이냐」에 관해 토론하였다. 도덕편에 서서 토론한 바가 있다.

이후 공은 1928년 봄 고려공산청년회에 가입하여 안동야체이카 비밀당원으로 활동하다가 제3·4차 조선공산당 검거사건으로 일본경찰에 검거되어 1930년 2월 대구지법에서 징역 8개월, 집행유예 3년형을 선고받았다.

[참고문헌] 『한국사회주의운동인명사전』; 『형사재판서원본』(1930, 대구지방법원검사국); 「동아일보」 1925.10.13; 10.19; 1927.4.6; 金度亨, 『豊山지역의 농업경영과 소작쟁의』(한국근현대사연구 18, 국민대); 김희곤, 『안동사람들의 항일투쟁』(지식산업사, 2007).

영규(英圭) _ 생년 미상~1919년 4월 11일졸

▲ 영규공 묘표

양평군(楊平郡) 지제면(砥堤面) 곡수(曲水)장터에서 독립만세운동을 전개하였다.

그 후 지하운동을 10여 년간 계속하다 1919년 4월 11일에 곡수(曲水)장터에서 선두에 서서 시위 군중을 지휘하며 독립만세운동을 하던 중 급거 출동한 일본경찰에 체포되어 시위군중이 지켜보는 가운데 총살을 당하였다.

국민훈장 애국장을 받았다.

국립묘지에 안장하였다.

[참고문헌] 『大韓獨立運動史』(永嘉, 第19號).

영진(永鎭) _ 생졸년 미상

출신지는 경북 봉화(奉化)이다. 중국으로 망명한 후 서주에서 적 정보탐지공작을 하였으며, 광복군에 입대하여 제3지대 상해지구 특파공작원으로 활약하였다.

▲ 영진공 존영

초모 및 첩보공작을 위하여 상해에서 활약하던 중 1945년 3월 13일 손모의 밀고로 일본군 특수부대에 의해 체포되어 소위 치안유지법 위반의 명목으로 징역 4년형을 받고 옥고를 치르던 중 광복을 맞이하였다.

[참고문헌] 『大韓獨立運動史』.

영진(榮鎭) _ 1887년 5월 23일생~1959년 1월 24일졸

(세보에는 생년이 1888년(고종 무자)이고 졸년은 1956년 11월 7일이다. 독립유공훈록(3)에는 졸년이 1959년 1월 24일이다.)

일명 실경(實經)이라고도 한다. 자는 성중(成中) 호는 죽차(竹此)이다. 아버지 동중추(同中樞) 성규(聖圭)공과 어머니 숙부인(淑夫人) 김해김씨(金海金氏)의 2남2녀중 장남이다. 출신지는 임동면(臨東面) 중평동(中平洞: 현 임하면 중평리) 329번지이다.

1919년 3월 21일의 임동면 중평동 편항(臨東面中平洞鞭巷) 장날을 이용하여 일으킨 독립만세운동에 참여하였다. 이곳의 독립만세운동은 3월 15일 유연성(柳淵成)·유동수(柳東洙)·이강욱(李康郁)·홍명성(洪明聖)·박재식(朴載植)·유교희(柳敎熙)·박진선(朴晋先)·유곡란(柳谷蘭) 등이 편항 장터 동편에 있는 공동 타작장에 모여 거사에 대하여 의논함으로써 시작되었다.

그들은 편항 장날인 3월 21일을 거사일로 정하고 군중의 동원을 분담하는 등 사전 준비를 진행하였다.

3월 21일 오후 2시경, 편항 장터에 모인 1천여 명의 시위군중이 독립만세를 외치며 시위를 일으켰다. 이때 이곳 주재소에서 2명의 경찰이 나와서 주동자인 유연성과 배태근(裵太根)을 잡아가려 하자, 그는 시위군중과 함께 일경들에게 달려들어 쫓아버렸다.

시위군중이 다시 편항주재소 앞뜰에서 시위를 계속하니, 사태의 위급함을 느낀 일본 경찰 내전(內田)이 공포를 발사하자, 그는 분노한 시위군중과 함께 주재소의 유리창·책상·의자 등을 파괴하고 서류를 파기하였으며, 또한 일본 경찰로부터 빼앗은 대검과 장총·칼·탄환·제복 등을 가지고 나와서 우물에 던져 버렸다.

이때 2명의 일본경찰이 신덕리(新德里) 쪽으로 도망가고 있는 것을 발견한 시위군중이, 추적하여 1명을 붙잡아 구타하였으나, 1명은 신덕리주재소까지 도망하여 안동경찰서에 위급한 상태를 알리게 되었다.

그러나 공은 계속해서 시위군중과 함께 경찰 사택을 습격하여 완전히 파괴하였는데, 경찰 가족들은 모두 도망하고 없었다.

오후 5시경에 이르러 다시 면사무소의 건물과 문서류 등을 파기하였으며 자정경부터는 파괴된 주재소의 판자 등으로 모닥불을 피워가며 이튿날 새벽 3시경까지 독립만세 시위를 계속한 후 자진 해산하였다.

한편 급보를 받은 안동경찰서로부터 이날 오전 5시경 순사부장 1명과 일본군 하사 이하 8명이 파견되어 대대적인 검거가 펼쳐졌다.

1919년 8월 19일 대구복심법원에서 징역 2년형을 언도받고 대구형무소에서 복역하였다.

묘는 현재 임동중학교 교문 오른편 계곡 입구에 있다.

1977년 대통령 표창, 1990년 건국훈장 애족장을 받았다.

▲ 영진(실경)공 묘소

[참고문헌] 『독립운동사자료집』 5집; 『독립운동사』 3권; 『安東金氏世譜』(乙未譜, 2015).

영진(瑛鎭) _ 1881년생~졸년 미상

충남 예산(禮山) 사람으로 이명은 송중성(宋鍾成), 송적헌(宋迪憲)이다.

1920년 조병채(趙炳彩) 등과 함께 국권회복을 쟁취하기 위해 중국 길림(吉林)에서 길림군정부(吉林軍政府)를 조직하여 군무독판(軍務督辦) 겸 총사령관으로 활동하고 있는 김좌진(金佐鎭) 등을 도와 한국의 독립운동을 달성하자고 협의하였다. 이에 따라 윤상기(尹相起) 등 4명과 더불어 국내 각지의 부호들로부터 독립운동에 필요한 군자금을 모집하여 이를 김좌진 장군에게 송부할 것을 계획 결의하였다.

그리하여 1920년 음력 10월 초순경 충남 부여군(扶餘郡) 규암면(窺岩面) 석동리(石東里)에 있는 임성재(任性宰)의 집을 방문하여 현금 100원과 100원의 납부지원서를 모집하였다. 그 후 노재철(盧載喆) · 이치국(李致國) · 이창호(李昌鎬) 등에게 전북 익산(益山)의 부호 이규석(李圭錫), 충남 임천면(林川面)의 김명규(金明奎), 구룡면(九龍面)의 박남규(朴南奎)의 집을 방문하여 군자금을 모집하도록 지시한 것을 비롯하여 충화면(忠化面)의 부호 김영만(金領滿)과 김재철(金在哲)로부터 각각 4백 원과 3백 원, 석성면(石城面)의 부호 이대헌(李臺憲)으로부터 1천 원의 군자금을 모집 · 조달하였다.

그 후 김명수에게 임시정부 군정서(軍政署) 및 재무서(財務署)의 도장과 군자금 모집에 관한 문서를 작성하도록 지시하고, 김명수 · 이광호 등과 함께 충남 대천면(大川面) 황오현(黃五顯)으로부터 현금 860원을 조달하는 등 충남과 전북 등지를 순회하며 부호들을 대상으로 수천원의 군자금을 조달하여 김좌진에게 제공하다가 일경에 피체되었다.

1921년 4월 19일 공주지방법원에서 소위 제령(制令) 7호 위반 및 강도, 총포화약류취체령 위반으로 징역 10년을 받고 공소하였으나 동년 9월 18일 경성복심법원에서 기각, 형이 확정되어 옥고를 치렀다.

정부에서는 고인의 공훈을 기리어 1995년에 건국훈장 애국장을 추서하였다.

[참고문헌] 「判決文」(1921. 9. 18. 京城覆審法院); 『獨立運動史資料集』(國家報勳處, 第10輯 764~773面); 『獨立有功勳錄』(第12卷, 1995년도 포상자1, 국가보훈처, 1996).

영한(永漢) _ 1895년 7월 8일생~1919년 3월 3일졸

아버지 여진(麗鎭)공과 어머니 인동장씨(仁同張氏)의 2남2녀중 장남이다. 호적에는 영환(永煥)이며 자는 응창(應昌)이다.

1919년 3·1운동의 일환으로 일어난 소위 삼진의거(三鎭義擧)에 앞장서 일본군에 대항하다가 순국(殉國)하였다.

3진의거란 지금의 마산시 합포구(合浦區) 진전면(鎭田面), 진북면(鎭北面), 진동면(鎭東面) 3개의 면민(面民)들이 연합하여 독립만세를 부르기도 한 거사이다. 처음에는 1919년 3월 28일(음력 2월 27일) 고현시장(古縣市場) 장날을 이용하여 600여 명의 군중 앞에서 독립선언서를 낭독하고 독립만세를 부르다가 거사 주동자중 11명이 일본헌병대에 잡혀가서 징역형과 고문을 당하였다.

이에 분개한 3개면 주민들이 4월 3일(음력 3월 3일) 삼짇날을 가장하여 모인 군중 7,000여 명이 태극기를 흔들며 만세를 부르고 진동(鎭東)

▲ 순국8의사 묘역(진전면 양촌리 168번지)

으로 가던 중 사당리(社堂里) 다리(일명 鳳橋)에서 일본군의 저지를 당하였다. 공은 군중과 함께 다리를 건너다가 일본군의 총탄에 순국하였다. (순국 8의사묘－진전면 양촌의 168) 창의비는 진북면 지산리에 있다.

국민훈장 애국장(國民勳章 愛國章)을 받았다.

▲ 창의탑(진북면 지산리)

[참고문헌] 『안동김씨부산유방』 1; 『安東金氏世譜』 首編(乙未譜, 2015).

옥균(玉均) _ 1851년 1월 23일생~1894년 3월 26일졸

▲ 옥균공 존영

자는 백온(伯溫) 호는 고균(古筠)·고우(古愚)이고 출신지는 공주이다. 병태(炳台)의 장남으로 7세 때 당숙 병기(炳基)에게 입양되어 서울에서 성장하였다.

11세 때인 1861년 양부 병기가 강릉부사가 되어 임지에 가자 양부를 따라 강릉에 가서 16세까지 율곡사당(栗谷祠堂)이 있는 서당에서 율곡학풍의 영향을 받으면서 공부하였다. 어려서부터 재주가 뛰어나서 학문뿐만 아니라 문장·시·글씨·그림·음악 등 예능부문에서 탁월한 소질을 발휘하였다. 당시 오경석(吳慶錫)·유홍기(劉鴻基)·박규수(朴珪壽) 등에 의하여 나라의 근대적 개혁을 위한 개화사상이 형성되자 다른 청년들과 함께 1870년 전후부터 박규수의 사랑방에서 개화사상을 배우고 발전시켰다. 1872년 알성문과에 장원급제하고, 1874년 홍문관교리(弘文館校理)로 임명되었다. 이 무렵부터 정치적 결사로서의 개화당의 형성에 진력하여 다수의 동지들을 모으고 그 지도자가 되었다. 1879년 개화승 이동인(李東仁)을 일본에 파견하여 일본의 근대화 실태를 알아보게 하고 신사유람단(紳士遊覽團)의 파견을 주선하도록 하였다.

또한 국내에서 혁신의 뜻을 가지고 있는 관리들과 청년들을 모아 개화당의 세력 확장에 진력하는 한편, 스스로 일본의 근대화 실정을 시찰하기 위하여 1881년 음력 12월 일본에 건너가서 일본의 메이지유신(明治維新)의 진전과정을 돌아보고 일본의 대표적인 정치가들과도 접촉하여 그들의 정치적 동향 등을 상세히 파악한 다음 돌아오는 도중에 일본의 시모노세키(下關)에 이르렀을 때, 본국에서 임오군란이 일어났다는 소식을 듣고 황급히 귀국하였다.

제1차 도일(渡日) 직후에 『기화근사(箕和近事)』를 편찬하였다. 임오군란이 수습된 뒤 승정원우부승지 · 참의교섭통상사무(參議交涉通商事務) · 이조참의 · 호조참판 · 외아문협판(外衙門協辦) 등의 요직을 거치면서 나라의 자주근대화와 개화당의 세력 확대에 진력하였다. 일본이 동양의 영국과 같이 되어가는 것을 보고 조선은 동양의 프랑스와 같이 자주부강한 근대국가를 만들어야 나라의 완전독립을 성취하여 유지할 수 있으며, 이를 위해서는 나라의 정치 전반에 대경장개혁(大更張改革)을 단행하여야 한다고 주장하였다.

양반신분제도의 폐지, 문벌의 폐지, 신분에 구애받지 않는 인재의 등용, 국가재정의 개혁, 공장제도에 의거한 근대공업의 건설, 광업의 개발, 선진과학기술의 도입과 채용, 상업의 발달과 회사제도의 장려, 화폐의 개혁, 관세 자주권의 정립, 농업과 양잠의 발전, 목축의 발전, 임업 · 어업 포경업의 개발, 철도의 부설과 기선 해운의 도입, 전신에 의거한 통신의 발전, 인구조사의 실시 등을 주장하였다.

또한, 나라의 자주근대화를 위해서 학교를 널리 설립하고 신교육의 실시를 주장하였으며, 자주 국방력 양성, 경찰제도의 개혁, 형사행정의 개혁, 도로의 개선과 정비, 위생의 개혁, 종교와 신앙의 자유 허용, 조선의 중립화 등을 주장하였다.

조선의 완전 자주독립과 자주근대화를 달성하기 위하여 이러한 주장을 국가의 정책으로 실천하고자 하였으나 청국의 극심한 방해를 받았다. 당시 청국은 임오군란의 진압을 위하여 3,000명의 군대를 조선에 파견하여 대원군을 납치해 가고 임오군란을 진압, 민비정권을 재수립한 뒤에도 철수하지 않고 청군을 그대로 서울에 주둔시킨 채, 조선을 실질적으로 속방화(屬邦化)하기 위한 적극 간섭정책을 자행하였다.

청국은 공의 자주근대화정책이 그들의 속방화정책에 저항하는 것이며 조선의 청국으로부터의 독립을 추구하는 것이라 보고 공의 개화당과 개화정책을 극도로 탄압하였으며, 청국의 도움으로 재집권한 민비친정 사대수구파들도 이에 야합하여 공의 개화당을 박해하였다.

임오군란 후 1882년 9월 수신사 박영효(朴泳孝)의 고문이 되어 제2차로 일본에 건너가서 수신사 일행을 먼저 귀국시키고 서광범(徐光範)과 함께 더 체류하면서 본국으로부터 유학생들을 선발해 보내도록 하여 일본의 여러 학교에 입학시킨 다음 그해 3월 귀국하였다. 1883년 6월 국왕의 위임장을 가지고 제3차로 일본에 건너가서 국채(國債)를 모집하려 하였다.

그러나 묄렌도르프(Mollendorff, P. G.)와 민비수구파의 사주를 받은 주조선일본공사 다케조에 신이치로(竹添進一郎)가 공이 휴대한 조선국왕 고종의 국채위임장을 위조한 것이라고 본국에 허위 보고하여 방해함으로써 국채모집은 완전히 실패하고 1884년 4월 귀국하였다.

세 차례에 걸친 도일과정에서 일본 메이지유신의 성과를 견문하고 닥쳐올 나라의 위기를 급박하게 느껴 더욱 초조해졌으며, 개화정책을 서두르면 서두를수록 청국 및 민비수구파와의 정치적 갈등과 대립은 더욱 첨예하게 되었다.

이에 공은 정변(政變)의 방법으로 먼저 정권을 장악한 다음, 그의 개화사상과 주장을 실천하며 나라를 구하기 위한 '위로부터의 대개혁'을 단행할 것을 모색하게 되었다. 청국과 프랑스가 안남문제를 둘러싸고 청·불 전쟁의 조짐을 보이자, 1884년 5월 청국은 조선에 주둔시킨 3,000명의 청군병력 중에서 1,500명을 안남전선으로 이동시켜 서울에 청군은 1,500명만 남게 되었으며, 1884년 8월 마침내 청·불 전쟁이 일어나 청군은 연전연패하였다. 이에 정변을 일으킬 기회가 왔다고 판단하고, 1884년 9월 개화당 동지들과 함께 정변을 일으키기로 결정하였다. 또한 일본공사 다케조에가 일본에 갔다가 그해 10월 30일 서울에 귀임하여 종래의 개화당에 대한 적대정책을 바꾸어 개화당에 접근하면서 추파를 던져오자, 정변에 대한 청군의 무력개입을 막는 데 이용하기 위하여 조선군 1,000명 이외에 일본공사관 호위용의 일본군 150명을 정변에 끌어들이는 계획을 세웠다.

그리하여 1884년 양력 12월 4일(음력 10월 17일) 우정국 준공 축하연을 계기로 마침내 갑신정변을 단행하여 그날 밤으로 민비수구파의 거물 대신들을 처단하고, 12월 5일 이재원(李載元: 국왕의 종형)을 영의정으로, 홍영식(洪英植)을 좌의정으로 한 개화당의 신정부를 수립하였다. 신정부에서 판서가 임명되지 않은 호조참판을 맡아 재정군을 장악하고 실질적으로 정변과 신정부를 모두 지휘하였다.

개화당은 정권을 장악하자 12월 5일 저녁부터 6일 새벽까지 밤을 새워가며 회의를 열어서 공의 주도하에 혁신정강(革新政綱)을 제정하여 6일 오전 9시경에 국왕의 전교형식(傳敎形式)을 빌려 공포하였으며, 이날 오후 3시에는 국왕도 이를 추인하여 대개혁정치를 천명하는 조서(詔書)를 내려서 국정전반의 대개혁이 이루어질 듯하였다.

그러나 청군 1,500명은 이날 오후 3시 이후부터 갑신정변을 붕괴시키기 위한 무력 개입을 시작하여 불법으로 궁궐을 침입하면서 공격해 들

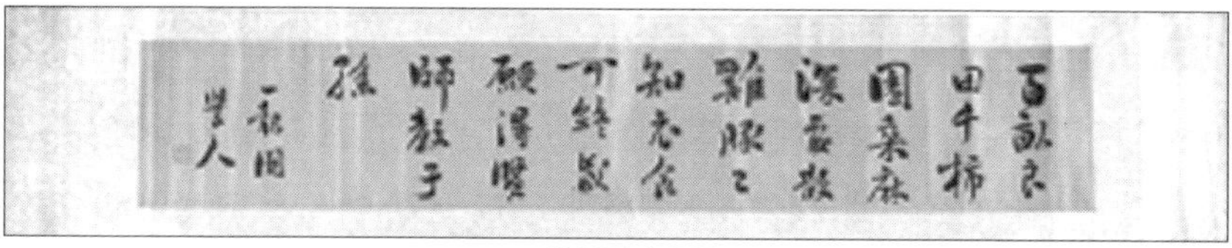

▲ 옥균공의 유묵

어왔다. 외위(外衛)를 담당했던 조선군이 청군침략군에 저항하다가 퇴패하자, 중위(中衛)를 맡았던 일본군은 개화당이 사태를 수습할 사이도 없이 도망하고 철수해 버렸다. 이에 개화당은 청군의 무력공격을 방어하지 못하여 갑신정변을 실패하고, 공 등 개화당의 집권은 '삼일천하(三日天下)' 로 끝나고 말았다.

갑신정변이 실패로 돌아가자 후일의 재기를 기약하고 박영효 · 서광범 · 서재필 등 9명의 동지들과 함께 일본으로 망명하였다. 그러나 일본정부는 망명한 공을 박해하여 1886년 8월 오가사와라(小笠原島)에 귀양을 보냈으며, 또한 1888년 홋카이도(北海道)로 추방하여 연금시켰다.

그 뒤 동경으로 돌아올 수 있게 되어 1894년 3월 청국의 상해로 망명하였으나, 민비수구파가 보낸 자객 홍종우(洪鍾宇)에게 상해 동화양행(東和洋行) 객실에서 암살당하였다.

청국과 민비수구파 정부는 야합하여 시체를 서울 양화진(楊花津)에 실어다가 능지처참하였다. 4개월 뒤에 갑오개혁으로 개화파 정부가 수립되자 이듬해 법무대신 서광범과 총리대신 김홍집(金弘集)의 상소에 의하여 그의 죄가 사면, 복권되었으며, 1910년 규장각대제학에 추증되었다. 저서로는 『기화근사(箕和近事)』, 『치도약론(治道略論)』, 『간신일록(甲申日錄)』 등이 있다. 시호는 충달(忠達)이다.

[참고문헌] 『嗚呼古筠居土』(閔泰瑗, 1925); 『朝鮮之偉人』(開闢社, 1926); 『金玉均傳』上(古筠紀念會, 1944); 『甲申日變과 金玉均』(閔泰瑗, 國際文化協會,1947); 『開化黨研究』(李光麟, 一潮閣, 1973); 『金玉均의 開化思想』(愼鏞厦, 東方學志46 · 47 · 48合輯, 1985).

옥진(玉鎭) _ 1901년생~1919년 3월 23일졸

출신지는 안동면(安東面) 법상동(法尙洞: 현 안동시 법상동). 공은 1919년 3월 23일 안동면 3차 만세시위에 3000여 명이 모여 시위를 전개하던 중 일본경찰과 수비대 및 안동거류 일본인들로 구성된 자위단(自衛團)에 의해 피살되었다고 한다.

[참고문헌] 『안동판독립사』; 강윤정, 『서적에서 만나는 안동독립운동』(지식산업사, 2013).

완규(完圭) _ 1876년생~1949년졸

(족보에는 1877년 7월 7일 출생~
1948년 5월 25일 사망으로 되어 있다)

▲ 완규공 존영

아버지는 병유(炳游), 어머니는 연일정씨(延日鄭氏)이고 호는 송암(松巖: 족보에는 松石)이다. 출신지는 서울(연지동 107)이다. 민족대표 33명 중의 한 사람이다.

1898년 여수통신주사(麗水通信主事)·한성부주사(漢城府主事) 등을 지내고, 국권상실 이후에는 천도교에 입교하여 봉도(奉道)·법암장(法庵長) 등을 역임하였다.

1919년 2월 천도교의 기도회 종료보고와 국장참배를 위하여 상경하여, 손병희(孫秉熙)·권동진(權東鎭)·오세창(吳世昌) 등을 만나 독립만세운동계획을 듣고 그에 찬동하여 민족대표로서 「독립선언서」에 서명할 것을 동의하였다.

그달 27일 김상규(金相奎)의 집에서 최린(崔麟)·오세창·권병덕(權秉悳) 등과 서명, 날인하였다. 3월 1일 태화관(泰華館)의 독립선언식에 참여했다가 검거되어 1920년 경성 복심법원에서 징역 2년형을 선고 받아 서대문형무소에서 옥고를 치렀다. 출옥 후 천도교 도사(道師)로서 종교활동과 민족운동을 계속하였다.

광복 후에는 국민회 재정부장을 지냈고, 1962년 건국훈장 대통령장을 받았다.

1880년 7월 9일 서울 연지동에서 불행하게도 유복자로 태어났다. 현감이신 조부와 홀어머니의 지극한 사랑을 받으며 자랐고 어려서부터 기질이나 체질이 강하여 관속들이 호랑이 도령이라고 별명을 지어 부를 정도였다.

그러나 서당에서 한문수학을 하면서 글도 잘하여 영리하다 하였고 12세에 장가를 들었다. 그런데 노름을 좋아하는 버릇이 있었다. 돈을 따기 위한 노름이 아니라 놀기 위한 노름이었다. 돈을 따면 집으로 가져오는 법 없이 다 먹어 치우거나 나누어주거나 하여서 노름판은 공의 참가를 좋아하지 않았다.

나이 20세에 초사 벼슬로 여수통신 주사로 있다가 한성부주사로 전임한 후 얼마 안 되어 한일합방이 되었다. 일본인은 군수로 가라고 권했으나 다른 뜻이 있어 거절하고 그럭저럭 지내다가 천도교 손의암 선생과 손이 닿아 천도교에 입도하고 봉도(奉道)·법암장(法庵長)까지 지냈다.

3·1독립선언서에 서명하고 2년형을 받고 복역하였다. 출옥 후 천도교 서무과장으로 있으면서 교회 기관지인 『보성』이라는 잡지를 간행하여 애로를 겪었다. 내용이 항상 말썽이 되어 경찰서 출입, 유치장 신세도 많이 졌다고 한다.

어느 날 김좌진 선생으로부터 겉봉에는 낯선 이름의 소포가 도착되었다. 그 소포 속에는 대단한 물품은 아니었으나 그 소포를 묶은 끈이 아무래도 수상하였다. 그 노끈은 보통 쓰는 노끈이 아니라 한 줄로 굵게 꼰 노끈이었다. 공은 이 노끈이 심상치 않아 조용히 남몰래 그 노끈을 풀어보니 과연 김좌진 선생으로부터 보낸 비밀편지였다.

그 편지 내용인즉 김씨 문중에 몇몇 여유가 있는 집이 있으니 독립운동 자금으로 6만원을 보낼 것이며, 그리고 나의 모친의 회갑이 불원하니 가까운 집안들이 모여 내 대신 위로하여 달라는 부탁이었다. 이 부탁을 친척중의 김좌진 선생의 집안인 김동진이 자기 소실에게 말한 것이 그의 오빠(형사 끄나풀)에게 누설되어 밀고로 공은 종로서에 구금되고 입건되어 법정에서 판사의 심문을 받게 되었다. 공은 조금도 숨김없이 사실을 시인하였더니 판사는 후의인지 동정인지 모르겠으나

"만일 또 감옥신세를 지면 당신은 살아나오기 어려울 것이다. 이 사건은 당시의 자진행동이 아니고 부탁 받은 것뿐이고 직접 행동은 없기에 관대히 용서한다."

라고 무죄선언을 하였고 출옥한 후부터는 항상 형사의 미행이 계속되었다.

8·15해방되기까지 꿋꿋이 청념과 지조로 일관하였고 단 하나뿐인 아들 김형진과 손자녀 등 10여 명 가족을 거느리고 이곳저곳 남의 집 셋방살이로 전전하며 생활방도로 손수 환약을 만들어 친구를 찾아다니며 구걸 행각이나 다름없는 비참한 생활을 하였다.

해방이 되자 천도교 도사로서 국민회 재정부장 자리에 있다가 1949년 5월 25일 통일을 못 본 채 서거하였다.

항상 손자들을 불러 놓고 훈계하기를 큰 뜻을 품고 이 나라에 쓸모있는 인재가 되라고 일렀다.

외조부께서는 구 한국시대 육군대신 정주영이었다. 나이 19세 피 끓는 청년이었다. 어느 날 엉뚱한 생각이 있어 돌아가신 조부가 입으셨던 관복을 입고 가마를 타고 버젓이 외조부에게 문안을 갔다. 외조부는 깜짝 놀라 네 몸에 관복이 웬 말이냐고 하니

"양반의 자식으로서 더구나 남아 20에 초사 벼슬 하나 못해서야 됩니까? 그래서 외람되게도 관복을 미리 입고 외할아버님께 감투 하나 씌워 주십사고 온 것입니다."

라고 응석 비슷이 말하니 외조부도 놈의 큼직한 배짱과 용기에 감탄하고 즉시 초사벼슬로 여수 통신주사를 봉하였다.

여주 통신주사로 부임한 지 얼마 안 가서 러일전쟁이 시작될 무렵 러시아 군대가 상륙하여 공에게 지도를 강요하자

"지도도 없을 뿐더러 설혹 있다 한들 마음대로 너희들에게 줄 수가 없노라."

하니, 러시아장은

"만일 주지 않으면 너를 총살하겠다."

라고 위협하나 공은 눈 하나 깜짝하지 않고

"죽일 테면 죽여라."

라고 대드니 러시아장은 격분하여 부하에게 총살하라 명하였다. 병사는 곧 대들어 공을 마당에 끌어내려 눈을 가리고 총살하려 하자 공은 수건을 팽개치며

"내 눈을 가릴 필요 없다. 내 눈을 똑바로 뜨고 너희들의 꼴을 보리라."

하니 러시아장이 공의 대담과 기상과 그 충의에 놀라고 감복되어 공을 다시 자기 앞으로 오라 하며 재삼 권하자 공은 껄껄 웃으며

"당신도 매우 어리석소. 한 번 바꾸어 생각을 해 보라. 내가 당신의 나라에 귀중한 지도를 달라고 하면 당신은 줄 수 있는가?"

라 반문하니 러시아장은 고개만 끄덕끄덕하고 물러갔다.

나이 9세 때 조부께서 현감벼슬로 계시다가 세상을 떠났다. 시체를 선영으로 모시는데 상두꾼들이 행용하는 버릇이라 술이나 나올까 하고 상여를 진행하지 않고 주저하니 이 어린 상주는 흰 가마에서 뛰어내리며 상주 팽이를 들고 상투꾼들을 모조리 갈기면서, 너희들이 술 생각이 나면 떳떳이 나에게 달라 할 것이지 적어도 이곳의 현감이셨던 분의 시

체를 이렇게 소홀히 할 수가 있느냐고 소리치자 상두꾼들이 아무 말도 못하고 혀를 내둘렀다고 한다.

손의암 선생을 모시고 피신 차 중국으로 가는 길에 막 압록강을 건너려는데 한 괴한이 나타나 손 선생의 머리를 칼로 갈기니 손 선생은 중상을 입고 혼수상태인 채로 업혀 강을 건너니 손 선생을 병원에 입원시키고 극진한 간호로 완쾌되어 퇴원하게 하였다.

이런 모든 관계로 손의암과 선생은 피차 떨어질 수 없는 친밀한 사이였다. 이와 같이 친밀한 사이인데도 어느 때는 의견 차이로 시비하다가 성질이 워낙 강한 공은 홧김에 책상을 번쩍 들어 손 선생을 쳤다.

이것이 문제가 되어 간부신도들은 교주에 대한 무엄한 행동이라고 손 선생에게 봉도직을 파면하라 하니 손의암은 조용히 신도들에게 이르기를

"송암이 아니고는 나에게 그런 과감한 행동은 하지 못하였을 것이다."

라고 하였다. 송암 선생의 굳센 의지와 결단성은 반드시 우리 교 발전에 큰 도움이 있을 것이라며 해임요청에 응하지 않았다.

[참고문헌] 李炳憲, 『三·一運動秘史』(時事時報社, 1959); 『독립운동사자료집』5(독립운동사편찬위원회, 1972); 『종로문화원 종로인물』(2018); 『大韓獨立運動史』; 『安東金氏世譜』(乙未譜, 2015); 『韓民族의 抗爭』(복지문화사, 1996).

용한(勇漢) _ 1903년 11월 29일생~1983년 7월 17일졸

▲ 용한공의 존영

동농(東農) 가진(嘉鎭)공의 넷째 아들이다. 형수 정정화 여사와 같이 상해에 가서 아버지 장례식에 참석하고 1개월간 체류하면서 독립운동을 하겠다는 다짐을 하고 귀국선에서 의열단 김상옥(金相玉) 열사와 동행하였다.

김열사가 종로경찰서에 폭탄투척 사건을 일으키자 이에 연루되어 심한 고문을 받아 정신이상이 되어 고생하다가 자진하였다.

[참고문헌] 鄭靖和, 『長江日記』(학민사, 2005).

우규(佑圭) _ 1891년 9월 22일생~1964년 10월 25일졸

자는 자필(子弼)이고 출신지는 안동면(安東面) 법상동(法尙洞: 현 안동시 북문동 일대)이다. 공은 1920년 8월 22일에 열린 안동불교청년회 창립총회에서 평의원으로 선출되었다. 묘는 안동시 안막동 야산에 있다.

[참고문헌] 「동아일보」 1920.8.31.

우동(佑東)

민립대학(民立大學) 지방부 창립준비위원회를 조직하고 김성수(金成銖), 김태동(金泰東) 등과 같이 준비위원이 되었다.

[참고문헌] 안동대학 안동문화연구소, 『안동현대사』2(정치 · 행적), (안동시, 2010).

우진(宇鎭) _ 1890년 4월 27일생~졸년 미상

충남 홍성(洪城) 사람이며 이명은 무(武)·우진(宇鍾)·우진(宇震)이다.

백야(白冶) 김좌진(金佐鎭)의 친족으로 1919년 3월 서울에서 3·1운동이 전개되자 이에 참가하여 독립만세 시위를 전개하다가 피체되어 옥고를 치렀다.

그 후 중국 상해(上海)로 망명하여 동년 4월 탄생된 대한민국임시정부의 입법기관이자 독립운동 방략을 논의·결정하는 기구인 임시의정원(臨時議政院) 제3차 회의에서 의정원 의원으로 선임되어 임시의정원법(臨時議政院法)을 통과시키는 등 1925년까지 약 7년간 임시정부 기본법의 기초 수립 활동과 함께 조국 광복에 필요한 각 부 위원의 인선에 관여하기도 하였다.

1924년 1월 상해에서 임시정부의 후원조직으로 결성된 대한청년동맹회(大韓青年同盟會)의 후보감찰위원(候補監察委員)으로 선임된 그는 당시 상해 근교가 중국 내전으로 인해 혼란해지자, 상해 불란서 조계(租界)에 위치한 임시정부와 그 요인들을 보호할 목적으로 의경대(義警隊)를 조직하여 불란서 관헌의 조계 경비를 돕는 등 불란서와 원만한 관계를 맺기 위한 활동을 전개하기도 하였다.

그 후 김원봉(金元鳳)이 이끄는 의열단(義烈團)에 가입하여 간부로 활동하였으며, 1925년 8월경 중국 북경(北京)으로 건너가 한인 학생들을 규합하여 학생회를 조직하고 조사부 위원으로서 새로 오는 학생들을 대상으로 편의를 제공하고 항일민족의식을 고취시키는 등 민족운동을 지속적으로 전개하다가 일제의 요주의 인물로 선정되어 체포대상이 되기도 하였다.

정부에서는 고인의 공훈을 기리어 1995년에 건국훈장 애국장을 추서하였다.

[참고문헌] 『國外容疑朝鮮人名簿』(總督府警務局, 61面); 『要視察人名簿』(國家報勳處, 250~252面); 『朝鮮民族運動年鑑』(8面); 『臨時政府議政院文書』(國會圖書館, 42~44面); 『韓國民族運動史料』(中國篇, 國會圖書館, 6 · 480 · 537 · 544 · 546面); 『民族獨立鬪爭史史料』(海外篇, 17面); 『獨立運動史』(國家報勳處, 第4卷 162面); 『獨立運動史資料集』(國家報勳處, 第9輯 142面); 『獨立有功勳錄』(第12卷, 1995년도 포상자1, 국가보훈처, 1996).

우진(宇鎭) _ 1915년생~1935년졸

아버지 태규(泰圭)공이 실종되자 홀로 해룡현(海龍縣)에 남아 아버지 소식을 탐문하던 중에 1935년 일본경찰에 피살되었음을 확인하고 북산성자(北山城子) 정미소(精米所) 주인 박기성 씨와 같이 제사를 올리고 안동시 길안면(吉安面) 용계리(龍溪里)로 돌아와 수명의 청년동지들과 함께 만주로 건너가서 일본 경찰을 습격할 계획을 세우고 진행하던 중 갑작스럽게 병을 얻어 7일 만에 사망하니 모든 계획이 수포로 돌아갔다.

[참고문헌] 『安東金氏世譜』(乙未譜, 2015).

원진(元鎭) _ 1890년 9월 4일생~1945년 9월 13일졸

호는 선약(善若)이고 출신지는 안동면(安東面) 안막동(安幕洞: 현 안동시 안막동)이다. 공은 1912년 경성사범학교(京城師範學校)를 졸업하고 4월 1일에 안동공립보통학교(安東公立普通學校) 교사, 1913년 10월 의성공립보통학교(義城公立普通學校)에서 교사로 근무하였다.

그 후 1914년 7월에는 함경남도 정평(定平) 군청에서, 10월에는 단천군(端川郡)으로 옮겨 서기로 근무하다가 1915년 7월 면직되었다. 이후 안동군청으로 옮겨 서기로 근무하였다.

1919년 4월 13일 안동면 시위를 계획 · 추진하다가 시위 하루 전날인 3월 12일에 예비검속을 당해 일본경찰에 체포되었다. 1919년 3월 31일 대구지방법원 안동지청에서 보안법 위반 혐의로 징역 2년형을 언도받고 항소하였으나, 1919년 4월 17일 대구복심법원에서 형이 확정되어 복역하였다.

이후 동아일보 안동지국 기자로 활동하며, 안동청년회(安東青年會)에 가입하여 활동하였다. 안동청년회는 1920년 5월 창립하여 지역의 교육활동을 담당하였는데, 1920년 8월 24일 안동청년회 주관으로 개최된 강연회에서 '사랑과 교육' 이란 주제로 강연하였다. 그리고 1920년 9월 23일 창립된 조선노동공제회 안동지회에 참여하여, 1921년 7월 제2회 총회에서 간사로 선출되었으며, 1923년 2월 26일 안동물산장려회가 창립되자 회장을 맡아 활동하였다.

1925년 1월 8일에는 서울의 화요회(火曜會)와 비슷한 성격의 화성회(火星會)에서 간부로 주요 활동을 하였으며 안동기우단에도 참여하여 활동하였다. 같은 해 예천형평사 습격사건이 일어나자 화성회 대표로 연합회 결성에 참여하고, 「동아일보」에 사건 전모를 게재하였다.

이로 인해 예천형평사 습격사건의 주모자로 지목된 김석희(金碩熙: 예천 청년회장)와 장수암(張守岩)이 명예훼손으로 고소하여서 이에 징역 8월형을 언도받았다. 이후 1927년 8월 신간회 안동지회가 창립되자 여기에 참여하여 1928년 1월 대표위원과 1929년 1월 간사 및 대표회원으로 각각 선출되었다.

[참고문헌] 『독립운동사자료집』 5집; 『대구경북항일독립운동사』; 「판결문」(1919.4.17 대구복심법원); 「동아일보」 1920.9.15; 1921.7.25; 1925.8.6; 1926.1.29; 4.9; 8.24; 1927.9.9; 「조선일보」 1928.1.21; 2.6; 1929.1.29; 김희곤, 『안동사람들의 항일투쟁』(지식산업사, 2010); 안동대학 안동문화연구소, 『안동현대사』2(정치 · 행정)(안동시, 2010).

원현(元顯)

안동시 대석동 출신이며 안동농림학교 제10회 졸업생으로 「조선회복연구단」 사건에 연루돼 체포되어 옥살이를 하였다.

1945년 8월 17일에 석방되었다.

[참고문헌] 『안동농림학교 50년사』.

위규(渭圭) _ 1906년 6월 17일~1955년 11월 25일졸

자는 주필(周弼), 호는 묵정(默庭)이다. 소산마을 사람으로 와세다대학을 졸업하였다.

1922년 권오설의 하계강습회에 참가하여 교육을 받고 농촌운동가로 활동하였다.

▲ 위규공 존영

[참고문헌] 『安東金氏世譜』(乙未譜, 2015); 김희곤, 『경북유림과 독립운동』(景仁文化社, 2015).

유동(兪東) _ 1928년 윤 2월 23일생~

호적명(戶籍名)은 유동(兪東), 호는 소민(素民)이다. 대한독립회복연구단 소속으로 항일운동을 하다가(1945년 안동농림학교 재학) 체포되어 옥고를 치렀다.

[참고문헌] 『安東金氏世譜』(乙未譜, 2015).

유동(逌東) _ 생졸년 미상

서울에 살면서 정정화(鄭靖和) 여사가 1차 귀국하여 모금할 때 연락책을 맡았다.

[참고문헌] 鄭靖和, 『長江日記』(학민사, 2005).

유현 _ 생졸년 미상

안동농림학교 조선회복연구단 특공부 소속으로 경찰서 및 헌병대 무기고를 조사하는 일을 맡았다.

[참고문헌] 김희곤,『안동사람들의 항일투쟁』(지식산업사, 2010).

은동(殷東) _ 1860년 7월 24일생~1924년 3월 24일졸 (안동김씨세보에는 1888년 6월 20일생, 1945년 6월 24일졸로 되어 있다.)

자는 성팔(聖八), 호는 유전(柳田)이고 아버지는 홍성의병장 복한(福漢)이다.

나라가 망하고 국내에서 생활하기가 어려워지자 중국 상하이로 망명하여 임시정부 요인들과 조국광복을 모의하였다.

[참고문헌]『安東金氏世譜』(乙未譜, 2015).

응한(應漢) _ 1901년 4월 8일생~1971년 12월 28일졸

이명은 응한(膺漢)이고 출신지는 안동면(安東面) 법상동(法尙洞: 현 안동시 법상동)이다. 1925년 3월 사합동맹(四合同盟)에 참여하였고 그 해 8월에는 안동청년연맹 결성에 참여하여 집행위원으로 선임되었다.

1927년 8월 신간회 안동지회가 조직되자 여기에도 참여하여 1928년 1월에 대표위원이 되었다.

이후 1931년 9월에서 1932년 5월까지 동아일보 안동지국장을 지냈고, 이후의 활동은 드러나지 않는다.

묘는 와룡면(臥龍面) 가구리(佳邱里) 장자봉(長子峰)에 있다.

[참고문헌] 『한국사회주의운동인명사전』; 「조선일보」 1928.1.21; 2.6.

의동 _ 생졸년 미상

1908년 3월 15일 재경 영남인사들이 창립한 교남교육회(嶠南教育會)에 참여하여 교육구국운동을 하였다.

[참고문헌] 『교남교육회잡지(회원명부)』.

의한(義漢) _ 1904년 1월 25일생~1945년 12월 1일졸

▲ 의한공 존영

자는 덕장(德章)이고 아버지는 모당재(慕塘齋) 성진(成鎭)이다. 출신지는 풍서면(豐西面) 소산리(素山里: 현 풍산읍 소산리)이다. 보성고등전문학교를 졸업하고 독립운동을 하다가 1925년 11월 창립된 풍서농민회에 참여하여 활동하였다. 풍서농민회는 '상호부조와 생활개량'을 목적으로 소작료와 지세문제를 당면과제로 삼고 투쟁방향을 악독한 지주에게 대항하고 간악한 소작인을 처치하여 농민의 생활을 보장하는 것으로 잡았다.

그는 1926년 5월 지주들에게 소작권 이동문제를 따지며 투쟁하다가 업무방해 및 협박죄로 체포되어 벌금 100원을 언도받았다. 묘는 풍산읍 소산리 역동(嶧洞)에 있다.

[참고문헌] 「조선일보」1926.5.3; 『安東金氏世譜』(乙未譜, 2015).

▲ 풍서농민회(좌 위규, 우 기진)

▲ 풍서농민회 직인과 편지봉함 도장(김형동 소장)

의한(毅漢) _ 1900년 1월 8일생~납북

동농(東農) 가진(嘉鎭)공의 둘째 아들이다. 이명으로 재한(載漢)·의환(毅煥)이라고도 하였다.

1919년 10월 아버지와 함께 상하이로 망명하였다. 1919년 10월 국내에서 비밀결사 대동단(大同團)의 조직에 가담하여 활동하다가 부친과 함께 중국 상해(上海)로 망명하였다.

1920년 3월 박용만, 손염직, 고광원과 대동단 해외본부를 조직하였다.

1928년 6월 상해에 있던 중국본부한인청년동맹(中國本部韓人青年同盟)의 상해지부 조직에 참여하여 재정위원으로 활동하였으며, 1932년 5월 윤봉길(尹奉吉) 의사의 홍구공원(虹口公園) 폭탄의거로 포악해진 일제의 탄압을 피하여 대한민국임시정부(大韓民國臨時政府)가 상해에서 항주(杭州)로 이전할 때 김구(金九) 등과 함께 강소성(江蘇省) 가흥(嘉興)으로 피신하여 임시정부 활동에 참가하였고, 선전위원회(宣傳委員會)의 선전위원으로 활동하였다.

1934년 1월 공은 김구·안공근(安恭根)·이동녕(李東寧) 등과 애국단(愛國團)의 일원으로 활동하였으며, 낙양군관학교 분교(洛陽軍官學校 分校) 내의 한인군관학교와 의열단(義烈團) 계열의 군관학교에도 관여하여 독립군 양성에 힘썼다.

1939년 10월 임시정부 비서처(秘書處)의 비서와 선전위원회(宣傳委員會) 선전위원으로 활동하였으며 특히 중경방송국을 통하여 국내에 있는 한인들에게 선전활동을 전개하였다.

1940년 5월 조선혁명당(朝鮮革命黨)·한국국민당(韓國國民黨)·한국독립당(韓國獨立黨)의 3당이 통합하여 신당인 한국독립당(韓國獨立

黨)을 창립할 때 공은 이의 감찰위원회(監察委員會) 위원과 상무위원 겸 조직부 주임으로 활동하였다.

▲ 의한공(1946년) 존영

또한 1940년 9월 임시정부 및 임시의정원이 중경으로 이전한 후 중국 국민당정부로부터 광복군 활동에 대한 공식적인 동의를 얻게 되자 광복군총사령부(光復軍總司令部) 주계(主計)에 선임되었으며, 1943년 8월에는 광복군 조직훈련과장을 맡았고, 1945년 6월에는 정훈처(政訓處) 선전과장(계급: 正領(지금의 대령))으로 광복군 활동에 참가하였다.

1941년 12월 27일 임시정부 외무부 부원에 선임되었으며 한편으로 외교연구위원회(外交硏究委員會) 위원이 되어 활동하였다.

한독당 기관지 『한보』와 광복군 기관지 『광복군』 편집주간을 맡았으며 1942년 당조직부 주임과 상임위원을 맡았다.

정부에서는 그의 공훈을 기리어 1990년에 건국훈장 독립장을 수여하였다.

[참고문헌] 鄭靖和, 『長江日記』(학민사, 2005); 『朝鮮民族運動年鑑』(225面); 『高等警察要史』(慶北警察部, 255面); 『明治百年史叢書』(金正明, 第1卷 分册 242面, 第2卷 160面); 『日帝侵略下韓國36年史』(國史編纂委員會, 第8卷 865面, 第12卷 457 · 514面; 第13卷 10 · 279 · 483 · 515 · 855面); 『臨時政府議政院文書』(國會圖書館, 768 · 772 · 827 · 857面); 『韓國民族運動史料』(中國篇, 國會圖書館, 750 · 826面); 『武裝獨立運動史料』(194面); 『韓國獨立運動史』(文一民, 348 · 357 · 363 · 371 · 372 · 378面); 『獨立運動史』(國家報勳處, 第4卷 877 · 931 · 937面, 第6卷 186面); 『獨立運動史資料集』(國家報勳處, 第9輯 470面, 第14輯 586面).

이규(二圭) _ 생졸년 미상

1917년 예안면(禮安面) 서부동(西部洞: 현 도산면 서부리)에 사립학교인 서부사숙(西部私塾)을 설립하고 교사로 활동하였다.

[참고문헌] 『안동의 독립운동사』.

익현(翊顯) _ 1869년 7월 7일생~1950년 4월 17일졸

▲ 익현공 존영

호는 성숙(聖淑)이고 아버지 정동(井東)공과 어머니 경주김씨(慶州金氏)의 2남2녀중 장남으로 태어났다. 안동김씨세보(安東金氏世譜, 2015, 乙未譜)에는 졸년이 1950년 3월 1일로 되어 있다.

출신지는 안동면(安東面) 광석동(廣石洞: 현 안동시 광석동) 15번지. 1919년 3월 18일과 23일의 안동읍 장날을 이용하여 일어난 독립만세운동에 참여하였다. 이곳의 독립만세운동은 기독교도(基督敎徒)와 천도교도(天道敎徒)가 연합함으로써 대대적으로 전개되었는데, 공은 3월 18일 오후 6시경 1백여 명의 시위군중과 독립만세 시위를 하고, 이튿날 오전 1시에는 3천여 명으로 늘어난 시위군중과 군청 · 경찰서 · 대구지방법원 안동지청으로 몰려가서 애국지사의 석방을 요구하면서 투석전을 벌이다가 일제의 발포로 부득이 해산하였다.

그리고 다음 안동 장날인 23일에는 더욱 격렬한 제2차 독립만세 시위가 일어났는데, 공도 이날 오후 8시경 3천여 명의 시위군중과 함께 만세시위에 참여하여 읍내 중심지를 향하여 시위행진을 하였다. 이때 일본 군경이 공포를 발사하여 저지하려 하였으나, 시위군중은 조금도 굴하지 않고 경찰서 · 지방법원 안동지청을 포위하고 투석으로 대항하였다.

그러자 사태의 위급함을 느낀 일제의 무차별 발포로 말미암아 다수의 사상자가 발생하였으며, 많은 시위군중과 함께 그도 결국 체포되었다. 이 활동으로 1919년 4월 7일 대구지방법원 안동지청에서 보안법 위반 혐의로 징역 1년형을 언도받고 항소하였으나, 5월 2일 대구복심법원과 6월 5일 고등법원에서 기각되어 복역하였다.

1983년 대통령 표창, 1990년 건국훈장 애족장을 받았다.

[참고문헌] '신원카드'; 『독립운동사』 3권; 『독립운동사자료집』 5집; 「판결문」(1919.4.7 대구지방법원 안동지청); 「판결문」(1919.5.2 대구복심법원); 「판결문」(1919.6.5 고등법원); 『安東金氏世譜』(乙未譜, 2015).

인규(仁圭) _ 생졸년 미상

안동농림학교 조선회복연구단 사건에 연루되어 멀리 만주 간도성에 있는 동양척식회사(東洋拓植會社)에 근무하다가 안동경찰서로 압송되어 복역하다가 1945년 8월 17일에 석방되었다.

[참고문헌] 『安東農林學校 50年史』.

인한(仁漢) _ 생졸년 미상

명한(明漢)이라고도 하였다. 호는 창강(蒼崗)이다. 상하이에 거주하면서 독립지사들을 도왔다.

[참고문헌] 鄭靖和, 『長江日記』(학민사, 2005).

자동(滋東) _ 1928년 10월 17일생~

▲ 자동공 존영

할아버지는 동농(東農) 가진공(嘉鎭公), 아버지는 의한공(毅漢公), 어머니는 정정화(鄭靖和) 여사이다.

3대가 대한민국임시정부와 생활을 같이하면서 자라나 성장하는 과정이 독립운동의 한 부분이 되었다.

귀국 후에도 임시정부에 대한 끈을 놓지 못하고 임시정부기념사업회를 조직하여 계속 회장을 연임하면서 기념행사를 거듭하고 있으며 기념사업회 청사도 허가를 받아 건축에 착수하고 있다.

[참고문헌] 김자동, 『영원한 임시정부 소년』(푸른역사, 2018).

재명(在明) _ 생졸년 미상

세브란스의학전문학교 재학 중에 독립선언서를 가져와서 아버지 병우공에게 보이고 아버지와 함께 1919년 3월 18일 오전 11시경 안동 남문동에서 태극기를 들고 만세를 불렀다. 시위 중 체포되어 징역 2년 형을 받고 대구감옥에 수감되었다.

[참고문헌] 宋志香, 『安東鄉土誌』(大星文化社, 1983).

▶ 재성(在成) _ 1897년 11월 3일생~1982년 11월 5일졸(족보에는 1899년(광무 기해) 11월 3일 생)

▲ 재성공 존영

생부는 독립운동가 병우공(炳宇公)이다. 본래 이름은 성규(成圭)이고 재성(在成)은 자이다.

출신지는 풍남면(풍남면) 어담리(어담리: 현 풍천면 어담리)이다. 1919년 3월 18일 안동면 2차 시위에 앞서 계획단계에 참여하여 태극기를 제작하였다. 안동읍 장날에는 200여 명의 시위군중과 함께 「대한독립만세」라고 대서특필한 기를 앞세우고 태극기를 흔들며 독립만세를 외치며 시위를 전개하다가 일본경찰에 체포되었다.

이로 인하여 1919년 4월 7일 대구지방법원 안동지청에서 보안법 위반혐의로 징역 6월형을 언도받고 항소하였으나, 5월 2일 대구복심법원과 6월 4일 고등법원에서 기각, 형이 확정되어 복역하였다.

1992년 대통령 표창을 받았다.

[참고문헌] 「판결문」(1919.4.7 대구지방법원 안동지청); 「판결문」(1919.5.2 대구복심법원); 「판결문」(1919.6.5 고등법원); 『독립운동사』 3권; 『安東金氏世譜』(乙未譜, 2015).

정진(廷鎭) _ 1888년 10월 8일생~1929년 9월 29일졸

부 복규공(復圭公)과 모 파평윤씨의 2남중 장남이다. 독립유공자로서 대통령 표창을 받았다. 묘소는 대전 국립묘지에 안장되었다.

[참고문헌] 『安東金氏世譜』(乙未譜, 2015).

정한(珽漢) _ 생졸년 미상

출신지는 안동면(安東面) 신세동(新世洞: 현 안동시 신세동)이다. 공은 정현모(鄭顯模)와 함께 1927년 8월 창립된 신간회 안동지회에 참여하여 활동하였다. 1929년 1월 대표회원 후보로 선출되었다.

묘는 와룡면(臥龍面) 가구리(佳邱里) 장자봉(長子峰)에 있다.

[참고문헌] 「조선일보」 1929.1.25.

정현(禎顯) _ 1903년 1월 24일생~불명

이명은 재현(在顯)이고 자는 치원(穉源)이다. 출신지는 풍북면(豊北面) 현애리(玄厓里: 현 풍산읍 현애리) 347번지이다.

의열단(義烈團) 출신인 시현(始顯)의 동생이다.

1919년 휘문고등보통학교(徽文高等普通學校)에 재학 중 3·1운동에 참가한 후 학업을 중단하고 독립군의 국내 무기반입을 도왔다.

1922년 가을, 서울 숙부 집에 있으면서 김시현의 심부름으로 권총 1정과 실탄 3발을 유병하(柳秉夏)에게 전달하는 등 국내에서 의열투쟁을 전개하였다. 그 해 12월 모스크바 비행학교에 입학하려고 상해로 갔다. 상해에 도착한 공은 황옥(黃鈺)의 소개로 김원봉(金元鳳)을 만나 의열단에 가입하여 항일투쟁을 전개하였다. 1923년 하구공이 제2차 국내 폭탄 운반사건을 황옥과 함께 직접 실행 지휘하다가, 그 해 4월 계획이 발각되어 일본경찰에 체포되었다. 이 소식을 전해 들은 공은 1923년 6월 북경에서 구여순(具汝淳)·오세덕(吳世悳) 등과 함께 자금 모집을 위해 12월에 국내로 들어왔다가 12월 22일 그 자신도 일본경찰에 체포되어 징역 8월형을 언도받고 옥고를 치렀다. 1924년 10월 출옥 후 다시 중국 북경으로 건너가 1925년 신민부(新民府)의 성동사관학교(城東士官學校)를 수료하고, 독립군으로 활동하였다고 한다.

1990년 건국훈장 애족장을 받았다.

[참고문헌] 「예심종결결정서」(1924.1.25 경성지방법원); 「판결문」(1924.2.28 경성지방법원); 『한국민족운동사료』(중국편); 『고등경찰요사』; 『약산과 의열단』; 「동아일보」 1923.12.22; 12.23; 12.25; 12.29; 1924.2.6; 2.13; 2.14; 2.15; 2.19; 2.28; 2.29; 『安東金氏世譜』(乙未譜, 2015).

조동(朝東) _ 1878년 2월 23일생~1958년 7월 21일졸

자는 해경(海卿)이고 출신지는 풍서면(豊西面) 소산리(素山里: 현 풍산읍 소산리)이다. 1923년 11월 11일에 열린 풍산소작인회(豊山小作人會) 창립총회에 참석하여, 그 자리에서 집행위원으로 선출되었다.

묘는 풍산읍 소산리 역동(嶧洞)에 있다.

[참고문헌] 「동아일보」 1923.11.18.

조한(朝漢) _ 생졸년 미상

집안 어른들에게 한학을 배우고 향리의 자제들과 시회를 조직하였다. 1925년 9월 27일 창립된 남후청년회(南後靑年會)에 참여하여 활동하였다. 남후청년회는 그 지방의 유지들이 옛 호남강습소(湖南講習所)에 모여 창립식을 가졌는데, 이때 김조한은 임원으로 선출되었다.

1927년 경한, 연한, 원진, 기진, 석동, 명한 등과 신간회 안동지부를 설립하였고 중국으로 망명하여 의한(동농아들)과 연계 독립운동을 하였다.

[참고문헌] 『安東金氏世譜』(乙未譜, 2015); 김광억, 『문화의 정치와 지역사회의 권력구조 안동과 안동김씨』(서울대학교 출판문화원, 2012).

종진(鐘鎭) _ 1904년 9월 15일생~1952년 1월 28일졸

출신지는 경북 영주이다.

안동청년동맹(安東青年同盟) 와룡지부(臥龍支部) 및 신간회 안동지회(安東支會), 영주 농민조합재건투쟁준비위원회(農民組合再建鬪爭準備委員會)에서 활동하였다.

공은 10살 경부터 향리에서 한문을 수학한 이후 농업에 종사하던 중 안동청년동맹 와룡지부와 신간회 안동지회에 가입하였다.

이후 1931년 7월 '안동콤그룹' 에 가입하였다. 안동콤그룹은 안동지역 청년운동과 궤멸된 안동지역의 사회주의운동의 부활을 목적으로 1931년 3월 안동의 좌익운동의 총지도기관으로 조선을 일본제국주의로부터 독립시키고 조선에서 사회주의 사회실현을 목적으로 조직된 비밀 결사대였다.

안동콤그룹은 내부에 적색노조 · 부년부 · 임하그룹 · 예안노농행동대 · 영주적농재건투쟁위원회 · 봉화 적농재건위원회를 기본으로 하는 하부 조직체계를 갖추고 있었다. 안동콤그룹의 영주적농재건투쟁위원회에서 활동하였다.

그 후 1932년 안상윤 · 김명진(金命鎭)과 함께 궤멸 위기에 처한 영주 사회주의운동의 부활을 위해 적색농민조합재건 투쟁위원회라는 비밀결사를 조직하고 적색부위원을 맡았다.

독서회 활동, 러시아 혁명기념일 및 메이데이기념일투쟁 등을 전개하다가 1932년 12월 적색농민조합(赤色農民組合)을 창립하였다. 적색농민조합에서 정기적으로 농민강좌를 개최하는 한편 항일 활동을 전개하다가 체포되었다.

이 일로 1934년 7월2일 대구지방법원에서 소위 치안유지법 위반으로 징역 2년 6개월을 받고 옥고를 치렀다.

정부는 고인의 공훈을 기리어 2001년에 건국훈장 애족장을 추서하였다.

[참고문헌] 『永嘉』 第31號.

종진(宗鎭) _ 음력 1901년 12월 26일생~1931년 7월 11일졸

▲ 종진공 존영

홍성군 구항면(龜項面) 내현리(內峴里)에서 태어났다.

1919년 3·1독립운동이 일어나자 3월 7일 홍성(洪城)의 시위군중을 지휘하다가 주동자로 구속되어 수개월동안 옥고를 겪고 동년 6월에 미성년자라 하여 석방되었다. 그 후 곧 상경하여 중동중학 속성과(中東中學速成科)에 학적을 두고 지하운동에 전념하다가 1920년 4월 봉천(奉天)으로 망명하여 형인 김연진(金淵鎭)과 같이 내외연락을 하던 중 국내로 무기를 반입하다가 홍경식(洪景植)이 체포되자 동년 가을 다시 북경(北京)으로 피신하였다.

북경에서 홍성의병이었던 이세영(李世永)과 북로군정서 대표 조성환(曺成煥) 그리고 이회영(李會榮) 등 다수 동지들과 접촉하면서 내외정세를 관망하다가 독립운동가로서의 자신의 교육과 훈련의 필요성을 깨닫고 상해임시정부 법무총장(法務總長) 신규식(申圭植)을 찾아 그의 소개로 운남성 군관학교교도대(軍官學校教導隊)에 입대하였다.

그 후 교도대 2년, 군관학교 2년 반의 교육과정을 밟고 무인으로서의 실력은 물론 정치·경제·사회·각 방면의 지식을 고루 갖추고 1925년 9월에 졸업하였다.

공은 졸업 후 곧 상해로 돌아왔는데 이때 독립운동 진영은 급변하여 민족주의·공산주의·무정부주의 등 3파로 나누어져 있었다. 공은 그

중 무정부주의자들과 의기가 상통하였으며, 실제 독립운동의 근거지인 북만에서 독립운동을 전개하고자 1926년 봄에 남경(南京)·한구(漢口)·무창(武昌) 등지를 돌아다니면서 동지규합에 나섰다. 1927년 10월에 북만으로 가 신민부(新民府)의 지도자이며 족형(族兄)인 좌진공을 방문하였다.

좌진공으로부터 북만의 제반사정을 들은 공은 각 지방의 실정과 적정(敵情)을 살피기 위하여 중동길돈연선(中東吉敦沿線)과 장백(長白)·무송(撫松) 등 일대를 시찰한 뒤 1928년 8월 좌진공에게 전운동조직의 개편과 재훈련, 교민에게 항일반공계몽운동을 전개할 필요성과 아울러 교포와 독립군과의 단결의 긴요함을 건의하였다.

1929년 7월에는 사상계몽단체로 재만조선무정부주의자연맹(在滿朝鮮無政府主義者聯盟)을 조직하고 그 대표가 되었으며, 좌진공의 위탁으로 신민부의 개편정비작업에 착수하였다.

동년 8월에는 교민의 자치단체로서 재만한족총연합회(在滿韓族總聯合會)를 결성하고 일체 조직을 일원화하여 그 조직부 위원장 겸 농무부 위원장에 취임한 후 사상계몽과 적색분자제거, 농민의 집단정착 및 민심의 안정에 주력하였으며, 동년 12월 10일에는 북만 해림(海林)에서 교포자제의 자주 자립정신을 배양하기 위한 민립중학기성회(民立中學期成會)를 전명원(全明源, 일명 李乙奎)·김야운(金野雲)·이강훈(李康勳) 등과 함께 창설하였는데 그 집행위원으로 임명되어 활동하였다.

1930년 봄에는 북경에서 개최된 재중국조선무정부주의자대표에 북만대표로 참석하여 북만한족총연합회운동에 협력할 것을 결의케 하였으며, 그 결과 동년 말에 다수 동지가 입만(入滿)하여 민중운동이 크게 활기를 띠게 되었다.

이에 공산주의자들은 크게 위협을 느낀 나머지 1931년 7월 11일 중동선해림역(中東線海林驛) 교외로 공을 납치하여 살해하였다.

정부에서는 공의 공훈을 기리기 위하여 1977년에 건국포장을 추서하였다.

[참고문헌] 『韓國獨立史』(金承學, 下卷 118面); 『獨立運動史』(國家報勳處, 3卷 132面; 5卷 517 · 526 · 582 · 623面); 『獨立運動史資料集』(14卷 916面).

좌진(佐鎭) _ 1889년 11월 24일생~1930년 12월 25일졸

▲ 좌진공 존영

호는 백야(白冶)이고 아버지는 형규(衡圭)이며 출신지는 홍성(洪城)이다. 부유한 명문(名門)에서 태어났다. 15세 때 가노(家奴)를 해방하고 토지를 소작인에게 분배하여 근대화에 앞장섰다.

1905년 서울로 올라와 대한제국무관학교(大韓帝國武官學校)를 졸업하고 고향으로 내려가서 가산을 팔아 호명학교(湖明學校)를 설립하고 지방 청년자제들에게 신학문을 교육시켰다.

1907년 다시 상경하여 노백린(盧伯麟)·윤치성(尹致晟) 등과 함께 조직적으로 구국운동을 전개하기 위하여 홍성(洪城)에 대한협회지부(大韓協會支部)를 설치하고 민중의 계몽에 노력하는 한편 기호흥학회(畿湖興學會)를 창설하여 지방에 있는 유능한 자제를 뽑아 서울에 유학케 하였다.

1908년에는 서울 오성학교(五星學校) 교감을 지내고 청년학우회원(青年學友會員) 및 한성신보(漢城新報) 이사로서 민족정신의 고취에 전력하였으며, 1910년에 일제가 한국을 강점하였을 때에는 이창양행(怡昌洋行)이란 무역회사를 설립하여 항일독립운동가들의 집합처로 삼는 한편 남북만주와 연락하는 비밀기관으로 하였다.

1915년에는 노백린·신현대(申鉉大)·윤홍중(尹洪重)·박성태(朴性泰)·기명섭(奇明燮)·김홍두(金弘斗) 등과 함께 박상진(朴尚鎭)이 주도한 대한광복회(大韓光復會)에 참가하여 국내 각지를 통하여 항일운동에 맹렬한 활동을 전개하던 중 일경에게 체포되어 서대문(西大門) 감옥에서 3년간 옥고를 치렀다.

1917년 출옥하자 일경들은 또 다시 공을 체포하려고 하였으며, 이에 두만강을 건너 만주로 망명하였다.

1918년 봄에는 3 · 1독립선언서의 전주곡인 무오독립선언서(戊午獨立宣言書)를 서일(徐一) · 여준(呂準) · 정신(鄭信) · 유동열(柳東說) · 신팔균(申八均) 등 38인과 함께 서명하여 발표하였으며, 동년 8월 7일에는 서일 · 현천묵(玄天默) · 계화(桂和) · 이장녕(李章寧) · 김규식(金奎植) · 이범석(李範奭) · 조성환(曺成煥) · 박성태 · 정신 · 김찬수(金燦洙) · 박두희(朴斗熙) · 홍충희 · 이홍래(李鴻來) · 윤창현(尹昌鉉) · 나중소(羅仲昭) · 김성(金星) 등과 함께 정의단(正義團)을 근본적으로 개편하여 임전태세의 군정부(軍政府)를 편성하고 공은 북만사령부 제2연대장겸 간북총판국(墾北總辦局) 재무참사(財務參事)로 일하였다.

그 후 동년 12월에 북로군정서(北路軍政署)라고 개칭하고 진용을 정비할 때에 총사령관으로서 총재 서일을 보필하는 한편, 왕청현십리평(汪淸縣十里坪)에 사관연성소(士官鍊成所)를 설치하고 400명의 독립군 간부를 양성하는 데 온 힘을 다하였다.

1920년에는 제1차 세계대전시 「시베리아」에 출병했던 「체코」 군대의 특별한 호의로 동북만주의 독립군 부대는 노령해삼위(露領海蔘威)에서 무기를 구입하여 완전한 무장을 갖추고 많은 군자금과 무기를 확보하게 되었다. 이 사실을 탐지한 일본육군성(陸軍省)은 중국 군벌 장작림(張作霖)에게 압력을 가하는 한편 「시베리아」에 출병하였다가 남하하는 일본군 제19사단과 나남(羅南) 제20사단에 명령하여 북로군정서를 협공하게 하였다.

이에 공은 장백산(長白山)중으로 들어가서 좀더 독립군의 실력을 양성하기 위하여 왕청현(汪淸縣) 서대파구(西大坡溝)를 출발하여 행군을 계속하여, 동년 10월 16일 길림성(吉林省) 화룡현(和龍縣) 청산리(靑山里)에 이르렀을 때 일본군 3대대가 무산(茂山)으로부터 습격해 온다는 정보를 듣고 곧 임전태세를 갖추어 동월 18일에 청산리 백운평(白雲坪) 전방 삼림 속 유리한 전투지점에 독립군을 매복시켜 일본군의 내습을 대비하고 편의대(便衣隊)로 하여금 적의 병력을 정확하게 파악하는 한편 적진 부근의 교포를 시켜 독립군의 병력이 미약하고 투지가 없다는 정보를 흘려 적으로 하여금 독립군을 경시하게 하였다.

그리고 독립군을 2개 중대로 편성하여 제1중대는 공이 직접 지휘하고 제2중대는 연성대장(硏成隊長) 이범석(李範奭)이 지휘하게 하였다.

일본군은 독립군의 병력이 보잘것 없다는 말을 듣고 동월 20일 의기양양하게 청산리를 3면으로 포위하고 기병대 일부를 가지고 대담하게

▲ 백야사(白冶祠) 충청남도 홍성군

아무 저항도 받지 않고 백운평 삼림을 점령하였다.

이때 공은 주도면밀한 작전지휘로 백운평 전방에 매복한 독립군에게 일제 사격을 명령하여 적의 전위부대를 전멸시켰으며 계속적인 전투를 통하여 일본군 가납(加納) 연대장을 비롯하여 3,300여 명을 섬멸하는 커다란 승리를 거두었다. 이는 소수의 병력으로 10배가 넘는 일군을 물리친 전사상(戰史上) 보기 드문 대승리였다.

공은 이곳 주민들의 안전을 도모하기 위하여 부하들을 인솔하고 밀산(密山)으로 이동, 밀산에 집결한 10개의 독립운동단체를 통합하여 대한독립군단(大韓獨立軍團)을 결성하고 부총재에 취임하였다.

1921년에는 전 독립군을 인솔하고 노령(露領) 이만으로 건너갔다가 뒤에 자유시(自由市)로 다시 이동했으며 1922년에는 소련당국의 배신으로 자유시참변을 겪게 되었다. 이후 북만주 영안(寧安)으로 탈출하여 1925년 3월 15일에는 김혁(金赫)·최호(崔灝)·나중소(羅仲昭)·조성환·박성태·유정근(兪正根)·허빈(許斌)·정신·이일세(李一世) 등과 함께 전 북로군정서 정신에 입각한 신민부(新民府)를 조직하였으며, 공은 군사부 위원장 겸 총사령에 선임되었다. 그리고 목릉현(穆陵縣) 소추풍(小秋風)에 성동사관학교(城東士官學校)를 설립하고 부교장으로서 교장 김혁 등과 아울러 독립군 간부양성에 전력을 다하였다.

▲ 백야장군동상(충청남도 홍성군 홍성읍 고암리)

동년 10월 10일에는 상해(上

海)의 임시의정원(臨時議政院)에서 공은 임시정부 국무원(國務員)에 임명하였으나 사양하여 취임하지 않고 계속하여 만주에서 독립군을 양성하며 대일항쟁에 전력을 기울였다.

▲ 백야장군의 흉상(중국 길림성 해림시)

1927년 2월 신민부 본부가 일본 경찰의 급습을 받아 중앙집행위원장 김혁 이하 12명의 간부가 체포되니, 공은 신민부를 재정비하고 중앙집행위원장에 취임하여 신민부를 통찰하는 한편 중국구국군사령관(中國救國軍司令官) 양우일(楊宇一)과 회담하여 일본군을 격퇴하기 위한 공동전선을 취하기로 합의하고 동년 8월에 중국 국민당 동삼성공작책임자 공패성(貢沛誠)·장령(將領)악유준(岳維峻)·사가헌(史可軒) 등과 회동하여 한·중연합군(韓中聯合軍)을 조직하고 일본군을 섬멸할 계획을 세우던 중 일제의 압력을 받은 장작림(張作霖)이 공패성·사가헌·악유준 등을 체포하고 탄압함으로써 좌절되었다.

1928년에는 참의부(參議府)·신민부·정의부(正義府)의 3개 단체 통합을 위하여 전력을 다하였으나 각 단체의 이해관계로 실패하고 혁신의회(革新議會)만을 구성하였다.

1929년에는 정신·민무(閔武)·김종진(金宗鎭)·이을규(李乙奎)·유운초(劉雲樵)·한규범(韓奎範)·이종주(李鍾柱)·조각산(趙覺山)·이달(李達) 등과 함께 중동선(中東線) 일대에서 한족총연합회(韓族總聯合會)를 조직하고 주석(主席)에 취임하여 독립운동을 전개하는 한편

영안현 일대의 동포들의 생활안정을 위하여 중동선 산시역(山市驛) 부근에 정미소를 설치하고 동년(음) 12월 25일 정미소에서 작업을 하던 중 공산주의자로 전향한 종전의 부하이며 일제고등경찰에게 포섭되었던 김일성(金一星)의 교사를 받은 고려공산당(高麗共産黨) 청년회원이며 재중청년동맹원(在中靑年同盟員)인 박상실(朴尙實)이 등 뒤에서 쏜 흉탄을 맞고 순국하였다.

"할 일이…… 할 일이 너무 많은 이때에 내가 죽어야 하다니…… 그게 한스러워……."

민족의 큰 별이던 공은 이 뼈아픈 한 마디를 남기고 세상을 떠났으니 참으로 분하고도 원통한 일이었다.

정부에서는 공의 공훈을 기리어 1962년에 건국훈장 대한민국장을 추서하였다.

[참고문헌] 『明治百年史叢書』(金正明, 2卷 451 · 460 · 465 · 486 · 962 · 966 · 968 · 1028 · 1049 · 1050 · 1053 · 1055 · 1056 · 1059 · 1063 · 1078 · 1079 · 1080 · 1081 · 1082 · 1083 · 1088面; 3卷 67 · 170 · 251 · 317 · 318 · 319 · 320 · 322 · 328 · 339 · 369 · 382 · 383 · 396 · 402 · 403 · 498 · 504 · 508面); 『韓國獨立運動史』(文一民, 91 · 92 · 274 · 275 · 308 · 310 · 313 · 314 · 319 · 320 · 321 · 322 · 323 · 324 · 325 · 327 · 392 · 435 · 438 · 463 · 477面); 『韓國獨立史』(金承學, 下卷 93面); 『騎驢隨筆』(316~319面); 『民族獨立鬪爭史史料』(海外篇 72 · 73 · 80 · 83面); 『韓國民族運動史料』(中國篇, 國會圖書館, 407面); 『日帝侵略下韓國36年史』(8卷 56 · 157 · 276 · 298 · 338 · 546 · 652 · 693面); 『武裝獨立運動秘史』(55 · 78 · 79 · 80 · 86 · 98 · 99 · 100 · 106 · 107 · 108 · 111 · 112 · 139 · 147 · 151 · 156 · 191面); 『朝鮮民族運動年鑑』(92 · 93 · 115 · 117 · 203 · 206 · 215面); 『高等警察要史』(113 · 114 · 117 · 120 · 121 · 125 · 127 · 175 · 205面); 『北滿新民府』(임강); 『獨立運動史』(國家報勳處, 2卷 90面, 3卷 338 · 694 · 742面; 4卷 104 · 322 · 723面; 5卷 28 · 34 · 181 · 187 · 364 · 368 · 409 · 451 · 623面; 6卷 112面; 7卷 258 · 545面; 8卷 774 · 778 · 779面; 10卷 770 · 829面); 『獨立運動史資料集』(國家報勳處, 9卷 735面; 11卷 111面; 12卷 539面; 14卷 330面).

주봉(周鳳)(鎭) _ 1889년 7월 24일생~1981년 2월 24일졸

출신지는 서선면(西先面) 수동(水洞) 중동(中洞: 현 풍산읍 수동 중동 마을)이다. 공은 1908년에 의병활동에 가담하였으나, 소속은 분명하지 않다. 공은 일본군과의 교전 후 후퇴하다가 8월 14일 서후면(西後面) 독실(獨室)에 사는 박도일(朴道一)의 집에서 일본헌병에게 체포되었다. 1908년 9월 11일 대구지방재판소에서 징역 7년을 언도받고 복역하였다. 그 후 러시아로 망명하여 활약 중 6·10만세사건 후 잠시 귀국하였다가 다시 항일 투쟁을 위해 집을 나간 뒤 행방불명이 되었다.

1990년 건국훈장 애국장을 받았다.

[참고문헌] 『독립운동사자료집』 별집1; 「판결문」(1908.9.11, 대구지방재판소).

주현(周顯) _ 1894년생~1946년 6월 5일졸

소산 출신으로 1922년 권오설의 하계강습회에 참가하여 교육을 받고 농촌운동가로 활동하였다.

[참고문헌] 김희곤, 『경북유림과 독립운동』(景仁文化社, 2015); 『安東金氏世譜』(乙未譜, 2015).

중규(重圭) _ 생졸년 미상

중규(衆圭)라고도 한다. 1924년 9월 12일 풍산청년회를 혁신하여 결성된 신흥청년회(新興青年會)에 참여하여 집행위원으로 선출되었다.

[참고문헌] 「동아일보」 1924.9.22.

중동(重東) _ 1890년 12월 26일생~1929년 8월 7일졸

자는 순명(舜明)이고 출신지는 풍서면(豊西面) 소산리(素山里: 현 풍산읍 소산리)이다.

1923년 11월 11일에 열린 풍산소작인회(豊山小作人會) 창립총회에서 집행위원으로 선출되었다.

묘는 풍산읍 소산리 역동(嶧洞)에 있다.

[참고문헌] 「동아일보」 1923.11.18.

중한(重漢) _ 1909년 5월 19일생~졸년 미상

▲ 중한공 존영

호는 춘판(春坂)이고 출신지는 안동면(安東面) 법상동(法尙洞: 현 안동시 법상동)이다.

1925년 1월 창립한 화성회(火星會)에 참여하여 활동하였다.

또한 공은1925년 10월 8일 정광단 창립을 위한 준비회에서 서무부 임원으로 선출되었다.

[참고문헌] 「동아일보」 1925.10.13.

중한(重漢) _ 1897년 12월 4일생~1952년 8월 15일졸

▲ 중한공 존영

일명은 대홍(大洪), 자는 국현(國賢) 호는 춘산(春山)이고 출신지는 경북 안동(安東) 풍산면 상리동(上里洞 現在 上里)이다.

1910년 한일합방이 조인되자 국권을 회복하고자 1919년 2월 만주로 망명, 신흥무관학교를 졸업하고 서로군정서 해룡지구 경비대장으로서 군사교육에 전념했다.

1920년 8월 김좌진장군 휘하에 들어가 만주 강청현 서대파구 지역으로 이동한 후 동년 9월 청산리 전투에 참전하여 일본군 도전(島田) 중대장을 사살하는 등 커다란 전공을 세웠다.

1931년에는 러시아 국경을 넘어 후퇴하였다가 이듬해 7월 임시정부의 지령으로 만주 호란현에 집단 정착하여 한국소학교를 설립했으나 1936년 일제의 강압으로 이주했으며, 동년 9월 태래현에 다시 한국 신흥소학교를 설립하고 교장으로 재직하였는데 1937년 3월 밀고자에 의해 일제에 피검 6개월간 구금되었다가 홍범도 · 이청천(李靑天) · 이범석(李範錫) 등과 흑룡강성으로 무대를 옮겨 중등철도 폭파 등 저항운동을 하였다.

1938년 3월에는 치치하얼 지역의 철도를 이용하는 일본 관동군 이동병력을 기습해 큰 전공을 세웠으며, 동년 6월에는 임시정부 지령으로 중국 신강성으로 들어가 독립운동을 하다가 8 · 15 조국광복을 맞아 귀국, 새정부 수립과 함께 육사를 졸업하고 육군소위로 임관하여 6 · 25전쟁에서 전공을 세운 후 국방부 국군 영령(英靈) 안치소장으로 근무 중 과로로 인해 육군병원에 입원치료 중 병사했다.

1983년 대통령 표창, 1990년 건국훈장 애족장을 받았다.

[참고문헌] 『대한독립운동사』; 『독립운동사자료집』 10집; 『安東金氏世譜』(乙未譜, 2015); 김광억, 『문화의 정치와 지역사회의 권력구조 안동과 안동김씨』(서울대학교 출판문화원, 2012); 안동문화원, 『내 고장 편람』(풍산읍, 2013).

지한(智漢) _ 1905년 12월 29일생~1934년 7월 19일졸

▲ 지한공 존영

자는 용장(勇章)이며 소산(素山) 출신이다.

토착지주들과 일본인지주들의 과도한 소작료 징수를 보다 못해 소작인 보호를 위해 1925년 11월 12일 소산 청원루에 모여 풍서농민회를 창립하였다. 당시 신문기사를 보면

豊山農民會 去十二日創立

慶北安東郡豊西面素山洞金智漢君이 奮然이 起하야 아래와 같은 綱領으로 豊西農民會를 組織하야 지난 十二日午後四時 同里 淸遠閣에서……各團體代表의 祝辭가 있었다.

綱領

一. 우리는 互相扶助와 生活改良을 目的함

二. 우리는 無産階級의 解放運動을 期하며 當面의 利益을 위하여 鬪爭함

執行委員 金智漢, 金基鎭外 六名

이와 같이 농민들의 이익을 위한 단체를 창립하였음을 알 수 있다. 직책은 집행위원이었다.

[참고문헌] 『安東金氏世譜』(乙未譜, 2015); 김희곤, 『경북유림과 독립운동』(景仁文化社, 2015); 「동아일보」.

창옥(昌玉)(圭) _ 1978년 3월 16일생~1930년 2월 14일졸

(일설에는 1944년 12월 21일졸로 되어 있다.)

이명은 창옥(昌沃)이고 출신지는 녹전면(祿轉面) 서삼동(西三洞: 현 녹전면 서삼리)이다. 공은 1919년 3월 17일 예안면 1차 시위에 참여하여, 군중과 함께 예안면(禮安面) 주재소에 근무하는 소다(曹田藤吉)에게 구금자의 석방을 요구하며 주재소로 들어가 돌과 기와를 던져 유리창을 깨고 만세를 불렀다.

이 활동으로 체포된 공은 1919년 4월 16일 대구지방법원 안동지청에서 소요 및 보안법 위반혐의로 징역 3년형을 언도받고 항소하였으나, 5월 19일 기각되었다.

1977년 대통령 표창, 1990년 건국훈장 애족장을 받았다.

[참고문헌] 『독립운동사자료집』 5집; 『독립운동사』 3집.

창진(昌鎭) _ 1864년 3월 20일생~1932년 5월 29일졸

의금부사(義禁府事)였었다. 만주에 건너가 독립운동에 참여하였다. 묘소가 하얼빈시(哈爾濱市) 삼과수(三棵樹)에 있다.

[참고문헌] 『安東金氏世譜』(乙未譜, 2015).

창한(昌漢) _ 1897년 8월 27일생~1927년 2월 12일졸

자는 순장(順章)이다. 1925년 풍서 농민회 창립시에 전면에 나서지 않고 배후에서 모든 재정적인 후원을 다하였다고 소산 사람들에 의해 전해진다.

▲ 창한공 존영

[참고문헌] [김모현 회장 증언].

철규(哲圭) _ 1865년생~1920년 7월 3일졸

호는 월산(月山)이다. 공은 병자호란(丙子胡亂)때 척화신(斥和臣)으로 이름 높았던 충경(忠景) 청악(靑岳, 휘 壽翼)공의 후예(後裔)다.

다년간(多年間) 중국에 머무르며 중국인으로부터 청(淸)을 배척(排斥)한 지사(志士) 청악(靑岳)공의 후손(後孫)이라 하여 존경(尊敬)을 받고 있었다.

그 후 환국(還國)하여서 불란서 파리(佛蘭西巴里)에서 열렸던 2차세계대전종전강화회의(二次世界大戰終戰講和會議)에 기미년독립만세의거(己未年獨立萬歲義擧)에 대해 유림(儒林)들이 제출(提出)한 대한독립탄원장서사건(大韓獨立歎願長書事件)에 연루(連累)되었다.

기미년 4월 16일 일본경찰에게 피체(被逮) 신문 중 혹독한 고문(拷問)으로 같은 해 7월 옥중(獄中)에서 원사순국(寃死殉國)하였다. 향년 56세였다.

[참고문헌] 『安東金氏汎宗中會報』 第249號.

철진(澈鎭) _ 1903년 11월 2일생~1973년 2월 8일졸

출신지는 안동면(安東面) 법상동(法尙洞: 현 안동시 법상동)이다. 1925년 8월에 열린 안동청년연맹 창립총회에 참석하여, 그 자리에서 집행위원으로 선출되었다.

안동청년운동단체에서 현하생활의 급무가 농(農)이냐 공(工)이냐를 두고 토론하였는데 공(工)의 편에서 토론하였다. 묘는 경기도 양주군 내면에 있다.

[참고문헌] 「동아일보」 1925.8.26; 김희곤, 『안동사람들의 항일투쟁』(지식산업사, 2007).

춘근(春根) _ 생졸년 미상

1923년 11월 11일에 열린 풍산소작인회(豊山小作人會) 창립총회에 참석하여, 집행위원으로 선출되었다.

[참고문헌] 「동아일보」 1923.11.18.

태규(泰圭) _ 1891년 1월 20일생~1931년 4월 14일졸
(실종된 날을 기일로 정함)

이명은 김철(金鐵), 자는 덕여(德汝), 호는 백초(白初)인데 족보에는 철(鐵)이라고도 하였다. 출신지는 임남면(臨南面) 용계동(龍溪洞: 현 길안면 용계리) 358번지이다.

공은 1912년 중국 동삼성(東三省)으로 건너가 반석현(盤石縣)에 정착한 후 안동 출신 인사인 이상룡(李相龍)의 영향 아래 항일투쟁을 전개하였다. 1917년부터 1924년까지 신흥무관학교(新興武官學校)에서 군사훈련을 받은 후 김좌진(金佐鎭)이 이끈 청산리전투(青山里戰鬪)에 참가하였다.

1924년 10월 정의부(正義府)가 조직될 때 군사분과위원이 되었으나 도중에 탈퇴하였고, 1926년 해룡현(海龍縣)에 신성학교(新成學校)를 설립하여 만주로 이주한 동포들의 문맹퇴치에 주력하였다.

한편 이상룡의 지시로 동지 남일동(南逸東)과 함께 임시정부의 요인을 만나고 돌아오다가 해룡현에서 일본경찰에 체포되어, 1927년 8월 29일 신의주지방법원에서 정치범죄처벌법 위반혐의로 1년 6월형을 선고받고 옥고를 치렀다.

출옥 후 1931년 4월 14일 동삼성 해룡현 자택에서 정체불명인 자에게 끌려간 후 행방불명되었다고 한다.

1986년 대통령 표창, 1990년 건국훈장 애족장을 받았다.

[참고문헌] 『백하일기』; 『신분장지문조회회보서』; 『고등경찰요사』; 『독립운동사』 5권(국가보훈처); 『安東金氏世譜』(乙未譜, 2015).

태동(泰東) _ 1870년 7월 6일생~1923년 6월 13일졸

▲ 태동공 존영

자는 성흠(聖欽), 호는 후소(後素)이고 출신지는 풍서면(豊西面) 소산리(素山里: 현 풍산읍 소산리)이다.

1908년 3월 15일 재경 영남인사들이 창립한 교남교육회(嶠南教育會)에 참여하여 교육구국운동을 전개하였다. 1908년 광명학교(廣明學校: 현 풍산읍) 설립을 위해 김병걸(金炳杰)과 함께 설립비용과 운영경비를 부담하였다. 민립대학 지방부 창립준비위원회에서 준비위원을 맡기도 하였다. 묘는 풍산읍 소산리 사지촌(笥池村)에 있다.

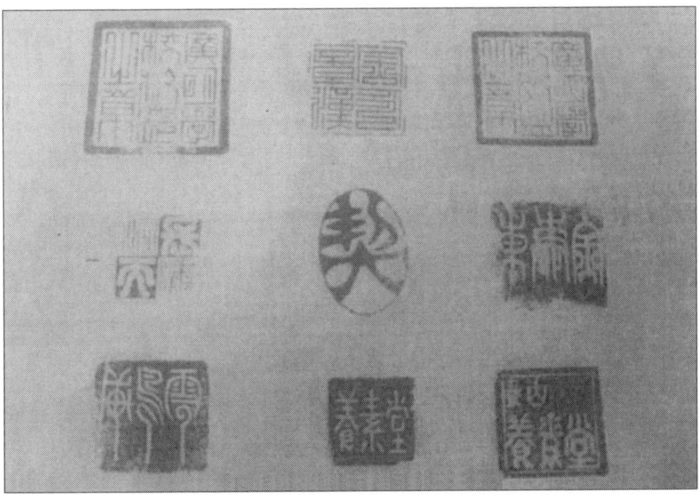

▲ 광명학교에서 사용하던 각종 인장

[참고문헌] 『교남교육회잡지』 11호; 『학계휘문』; 『安東金氏世譜』(乙未譜, 2015).

택동(澤東) _ 생졸년 미상

1908년 3월 15일 재경 영남인사들이 창립한 교남교육회(嶠南教育會)에 참여하여 교육구국운동을 하였다.

[참고문헌] 『교남교육회잡지(회원명부)』.

택진(澤鎭) _ 1874년 9월 30일생~1910년 10월 27일졸

(일부 기록에서는 생년이 1854년으로, 『안동독립운동가 700인』에는 졸월일이 11월 28일로 기록되어 있다.)

자는 윤부(潤夫)이고 출신지는 풍서면(豊西面) 소산리(素山里: 현 풍산읍 소산리)이다. 승의랑 극(克)의 후예로 1891년 진사시에 입격하고 명망이 높았다.

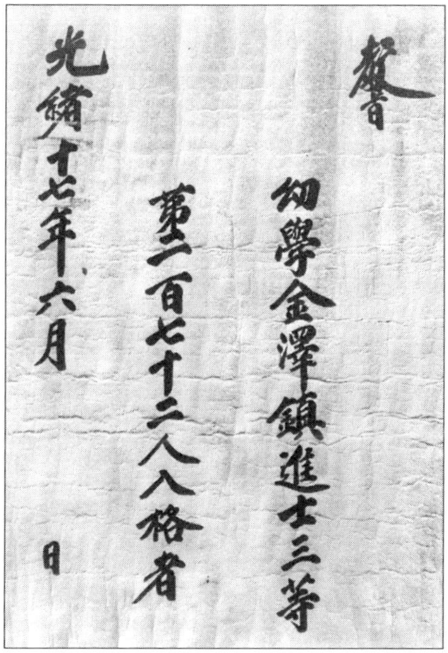

敎旨

幼學金澤鎭進士三等

第二百七十二人入格者

光緒十七年六月 日

▲ 진사 교지

서울 종인 김가진, 김석진 등과 교유하였다. 1895년 을미사변과 단발령을 계기로 전국 각지에서 의병이 일어났을 때, 공은 문경 · 제천 등지에서 의병 활동을 펼쳤다.

을사늑약이 체결되자 이강년 의진에 가담하여 무장 항일투쟁을 전개하였다.

1910년 나라가 망하자 공은 "천만금이 생겨도 친일행위를 하지 말라"는 유언을 남기고 단식에 들어가서 27일만인 11월 28일(음 10.27)에 만36세를 일기로 순국하였다.

[참고문헌] 『안동의 독립운동사』; 『안동사람들의 항일투쟁』; 『安東金氏世譜』(乙未譜, 2015).

항규(恒圭) _1881년 11월 11일생~1948년 12월 13일졸
(안동김씨세보(을미보, 2015)에는 1880년 11월 11일생~1949년 12월 11일졸로 기록되어 있다)

서울 사람이다.

아버지 특진관(特進官) 병수(炳秀)와 어머니 정부인(貞夫人) 파평윤씨(坡平尹氏) 사이에 5남 2녀중 셋째 아들이다.

자는 경의(景義)로 시야(是也) 종진(宗鎭)의 숙부(叔父)이기도 하다. 항일투쟁 기미독립운동에 가담하였다.

1927년 2월 홍명희(洪命熹)·안재홍(安在鴻) 등은 민족협동단일전선체로서 신간회(新幹會)를 발족시킨 뒤, 이미 비타협적 민족주의자들과 서울청년회계(系) 사회주의자들과의 협동전선체적 성격을 띠고서 1926년 7월에 발족해 있던 조선민흥회(朝鮮民興會) 측과의 합동 교섭을 개시하여, 민흥회 측이 신간회로 합류한다는 합의를 얻어내고 성공적인 합동을 기하게 되었다.

이때 민흥회 측 대표 5인 중의 1인이던 공은 신간회로 합류한 뒤 1927년 12월 신간회 경성지회(京城支會)의 서무부 총무간사로, 1929년 7월 중앙상무위원과 조직부장으로 임명되었다.

1929년 12월 공은 신간회의 다른 간부들과 함께 광주학생운동을 옹호, 지원하기 위한 민중대회를 서울 안국동(安國洞)에서 개최키로 결정하여 행사 계획을 세우고 준비를 하던 중 일경의 사전 검속으로 실패하고 말았다.

그 후 1930년 11월 신간회 제4회 중앙집행위원회 석상에서 서기장(書記長) 겸 서무부장에 임명되어 1931년 2월에 신간회가 해소되는 마지막 순간까지 신간회 해소론을 반대하고 조직을 보완하기 위한 활동을 계속하였다.

정부에서는 고인의 공훈을 기리어 1993년에 건국포장을 추서하였다.

[참고문헌] 金正明, 『明治百年史叢書』(3卷 585面); 『日帝侵略下韓國36年史』(國史編纂委員會, 第8卷 636面); 『獨立運動史』(國家報勳處, 第9卷 576面, 第10卷 768面); 『獨立運動史資料集』(國家報勳處, 第14卷 301 · 313 · 340面; 別集 제3輯 103面); 『東亞日報』(1927. 12. 18); 『獨立有功勳錄』(國家報勳處, 第6卷, 학생운동 · 문화운동 포상자, 1988); 『安東金氏世譜』(乙未譜, 2015).

협진(協鎭) _ 생졸년 미상

1910년 남후면 고곡동에 설립된 납시서당(納是書堂)에서 교사로 활동하면서 학생들에게 항일정신을 교육하였다.

[참고문헌] 『안동의 독립운동사』.

형동(瀅東) _ 1895년 2월 12일생~1966년 8월 29일졸

충남 공주(公州) 사람으로 이명은 무동(武東)이다.

1915년 서일(徐一)·현천묵(玄天默) 등과 같이 항일운동을 전개하다가 도만(渡滿)하여 1919년에는 북로군정서(北路軍政署)에 가입하여 김좌진(金佐鎭)·이범석(李範奭) 등과 함께 항일투쟁을 하였다.

1924년에는 중국 운남육군강무학교(雲南陸軍講武學校) 기병과(騎兵科)를 졸업하고, 1925년부터는 상해에서 철혈단(鐵血團) 단장으로 활동하였다. 1937년 입국도중 일경에 체포되기도 하였으며, 창씨거부 등으로 많은 고통을 받았다. 광복 후에는 임시정부 광복군예비대대의 총사령(總司令)직을 맡아 치안유지 등의 활동을 하기도 하였다.

정부에서는 공의 공훈을 기리기 위하여 1968년에 대통령 표창을 추서하였다.

[참고문헌] 金承學, 『韓國獨立史』(下卷 129面); 『畢業證書』(雲南陸軍講武學校 第17期 騎兵科, 1924. 9); 『獨立有功勳錄』(國家報勳處, 第4卷, 만주·노령지역의 독립운동, 1987).

형한(亨漢) _ 생졸년 미상

신간회 안동지회의 집행위원으로 활동하였다.

[참고문헌] 김희곤, 『경북유림과 독립운동』(景仁文化社, 2015).

호(乎) _ 1884년 5월 25일생~1968년 1월 5일졸

▲ 호공 존영

본명은 정진(廷鎭)이고 망명 후 김호(金乎)(김가의 한 아무개라는 뜻)로 개명했다. 이명(異名)은 정진(庭鎭)이며 호는 한차(漢槎)이다.

아버지 후규공(厚圭公)과 어머니 안동권씨(安東權氏) 사이의 1남 1녀의 외아들이고, 출신지는 서울 안국동(安國洞) 6번지이다.

경기고등학교의 전신인 관립중학교를 졸업한 후 배재학당과 이화학당에서 교사로 근무하였다.

1910년 국치(國恥)를 당하자 곧바로 중국 상해(上海)로 망명하였다.

1914년 미국으로 건너가 캘리포니아주에서 농장을 경영하여 재정기반을 마련하고 재미동포와 유학생을 위한 육영사업에 힘쓰면서 대한인국민회(大韓人國民會)에 참여하여 독립운동을 전개하였다.

대한인국민회의 기관지인 「신한민보(新韓民報)」를 발행하여 재미동포들의 항일의식을 고취하는 한편 리들리(Reedley)에 로스앤젤레스한인센터를 설립하여 한인청년들을 후원하였다.

1919년 3.1운동이 일어나자 미주지역에서는 이에 호응하는 운동이 대대적으로 벌어졌다. 이때 공은 샌프란시스코 국민회중앙총회의 특파위원이 되어 미주 서부지역을 2개월 동안 순회하면서 10,000원 이상의 독립자금을 수집하는 쾌거를 이룩했다.

이 무렵 공은 독립 달성을 위해서 국제적 외교활동의 필요성을 절감하고, 1919년 12월 7일 샌프란시스코에서 노동사회개진당(勞動社會改進黨)을 조직하였다. 노동사회개진당은 파리에서 대한민국 임시정부의 대표자격으로 외교활동을 벌이던 조소앙(趙素昻)을 후원하기 위해 조직된 독립운동 후원단체로, 공은 노동사회개진당의 선포문을 낭독하는 등 중심인물로 활약했다.

또한 공은 독립운동의 재정자금을 확보하기 위한 일환으로 1920년 회사를 설립하여 임시정부에 대한 지원활동을 전개하였다. 1931년 일제의 만주침공으로 대일투쟁의 전선이 중국 관내지역으로 확산되는 가운데, 독립운동세력들이 좌·우의 이념을 초월한 통일전선을 모색하고 있을 때, 공을 비롯한 미주지역 국민회 인사들은 대한독립당을 결성하고 김규식을 대표로 파견하는 등 통일전선에 참가하였다.

한편 1936년 로스엔젤레스에서 한인사회의 발전을 도모하기 위하여 국민회 리들리지방회를 재건할 때, 공은 대의원에 피선되어 미주지역에서 한인사회의 발전에 노력하였다.

공은 1937년 북미 대한인국민회 중앙총회의 총회장에 선출되었으며, 1945년과 1949년에도 총회장, 중앙집행위원장을 역임하면서 한인사회를 이끌었다.

1941년 4월 20일 미국 하와이 호놀룰루에서 해외한족대회가 개최될 때 공은 한시대(韓始大)·송종익(宋鍾翊) 등과 북미대한인국민회 대표로 참석하여, 재미한족연합위원회 결성에 적극 참가하였다.

재미한족연합위원회는 호놀룰루에 동위원회의 의사부(議事部)를, 로스엔젤레스에는 집행부(執行部)를 두었는데 이때 공은 집행부 위원으로 활동하였다.

그런 가운데 1941년 말 일제가 하와이를 기습 침공하면서 태평양전쟁이 발발하자 공 등은 조국 독립의 기회를 놓치지 않고 무력 양성을 위한 계획에 착수하였다. 그리하여 1941년 12월 재미한족연합위원회 집행부는 한인국방군 편성계획을 미육군 사령부에 제출하고, 로스엔젤레스에 한인국방경위대로서 맹호군(猛虎軍)을 창설하였다. 그리고 이러한 계획을 중경의 임시정부에 알려 1942년 2월 정식 인준을 받아낼 수 있었다.

1942년 5월 태평양전쟁이 확산되는 상황에서 재미한족연합위원회는 독립 달성의 구체적 방도를 모색하고자, 중경의 임시정부와 긴밀한 연락을 취하기 위하여 중국에 특파원을 파견하기로 결정하였는데, 이때 공은 중경특파원으로 선임되었다.

또한 공은 재미한족연합위원회 집행부 위원장으로 1942년 8월 29일 국치기념일을 기하여 한국의 독립을 국제사회에서 보장받기 위한 일환으로 미국 당국과 협의하여 로스엔젤레스 시청에 헌기식을 거행하였다.

이로써 한국의 국기가 1910년 망국 이후 32년 만에 외국 관청에 게양될 수 있었다.

▲ 학술강연회(學術講演會)

특히 태평양전쟁이 막바지에 달하면서 일제의 패색이 짙어가는 가운데 이들은 종전 후 한국의 독립을 국제사회에서 보장받기 위하여 국제외교활동에도 힘을 기울였다. 임시정부도 그와 같은 노력의 일환으로 1944년 8월 종래 주미외교위원부를 주미외무위원회로 개조하고, 같은 해 11월 이승만 · 김원용 · 김호 등을 위원으로 선임하였다.

1945년 3월 8일 임시정부 국무회의에서는 연합국회의에 대표를 파견하기로 결의하고, 재미 인사 가운데 공과 한시대 · 송헌수 등을 대표로 선임하였다.

공은 광복 후 1945년 10월 재미한족의 국내파견 대표단의 일원으로 귀국하여, 1946년 12월 남한과도입법의원으로 활약하였으며, 다시 미국으로 건너가 대한인국민회 중앙집행위원장을 맡아 한인사회를 이끌었다.

광복 후 김원용(金元容) 등과 함께 재미한족 국내파견단으로 귀국하여 1946년 남조선과도입법의원(南朝鮮過渡立法議院) 초대 관선의원으로 활동하였으나 1948년 다시 미국으로 건너가 1958년 미주지역 한인들의 생활사를 그린 김원용 저술의 『재미한인 50년사』를 발행하였다.

국가보훈처(國家報勳處)에서는 지난 2005년 10월 8일 공이 작고(作故)하신 지 18년만에 미국에 모신 유해(遺骸)를 대전 국립묘지에 이장(移葬)하는 행사가 있었고 조문객(弔問客)이 100여 명이나 있었다.

2003년 1월 독립운동가(獨立運動家)로 선정되어 그 달 10일 오후 2시 독립공원내 독립관(獨立館) 세미나실에서 공의 학술강연회(學術講演會)가 국가보훈처와 각 독립운동단체 후원으로 대한민국 순국선열(殉國先烈) 유족회(遺族會) 주최로 개최되었다.

정부에서는 고인의 공훈을 기리어 1997년에 건국훈장 독립장을 추서하였다.

[참고문헌] 『日帝侵略下韓國36年史』(國史編纂委員會, 第12卷 666 · 671 · 672面; 第13卷 530 · 795 · 817面); 『韓國獨立運動史資料』(國史編纂委員會, 第1輯 539面; 第2輯 293 · 294面); 『大韓民國臨時政府議政院文書』(國會圖書館, 827 · 850 · 851 · 858面); 『韓國民族運動史料』(中國篇, 國會圖書館, 843面); 『在美韓人史略』(盧載淵, 1951, 144 · 145面); 『구미위원부 재정보고』(—대한민국 8년 9월부터 11년 10월까지—, 1930. 9月 8 · 38 · 39面); 金元容, 『在美韓人50年史』(1959, 255 · 256 · 303~305 · 368 · 410 · 412 · 420~425 · 427~429 · 433 · 439 · 441面); 金九, 『白凡逸志』(敎文社, 232面); 『대한인국민회 중앙총회 독립운동의연록』(1919.11月~1919.12月); 『독립금을 부담 이행한 국민회원의 명부록』(1943); 『군사운동금 허락한 분의 금액과 씨명』(1944); 『명단』(1944. 5. 16, 캘리포니아 리들리); 『書翰』(1941.6.30; 10.5; 12.22; 1942.3.16; 4.6; 4.11; 6.10; 6.18; 8.28; 12.8; 12.25); 『公文』(1941.11.29; 12.7; 12.18; 1942.1.2; 2.4; 11.20; 12.6; 12.17; 1943.2.9; 6.4; 6.5; 6.7; 6.11; 6.12); 金承學, 『韓國獨立史』(下卷 101面); 『獨立運動史』(國家報勳處, 第3卷 806面; 第4卷 635 · 671 · 1022面; 第6卷 148面); 『獨立運動史資料集』(國家報勳處, 第8輯 513 · 680 · 684 · 685 · 721 · 754 · 755 · 770 · 778 · 814 · 830 · 834 · 838 · 839 · 840 · 841 · 843 · 847 · 848 · 850 · 851面); 『新韓民報』(1915.4.22; 1917.9.13; 1918.1.3; 1.31; 4.2; 5.16; 9.24; 11.5; 1919.3.25; 6.14; 9.18; 12.9; 1920.2.24; 1931.4.1; 11.5; 12.4; 1932.3.24; 4.6; 4.13; 1936.5.21; 6.4; 7.30; 10.1; 1938.4.21; 1941.1.9; 1.16; 1942.1.1; 1.8; 2.12; 2.19; 2.26; 3.19; 4.23; 5.7; 5.14; 6.18; 9.3; 10.15; 1943.1.14; 3.11; 4.22; 6.17; 6.24; 9.2; 11.4; 1944.11.22); 『東亞日報』(1968.2.22); 『朝鮮日報』(1968.2.18, 2.20); 『대한독립운동사』; 『永嘉』 第24號; 『安東金氏世譜』(乙未譜, 2015).

호규(濩圭) _ 1871년 8월 25일생~1947년 10월 22일졸

자는 순명(舜明)이며, 의무교육제도는 소청 윤허를 받았다. 1906년 3월 고종의 흥학조칙(興學詔勅)이 내려지자 경북관찰사 신태휴(申泰休)의 흥학훈령(興學訓令)을 학교설립의 기회로 삼게 되었다.

관찰사 신태휴는 대구 광문사의 학교 총무인 공을 대동하고 안동 예안 등 41개 군을 순방하여 학교 설립을 독려하였다.

1908년에는 봉화에 금석주(琴錫住) 등 100여 명과 봉성광학회(鳳城廣學會)를 조직하여 인재양성에 힘썼다.

[참고문헌] 김희곤, 『경북유림과 독립운동』(景仁文化社, 2015).

호근(琥根) _ 생졸년 미상

상리(上里) 사람으로 1922년 권오설의 하계강습회에 참여하면서 농민운동가로 활동하였다.

[참고문헌] 김희곤, 『경북유림과 독립운동』(景仁文化社, 2015).

홍규(弘圭) _ 1876년~졸년 미상

서울 가회동 216번지에 살았다. 천도교(天道教) 신자로 천도교에서 월보인쇄 등을 하던 보성사(普成社)의 공장 감독이었다. 사장 이종일의 지시에 따라 종로구 수송동 인쇄공장에서 신영구를 시켜 3·1운동 독립선언서와 독립신문을 인쇄하여 유포시켰다.

그 후 3·1운동 지도자 48명의 한 사람으로서 체포되어 1년간 복역하였다.

1990년 건국훈장을 받았다.

[참고문헌] 『3·1운동예심종결결정문』.

홍한(洪漢) _ 1884년 5월 28일생~1963년 7월 4일졸

자는 우범(禹範), 호는 근원(槿園)이고 출신지는 풍서면(豊西面) 소산리(素山里: 현 풍산읍 소산리)이다. 공은 1913년 풍서면 소산리 청원루(清遠樓) 내에 설립된 소산서숙(素山書塾)에서 교사로 활동하였다.

묘는 소산리 호암(狐巖)에 있다.

[참고문헌] 『안동의 독립운동사』.

정정화(鄭靖和) _ 1900년 7월 9일생~1991년졸

▲ 정정화 여사 존영

할아버지는 판서 낙용공(洛鎔公)이고 아버지는 판서 주영공(周永公)이다.

독립운동가 의한공(毅漢公)의 부인이며 개화파의 법부대신 동농(東農) 가진공(嘉鎭公)의 며느리이다.

열 한 살의 어린신부(新婦)로 개화파(開化派) 중신(重臣)이었던 동농가(東農家)에 며느리로 들어와 가문의 뜻에 따라 나라를 위해 큰 공을 세우신 거성(巨星)이었다.

1920년 20세의 청춘(靑春)으로서 상해(上海)로 망명하여 6차례나 국내를 드나들며 독립운동자금을 마련하면서 일본경찰에게 고초를 당하기도 했다.

"독립운동(獨立運動)은 총, 칼로만 하는 것은 아니다. 남자만 하는 것은 더욱 아니다."

"때와 장소에 따라 자신의 잠재능력을 최대한 발취하여 조국광복(祖國光復)과 민족독립(民族獨立)을 쟁취하려는 것이 구국운동(救國運動)이다."

정정화(鄭靖和) 여사(女史)의 이 정신(精神)을 기리어 광복(光復)의 달 8월을 맞이하여 국가 보훈처는 이달의 독립운동가(獨立運動家)로 선정했다고 밝혔다.

1946년 환국(還國)할 때까지 임정(臨政)의 안주인 노릇을 하였으니 임정(臨政)의 가구는 여사의 손때 안 묻은 것이 없고 임정요인(臨政要人) 가운데 여사의 밥을 먹지 않은 분이 없었다.

여러 구국단체(救國團體)에 가입하여 임정사수(臨政死守)에 혼신 노력을 했으며, 1943년에는 임정의 좌우통합(左右統合) 활동에도 크게 노력했는가 하면 여성 차원 노력도 지나치지 않아 한국 애국부인회(愛國婦人會)를 다시 세우기도 했다.

[참고문헌] 『永嘉』 第23號; 鄭靖和, 『長江日記』(학민사, 2005).

권애라(權愛羅) _ 생년 미상~1973년 10월 22일졸

▲ 권애라 여사 존영

하구(何求) 시헌공(始顯公)의 부인이다. 이화학당(梨花學堂)을 거쳐 이화여전을 졸업하고 1929년 중국으로 건너가 소주(蘇州) 경해여숙대학에서 수학하였다.

개성 충교예배당의 유치원교사로 재직 중 3·1운동이 일어나자 감리교파 어윤희(魚允姬) 등과 함께 개성지역 독립만세운동을 주도하다가 일본 경찰에 체포되어 옥고를 치렀다.

▲ 1936년 북경에서 시헌공과 권애라 여사

이듬해 3·1운동 1주년을 맞아 감옥에서 만세운동을 전개하기도 하였다. 출옥한 후에는 강연회를 통해 여성들의 애국사상을 고취하는데 주력하였고 1922년에는 김원경 등과 함께 모스크바에서 열린 극동인민대표회의에 한민족 여성대표로 참가하였다.

경해여숙대학 재학중

에는 상해(上海)를 중심으로 한국 여성들의 지위향상과 조국 광복운동에 앞장선 뒤 봉천(奉天) 길림(吉林) 흑룡강(黑龍江) 등 동삼성(東三省)에서 지하 항일운동을 펼쳤다.

1942년 4월 일본 관동군(關東軍) 특무대에 체포되어 옥고를 치르던 중 광복으로 석방되었다.

1970년에는 경상북도 안동에서 국회의원에 입후보하였다.

[참고문헌] 김희곤, 『대한독립운동사』(지식산업사, 2013); 『安東金氏世譜』(乙未譜, 2015).

參考文獻 (無順)

『高宗實錄』

鄭喬『大韓季年史』(國史編纂委員會, 1957).

『承政院日記』

『日省錄』

獨立運動史編纂委員會,『韓國獨立運動史 資料集』

『駐韓日本公使館記錄』

『韓國獨立運動之血史』

『洪陽紀事』

朴殷植,『韓國痛史』

宋相燾,『騎驢隨筆』(國史編纂委員會, 1955).

宋志香,『安東鄉土誌』(大星文化社, 1955).

申福龍,『大同團實記』(養英閣, 1983).

조선총독부 경상북도경찰부,『高等警察要史』(1934).

宋容縡,『洪城義兵實錄』(洪州義兵遺族會, 1986).

黃炫,『梅泉野錄』

「大韓每日申報」

「獨立新聞」

「東亞日報」

「朝鮮日報」

季刊『徽文』

강만길 · 성대경,『한국사회주의운동 인명사전』(창작과 비평사, 1996).

김희곤,『안동독립운동 인물사전』(선인, 2011).

李弘稙, 『國史大辭典』(百萬社, 1974).
『내고장 편람』(풍산읍), (안동문화원 2013).
『내고장 편람』(남선면), (안동문화원, 2016).
『종로인물』(종로문화원, 2018).
한국정신문화연구원, 『한국인물대사전』(중앙일보, 1999).
黃錫俊, 『歷代國會議員總攬』(乙支社, 1982).
『東農金嘉鎭全集』(延世大, 2011).
金文顯, 『金佐鎭將軍』(宗會報連載)
金渭顯, 『東農金嘉鎭傳』(학민사, 2009).
김희곤, 『김시현』
김희동, 『김옥균』(목민, 2010).
尹普鉉, 『嶺南出身獨立運動略傳』(1961).
李乙奎, 『是也金宗鎭傳』(韓興印刷所, 1963).
『金大圭傳』
『志山金福漢先生略史』
『志山金福漢先生年譜』(1952).
강윤정, 『사적에서 만나는 안동독립운동』(지식산업사).
김광억, 『문화의 정치와 지역사회의 전력구조, 안동과 안동김씨』(서울대학교 출판문화원, 2012).
金乙東, 『안동판독립사』(명문사, 1985).
김자동, 『임시정부의 품안에서』(푸른역사, 2014).
김자동, 『영원한 임시정부소년』(푸른역사, 2018).
김희곤, 『안동의 독립운동사』(안동시, 1999).
김희곤, 『안동독립운동가 700인』(안동시, 2001).
김희곤, 『안동사람들의 항일투쟁』(지식산업사, 2007).

김희곤, 『안동사람들이 만주에서 펼친 항일투쟁』(지식산업사, 2011).
김희곤, 『경북유림과 독립운동』(景仁文化社, 2015).
김희곤, 『나라 위해 목숨 바친 안동선비 열사람』(안동독립운동기념관 인문총서 3).
安東農林學校, 『安東農林學校五十年史』
안동대안동문화연구소, 『안동현대사』(정치 · 행정), (안동시, 2010)
元裕漢, 『甲午改革』(한국사 17), (1977).
李炳憲, 『三 · 一運動秘史』(時事時報社, 1959).
李炫熙, 『大韓民國臨時政府史』(集文堂, 1982).
李炫熙, 『三 · 一運動과 臨時政府의 法統性』(東方圖書, 1987).
鄭靖和, 『長江日記』(학민사, 2005).
『大韓民國臨時政府史』
『대구경북항일독립운동사』
『안동농림학생항일약전』
『朝鮮之偉人』(開闢社, 1926).
『한국민족운동사료』(중국편)
安東金氏大同編纂委員會, 『安東金氏世譜』(乙未譜, 2015).
禮儀少丞公派門中, 『禮儀少丞公派世譜』(1987).
金相培, 『洛東流芳』(洛東流芳編纂委員會, 1992).
安東金氏釜山花樹會, 『安東金氏釜山流芳』(1).
安東金氏大宗中, 『安東金氏汎宗中會報』
安東金氏大宗會, 『安東金氏會報』
安東金氏大宗中, 『永嘉』(第32號).
安東大史學科, 『安東史學』(3집).
『嶠南敎育會雜誌』

權大雄, 『韓末 在京嶺南儒林의 救國運動』
『日帝의 韓國侵略과 嶺南地方의 反日運動』(한국근래사연구회, 1995).
金度亨, 「풍산지역의 농업경영과 소작쟁의」(『한국근현대사연구』 18, 국민대).
남부희, 『儒林獨立運動史硏究』(범조사, 1994).
박민영, 『대전지역 항일운동 재조명』(충청문화연구소, 2010).
愼鏞夏, 「金玉均의 開化思想」(『東方學志』 46~48合輯, 1985).
안동청년유도회, 『민족 위해 살다간 안동의 근대인물』(한빛, 2003).
李尙根, 「嶺南地方의 國債報償運動」, 『日帝의 韓國侵略과 嶺南地方의 反日運動』(한국근래사연구회, 1995).
趙東杰, 『韓國民族主義의 成立과 獨立運動史硏究』(지식산업사, 1989).
許善道, 「3 · 1運動과 儒敎界」, 『3 · 1運動50周年紀念論文集』(東亞日報, 1969).

論文

김가진: 개화운동에서 독립혁명으로
주체적인 근대인 김가진의 삶※

한 홍 구
(성공회대학교 교수)

1. 들어가는 말

꼭 한국만 그런 것은 아니었지만 19세기 중후반 이후 한국의 근대는 참으로 폭력적으로 시작되었다. 감당하기 힘든 시대의 격랑 속에서 국가도 민족도 사회도 개인도 모두 중심을 잃고 헤맬 수밖에 없었다. 역사의 한 굽이에서 한때 화려하고 결정적인 역할을 했다 할지라도 다음 굽이에 스스로 자신이 애써 지켰던 가치를 파괴해 버린 예는 한국의 근현대사에 차고 넘친다. 한때 신문화의 주역이었고 각각 '2.8독립선언서'와 '3.1독립선언서'를 기초했던 춘원 이광수와 육당 최남선이 친일의 길로 들어선 것은 한국의 근현대사에서 너무도 안타까운 대목이 아닐 수 없다. 한국은 전지구적인 근대체제로 편입되는 과정에서 일본의 식민지로 전락했다.

※ 이 글은 2013년 서울역사박물관에서 한 가족의 독립운동이야기를 〈조국으로 가는 길〉이라는 주제로 유물 · 유적 전시를 하였는데 그때 발표된 논고이다.

19세기 말과 20세기 초에 '근대화'에 앞장섰던 사람들의 상당수도 이광수나 최남선처럼 대세를 거스르지 않고 친일의 길에 들어섰다. 이렇게 대세의 흐름에 몸을 맡긴 사람이 많을수록 그 흐름을 거슬러 무엇이 올바른 길이고 무엇이 시대의 요청에 충실한 것인가를 보여준 사람의 삶은 더 빛나는 법이다.

지난 십여 년 간 동아시아의 여러 나라는 치열한 역사전쟁을 겪어왔다. 이 역사전쟁의 중심축은 일본 제국주의의 동아시아 침략을 둘러싼 것이지만, 한국, 중국, 일본 세나라 모두 각각 심각한 역사의 내전을 겪고 있다. 한국의 경우 80년대 이후 민주화운동 과정에서 현대사에 대한 관심이 고조되면서 진보와 보수 사이에 격렬한 역사 내전이 벌어지고 있다.

진보와 보수 사이의 역사논쟁에서 중요한 쟁점의 하나가 '친일세력'에 대한 평가 문제이다. 뉴라이트들은 진보진영에서 친일파란 규정을 남발하면서 '근대 신문화의 아버지'들을 죽이고 있다고 비난한다. 친일과 반일의 이분법으로 역사의 복잡하고 미묘한 부분을 충분히 설명하기 어렵다는 점을 인정한다 하더라도 산은 산이고 물은 물인 것처럼 친일의 영역과 반일의 영역이 사라져 버리는 것은 아니다.

한 가지 경계해야 할 점은 뉴라이트들이 친일세력을 신문화의 아버지로 미화하는 과정에서 마치 신문화의 도입과 근대화는 진보진영이 친일세력이라 비판하는 집단만이 담당한 것처럼 생각하는 매우 위험한 견해가 유포되고 있다는 사실이다. 이는 마치 1960년대 이후 경제발전의 성과를 박정희나 그 추종세력의 공로로만 보려고 하는 견해와 일맥상통한다. 최근 들어 진보와 보수를 막론하고 역사교육의 강화를 부르짖고 있지만 국사를 필수과목으로 채택한다고 해서 역사 교육이 강화된다고 생각해서는 안 된다. 문제의 큰 흐름을 바로잡는 것이다.

개화와 신문화 창조의 정수는 일본제국주의의 침략과 지배에 협조한 쪽이 아니라, 그 침략에 저항하면서 자주적인 근대를 모색했던 집단, 즉 독립운동 세력으로 이어지고 있다. 독립운동의 큰 흐름은 해방 후 민주화운동과 통일운동으로 이어졌고, 그 흐름은 또 다시 노동운동으로 계승되었다. 김가진 · 김의한 · 정정화 · 김자동 · 김진현 · 김선현으로 이어지는 가계는 개화운동 · 독립운동 · 민주화운동 · 통일운동 · 노동운동으로 이어지는 한국 근현대사의 큰 흐름을 한 집안의 역사 속에서 보여주는 드문 사례다.

김가진은 1846년 1월 29일 서울에서 예조판서 김응균(金應均)의 서자로 태어났다.

1886년 문과에 급제한 그는 1887년 주일본공사관 참찬관에 임명되어 곧 주차일본판사대신으로 승진하여 1891년까지 5년간 대일외교의 최전선에서 활동했다. 그는 한말의 고위관료 중 최고의 일본통이었다. 1894년 동학농민전쟁이 일어나고 그 와중에 청과 일본이 파병을 하여 청일전쟁이 발발한 혼란기에 김가진은 군국기무처 회의원으로 갑오개혁을 주도적으로 이끌었다. 그는 대한제국에서 농상공부대신, 법부대신, 외무대신 서리, 중추원 의장 등을 역임했다. 김가진은 정치사회단체의 활동에도 적극적이어서 1896년 서재필과 함께 상무회의소와 건양협회를 조직했고, 독립협회의 위원으로 활동했으며 대한협회 회장으로 애국계몽운동을 이끌었다. 1911년 대한제국이 일본에 강제 병합 당한 뒤에는 일본 정부로부터 남작지위를 받았지만 1919년 4월 비밀결사 단체인 대동단을 조직하여 총재로 활동하다가 1919년 10월 조선을 탈출하여 상하이로 망명했다. 김가진은 1922년 7월 4일 독립을 보지 못하고 77세를 일기로 상하이에서 영면하여 만국공묘(萬國公墓)에 안장되었다. 김가진의 파란만장한 삶과 김가진 말년의 망명에 의해 규정될 수밖에 없었던 그 후손들의 삶은 한국 현대사가 어떻게 이어져왔는가를 보여주는 창이라 할 수 있다.

2. 서얼 김가진, 중심 속의 주변인

김가진은 당대 최고의 척족 가문인 안동김씨 명문가에서 태어났지만, 이른바 '일명양반(一名兩班)' 즉 서얼 출신이었다. 서얼에 대한 차별은 중국에도 일본에도 없는 한국에만 있는 악습이었다. 명문가의 서얼이란 참으로 모순된 존재였다. 명문가 서얼의 지체는 일반인과는 비교할 수 없이 높고, 조선시대의 전문직이라 할 수 있는 중인에 비해서도 훨씬 높았지만 양반의 적자와는 비교할 수 없는 차별을 당했다.

조선 전기에는 서얼금고법(庶孽禁錮法)이 강력히 시행되어 서얼은 문과에 응시하는 것 자체가 금지되었다. 서얼금고법은 임진왜란 이후 점차 약화되다가 숙종 22년(1969)에 적어도 법적으로는 완전히 폐지되었다. 그러나 서얼이 과거에 급제하는 것은 매우 어려워 선조에서 영조까지의 문과 급제자 총6,685명 중 서얼 출신은 2.5%인 164명에 지나지 않았다.[1] 어렵게 문과에 급제한다 해도 서얼 출신이 높은 관직에 오르는 것은 하늘의 별따기였다.

『국조문과방목(國朝文科榜目)』에 최고관직이 기재되어 있는 131명을 보면 목사 1명, 부사 1명, 군수 12명 등 서얼 출신 급제자의 관직은 대개 3~4품 정도에 머물렀다.[2]

서얼의 자손은 양반의 적녀(嫡女)와 결혼해도 서얼이기 때문에 사족 집단 내에서 서얼 자손의 숫자는 적손에 비해 많아질 수밖에 없었다. 영남의 서얼들이 올린 '만인소(萬人疏)'에서 옛날 영조가 서얼지인(庶孽

1) 배재홍. 「조선후기 서얼 과거합격자의 성분과 관력」, 『조선사연구』 2, 1993, 196쪽.

2) 배재홍, 위의 글, 216쪽.

之人)이 거국지반(擧國之半)이라 하였고 정조가 서류(庶流)를 제외시키면 일국지반을 잃는다고 한 것은 결코 과장된 말이 아니었다.[3)]

유교경전 어디에서도 근거를 찾을 수 없는 서얼차대가 강력히 실시된 것은 양반의 적손들이 관직을 독점하기 위해 서얼을 경쟁에서 처음부터 배제시키려고 했기 때문이다. 한 가지 흥미 있는 점은 당색에 따라 서얼문제에 대한 태도가 달랐다는 점이다. 당쟁에서 승리하여 일당독재를 누린 노론은 관직에 접근하는 것이 용이했던 탓인지 서얼을 등용하는 것에 상대적으로 관대했던 반면, 정권에서 밀려나 하급직 벼슬을 얻는 것도 어려웠던 남인은 그 제한된 기회를 서얼과 같이 나누려 하지 않았기 때문에 적서차별의 철폐나 완화에 반대하는 경향이 강했다. 조선후기 서얼문제를 연구한 한 학자는 "모순투성이었던 노론계 척신정권이 쉽사리 무너지지 않고 반세기 이상이나 지탱할 수 있었던 것은 전인구의 반을 차지하는 서류들의 지지를 열렬히 받아왔다는 사실과 결코 무관할 수가 없을 것"이라고까지 주장했다.[4)]

19세기 중기에 이르면 서얼의 허통문제는 법적으로는 상당히 완화되었지만, 대원군이 본격적으로 권력을 장악하면서 서얼에 대한 차대가 다시 강화되었다. 법적 · 정치적 차별보다 더 심한 것은 사회적 차별이었다. 노론이 공적 영역에서 서얼허통에 관대했다고 하지만, 사적 영역인 집안문제의 경우, 노론가문에서도 적자는 없고 서자만 있을 경우에 집안 조카 중에서 양자를 물색하여 제사와 재산을 상속하게 하는 경우가 많았다. 이 같은 일은 김가진의 집에도 있었다. 김가진이 18세이던 1863년 김가진의 아버지 김응균은 영진과 가진 두 아들을 두고도 재종

4) 이종일, 위의 글, 51쪽.

3) 이종일. 「18 · 19세기의 서얼소통운동에 대하여」, 『한국사연구』 58호, 한국사연구회, 1987, 37,47쪽.

제 김능균(金能均)의 아들 김화진(金華鎭)을 양자로 들인 것이다.

개항 1년 전인 1875년 김가진의 아버지 김응균이 세상을 떠났다. 김응균이 유언도 없이 세상을 뜨려 할 때 김가진이 손가락을 잘라 피를 흘려 넣어 소생케 하여 유언을 남길 수 있었다고 한다. 김가진이 처음 벼슬길에 나선 것은 삼년상을 마치고 1877년 규장각에 검서관이 되면서부터이다. 대원군의 집권기간 서얼들의 관직 진출에 제약이 있었던 데다 부친상까지 겹쳐 출사가 늦어진 것으로 보인다. 정조 때 신설된 규장각 검서관은 대대로 서얼들이 임명되었다. 김가진은 서른이 넘도록 벼슬자리를 얻지 못한 자신의 처지를 비관했던 듯하다. 시골양반의 입장에서 개항 이후 서얼 출신들의 고위직 진출을 비판적으로 보았던 황현(黃玹)은 『매천야록(梅泉野錄)』의 '김가진의 내력' 이란 항목에서 김가진이 "젊었을 때부터 학관(學官)이 되어 순천부사 홍재현(洪在鉉)을 따라 그의 책실에서 거처" 했으며, "그의 처는 홍종헌(洪鐘軒)의 서종매(庶從妹)이므로 홍종헌이 영변에 부임하였을 때, 김가진은 비장(裨將)이 되기를 원했으나 그 자리를 얻지 못하자 종일 눈물을 흘렸다" 고 썼다.[5] 김가진의 며느리 정정화의 『장강일기』를 보면 "18세쯤 되어서야 자신의 처지를 알고 한때 모멸과 좌절에 빠지기도 하였다" 고 하였으며, "나이 삼십이 넘어서도 과거에 응할 기회를 갖지 못하다가, 적서(嫡庶)를 타파하고 인재를 등용해야 한다는 상소가 주목을 끌어 결국 34세에 처음으로 규장각의 말직을 맡게 되었다" 는 것이다.[6]

처음 관직에 나가는 것이 어려웠지만 일단 관직에 나가자 김가진은

---

5) 황현, 『매천야록』. 황현은 김가진의 처가 홍종헌의 서종매라 했는데 정확하게는 서삼종매, 즉 8촌누이이다. 홍재현은 김가진의 장인 홍재철과 8촌 간이다. 『만성대동보』 남양홍씨 항목 참조,

6) 정정화, 『장강일기』, 학민사 1998, 25쪽.

고종의 신임을 받아 별입시(別入侍)가 되어 고종을 측근에서 보필했고, 1886년 문과에 급제한 뒤 외교일선에서 활약하였다. 비단 김가진만이 아니었다. 수많은 서얼과 중인 출신들 역시 제각기 뛰어난 능력을 발휘했다.

황현은 "이조연부터 시작하여 그 후 이범진, 김가진, 민치헌, 민상호, 민영기 등과 이윤용, 윤웅렬, 안경수, 김영준 등이 갑오경장 이후 교대로 대관이 되었으며, 기타 금옥(金玉, 금관자와 옥관자를 다는 고위관료)같은 요직도 헤아릴 수 없이 조적(朝籍, 관리명부)의 5분의 3을 차지하였다"고 썼다. 황현이 꼬집고 있는 것처럼 위에 거명된 서얼들은 안경수를 제외하고는 모두 노론가의 자제들이었다.[7] 같은 서얼이라 하더라도 노론가의 서얼들은 출세를 위한 도약대가 있었기에 고종 대에 서얼 출신으로 높은 벼슬을 지낸 자들이 쏟아져 나왔지만 1품 반열에 오른 것은 김가진뿐이었다. 김가진과 안경수 등 갑오개혁에서 주도적인 역할을 한 서얼들은 자신의 손으로 서얼문제를 포함한 모든 신분적 차별을 법적으로 철폐했다. 그러나 그것은 어디까지나 법적·제도적 차별을 없앤 것일 뿐이었고, 실질적인 차별이 사라지기까지는 아주 오랜 시간이 필요했다.

서얼들이 대거 진출할 수 있었던 데에는 서세동점으로 조선이 위기에 빠진 상황적 요인이 주요하게 작용했다. 고종은 대원군이 청에 납치된 직후 용인지로(用人之路)를 넓혀서 서북인, 송도인 서얼, 중인, 서리, 군오(軍伍) 등을 현직에 등용하겠다는 문호개방의 뜻을 밝혔다.[8] 서얼들이 갑오개혁 이후 고위직에 대거 진출했다고 하지만 "서얼들은 갑오개혁 이후에 비로소 소통된 것이 아니라 그 이전에 이미 통청되어 있

7) 황현, 앞의 책.

8) 『고종실록』, 고종 19년(1882) 7월 22일.

었는데 갑오개혁 이후에 그들이 대거 승진하여 고위직을 차지" 한 것이라 할 수 있다.[9)]

황현은 고관이 된 서얼들은 모두 곤궁한 처지에 있다가 갑자기 출세하자 재물에 도취하는 등 사대부의 구습을 되풀이했다고 비판했지만, 개항 이후 서얼, 중인, 서리, 서북인, 승려, 동학교도 등의 사회적 진출은 조금은 다른 각도에서 살펴볼 필요가 있다. 이완용을 비롯한 많은 조선명문가의 자손들이 대대로 누릴 것 다 누리고서 나라를 팔아먹은 것과 조선 오백 년 동안 이렇다 할 황은을 입을 바 없는 사람들이 일제의 침략을 새로운 시대의 시작으로 받아들인 것을 똑같이 취급하는 것은 온당하다 할 수 없다. 이는 서얼, 중인 등이 나라를 팔아먹은 데 동조하거나 앞장선 것을 두둔하자는 것이 아니다. 명문가의 자손으로 노블리스 오블리주를 다하는 대신 나라를 팔아먹은 자들의 죄가 더욱 엄중하다는 것을 지적하고자 할 뿐이다. 나라가 망한 뒤, 또는 사실상의 마지막 황제였던 고종이 승하한 뒤 슬프고 분해서 목숨을 끊은 이는 몇몇 있지만, 황은을 듬뿍 입은 대한제국의 대신으로서 독립을 위해 망명한 이는 김가진 한 사람뿐이었다. 양반의 나라 조선의 대신으로 압록강을 건넌 이는 '서얼' 김가진 뿐이었다. 신분제 사회의 어쩔 수 없는 주변인 김가진은 74세의 나이에 자신을 내던져 개화운동이 독립운동과 직결된다는 것을 몸으로 보였다. 그가 압록강을 건넜기에 아들 김의한과 며느리 정정화의 독립운동의 길도 열린 것이다.

3. 개화당 김가진

김가진은 대표적인 개화파지만, 그가 처음부터 개화사상을 가진 것

9) 이종일, 앞의 글, 67쪽.

은 아니었다. 김가진이 남긴 한시를 보면 그가 관직에 나간 초기 1881년까지는 당시 대다수 선비들이 그랬던 것처럼 그 역시 서양을 '견양(犬羊)'에 비유하는 등 척사사상을 갖고 있었다.

김가진이 언제부터 어떤 계기로 개화사상을 품게 되었는지는 확실하지 않다. 김가진의 개화에 대한 초기 생각을 보여주는 자료로는 표지에 '경(京)'이라고 쓰인 13장짜리 소책자가 있다.[10] 글의 내용을 보면 김가진의 상당한 실력자로 추정되는 '집사(執事)'라는 인물에게 국가존망시기의 군사문제, 서양사정 등에 대해 자신의 견해를 피력한 것으로, 정관응(鄭觀應)의 '이언(易言)'을 크게 참조한 것이다.[11] 김가진은 동도서기론의 입장에서 작성한 이 글에서 성리학적인 변통론(變通論)과 시의론(時宜論)에 입각하여 서양의 문물 가운데 우수한 것을 적극적으로 도입하자고 촉구했다. 김가진이 특별히 받아들여야 한다고 강조한 서양문물은 무기와 농기기, 함선, 광산, 사령 등이었다. 김가진은 이 글에서 '이언'의 36개 항목 중 특히 '화기(火器)' '기기(機器)' '선정(船政)' '개광(開鑛)' '고시(考試)' 등 다섯 항목을 크게 참조하여 서양문물의 도입 필요성을 역설했다. 김가진의 이와 같은 제안은 기본적으로 동도서기론적 입장의 온건개화파의 주장을 따르지만, 급진개화파와도 많은 것을 공유하고 있다.

이 무렵 김가진의 시에 가장 많이 등장하고 또 내용으로도 가장 깊은 인연을 맺은 사람은 완서 이조연(浣西 李祖淵)이었다. 김가진보다 세 살 위인 이조연은 1843년 연안이씨 이용규(李用奎)의 아들로 태어났는데, 이용규가 서자였기 때문에 이조연 역시 서류로 분류되는 처지였다. 나이와 처지가 비슷한 이조연과 김가진은 20세 전후한 시기부터 절친

---

10) 김가진, 『경(京)』, 연세대 학술정보원 소장.

11) 오영섭, 「동농 김가진의 개화사상과 개화활동」, 『한국사상사학』 20, 2003, 258~259쪽.

한 친구가 되어 비슷한 시기에 함께 규장각 검서관으로 일했다. '증완서(贈浣西)' 에서는 "하늘이 나를 낳고 다시 자네를 낳았지만/ 우리를 남들과 어울리지 못하게 만들었네"라 했고, '증완서비서(贈浣西秘書)' 에서는 "우리의 우정이 어떤가는 다시 물을 필요 없지"이라며 그야말로 '간담상조' 하는 사이임을 과시했다.[12] 임오군란 이후의 사태수습 과정에서 이조연은 초고속으로 출세 길을 달렸다. 이때 그는 청군의 영접관이 되어 청군의 진압작전을 도왔고, 청이 대원군을 납치해가자 대원군의 송환을 요구하는 사절단 일원으로 청에 가 리홍장(李鴻章)을 만나 필담을 나누기도 했다. 그는 이런 과정을 통해 고종과 민비의 총애를 받게 되었다.

이조연은 일본과 청을 방문하여 견문이 넓었으며 서양역사에 대해서도 열심히 공부하였다. 그는 이후 예조참판을 지냈고, 좌영사가 되어 고종과 민비의 최측근에서 군권을 행사했다. 1884년 12월 4일 갑신정변이 발발했을 때, 이조연은 사대당으로 지목되어 김옥균 등의 지시를 받은 생도 및 장사들에게 살해당했다. 이조연은 흔히 사대당의 영수로 알려져 있는데 이는 주로 갑신정변에 직접 가담한자들의 주장에 따른 것이다. 이조연은 청과도 깊은 관련을 맺었지만, 일본에 두 차례나 수신사의 종사관으로 다녀온바 있는 손꼽히는 일본통이었고, 일본 측 입장에서 볼 때는 러시아당으로 거론될 만큼 러시아와도 깊은 관계를 맺고 있었다. 따라서 그는 쉽게 특정 당으로 분류할 수 없는 인물로, 고종의 측근으로서 필요에 따라 외세와 가깝게 교섭한 근왕파 개화관료라 할 수 있다.

김가진은 이조연이 피살당한 뒤 이조연을 위해 지은 제문에서 "저 흉

---

12) 이 시들은 모두 연세대 학술정보원에 소장되어 있는 김가진의 『동농시록(東農詩錄)』에 수록되어 있다.(번역문은 오영섭, 앞의 글, 250쪽에서 재인용)

악한 역적들이 홀연히 화심(禍心)을 키워 재주있는 사람을 흘겨보고 평소 속으로 꺼려하던 두세 명 어진 사람들을 진나라에서 단도제(檀道濟)를 살해하고 당나라에서 무원형(武元衡)을 암살한 것처럼 먼저 날개를 잘라버린 연후에 권력을 잡으려 하니 궁궐 쪽문에 피비린내 진동하고 살기가 운집했다" 고 썼다.[13]

그런데 갑신정변에서 서로 죽고 죽인 사람들은 사실은 매우 가까운 사이였다. 서재필이 살해한 윤태준은 서재필의 이모부[14]였고, 개화파에 의해 살해당한 이조연이나 중상을 입었으나 간신히 목숨은 건진 우영사 민영익은 갑신정변의 주역들과 환재 박규수(瓛齋 朴珪壽) 문하에서 동문수학한 사이였다. 황현은 "이조연이 처음에 재주와 슬기로써 박규수에게 알려지게 되었다" 고 했고[15], 김택영(金澤榮)도 "박규수의 문하에서 배웠는데 당시 재주가 있고 슬기롭다고 일컬어졌다" 고 했다.[16]

김가진은 한 발 더 나아가 이조연이 박규수의 의발을 전수받은 수제자였다고까지 주장했다. 김가진은 이조연의 제문에서 "하늘이 우리 공을 내셨으니 그 바탕이 자공(子貢, 공자의 제자)과 같았다. 일찍이 환재 박규수를 섬겨 친히 의발을 전수받으니 벼슬에 나가기 전인 포의(布衣) 시절부터 그 이름이 널리 알려졌다" 고 썼다.[17]

이조연이 '사대당' 이 아니고 박규수의 정통을 계승한 사람이 김옥균, 박영효, 서광범, 홍영식 등 급진개화파가 아니라 이조연이라면, 이는 갑신정변에 대한 종래의 이해방식을 근본적으로 재검토해 보아야

13) 김가진, 「祭文李浣西祖淵」, "惟彼凶逆 忽爲鬼域 醞釀禍心 睥睨神器 所內憚者 二三賢類 道濟於晉 元衡於唐 思先剪翼 然後搶抗 宮闈腥沸 殺氣雲屯.

14) 황현, 앞의 책, 을유년.

15) 황현, 위의 책, "祖淵始以才諝爲朴珪壽所知".

16) 오영섭, 앞의 글, 251쪽.

17) 김가진, 「祭文李浣西祖淵」 "天生吳公 瑚璉其質 早事瓛齋 親傳衣鉢 自在布衣 令譽旁達.

할 일이다.

『장강일기』는 김가진이 김옥균, 박영효와 매우 친근한 사이였으나 "갑신혁명 약 1년 전인 1883년부터 제물포의 개항사무를 맡아 통상사무아문 설항서(設港署)의 감리주사로 인천에 나가 있었음으로 거사(갑신정변)에는 관여할 수 없었던 것"이라고 설명한다.[18] 그러나 김가진과 이조연의 관계나 급진개화파를 '흉역'으로 비판한 이조연 제문의 내용으로 비추어 볼 때 김가진은 적어도 1880년대에는 "김옥균 · 박영효 등의 급진적 개화노선보다는 이조연의 근왕주의와 동도서기론에 바탕한 보수적 · 점진적 개혁노선을 지지했을 것"이다.[19]

김가진은 1883년 1월 20일 통리교섭통상사무아문(統理交涉通商事務衙門) 주사(主事)로 임명되었다. 아직 문과에 급제한 것도 아니고 해외여행 경험도 없는 김가진이 당대의 쟁쟁한 소장 엘리트 관료들과 함께 통리교섭통상사무아문 주사로 임명된 것은 그의 탁월한 능력과 아울러 이조연의 강력한 추천이 있었기 때문이다.

김가진이 막 자신의 역량을 펼치려 할 때 계모인 정부인(貞夫人) 달성서씨가 세상을 떠났다. 삼년상을 치르는 법도대로 한다면 만 2년을 관직에서 물러나야 하는 것인데 뜻밖에도 기복(起復), 즉 상중이지만 관직에 나오라는 명과 함께 감리인천항통상사무아문(監理仁川港通商事務衙門) 주사에 임명된 것이다. 김가진은 1885년 8월까지 꼬박 2년간 인천에서 일했는데 그는 이력서에서 "우리나라의 개항과 통상은 이로부터 시작되었다"고 의미를 부여했다.[20]

---

18) 정정화, 앞의 책, 25쪽.

19) 오영섭, 앞의 글, 254쪽.

20) 김가진, 「이력서: 부록사업」, 연세대 학술정보원 소장 "濟物浦 開埠 約成時 適丁憂 差仁川港監理署 書記官 以諳鍊時務 格外 被選也 定租界 設港署一切 鋸細事務 專任幹辦 本國之開港通商 自此始焉".

이조연이 피살된 후 고종은 이조연에게 걸었던 기대와 총애를 이조연이 강력 추천했던 김가진에게 돌렸다. 1885년 8월 내무주사에 임명된 김가진은 고종의 특별한 대접을 받아 주야로 세 번이나 고종을 배알하고 각종 건의를 올렸다. 고종은 김가진에게 전보와 우정업무를 총괄하라는 명을 내렸다.[21]

1886년 2월 김가진은 고종의 명으로 바로 전시(殿試)를 보게 되는 특혜를 입어 꿈에도 그리던 문과에 급제하여 홍문관 부수찬(弘文館 副修撰)에 임명되었다. 서얼에 대한 차별이 많이 완화되었다고는 하지만 서얼로 홍문관에 임명되기는 이조연에 이어 두 번째였다. 두 달 만에 그는 다시 내무부 주사 겸 서학교수(西學教授)로 전보되었다. 이 인사가 서얼이 홍문관에 들어온 것에 대한 견제 때문이었는지, 아니면 내무부에서 수행해야 할 개화 업무가 산적하여 이에 정통한 김가진을 차출한 것인지 그 배경을 정확히 알 수는 없다.

김가진의 이력서에 의하면 그는 과거에 급제한 1886년에 종목국(種牧局)을 설치하여 서양식 방법으로 종식(種植)과 목축 등 실업을 확장하고자 하였으나 시국의 변화로 인하여 철폐되고 말았다고 아쉬워했다.

김가진 등이 실무를 맡아 추진한 개화정책은 여러 곳에서 반발과 질시에 부딪혔다. 일본인 이노우에 가쿠고로(井上角伍郎)는 김가진, 정병하(鄭秉夏), 조존두(趙存斗), 민유용(閔有用), 김학우(金鶴羽) 등 별입시(別入侍)들이 국고를 낭비하고 사복을 채웠다고 비난했지만, "물론 도로를 고치고 빈민을 돌보는 등 더러 사회에 유익한 일"을 했다는 사실

21) 김가진, 「이력서: 부록사업」, "受蒙殊遇晝日三接 建白設電報總司 擇薦電學最優之員 採取各國電務規制 次第架線 遂至萬國通信 本國電信之設 自此始焉 追蒙總辦電郵事務 專管擧行之命."

까지 부인하지는 못했다.[22] 보수적인 관료나 일반인들의 개화에 대한 공포와 거부감과 불편함, 서얼에 대한 여전한 차별의식, 그리고 실제로 엄청난 이권과 연결될 수밖에 없는 개화 업무의 속성상 김가진을 비롯한 개화 실무 종사자들에게는 이런저런 소문과 비판이 끊이질 않았다.

4. 외교관 김가진, 자주외교의 꿈

김가진의 생애에서 큰 비중을 차지하는 것은 외교관으로서의 활동이다. 김가진은 내무부주사 김학우, 전양묵(全良默), 죽산부사 조존두, 러시아어 통역 채현식(蔡賢植) 등 다른 별입시들과 더불어 고종과 민비의 밀명을 받아 러시아공사관에 드나들며 갑신정변 이후 부쩍 강화된 청의 강압적인 내정간섭을 벗어나기 위한 방도를 모색했다.

친러반청 활동의 정황을 파악한 청국 조선주재 통리교섭통상사의 원세개는 고종에게 압력을 가해 1886년 7월 17일 조존두, 김가진, 김학우, 전양묵 등을 원악지(遠惡地)에 귀양 보내게 했다. 김기진도 남원으로 정배되었으나, 고종은 8일 후인 7월 25일 이들을 모두 특별석방하라는 명을 내렸다.[23] 이들이 풀려날 수 있었던 것은 러시아와 미국공사관 측에서 일정하게 개입한 덕이었다.[24]

조선을 두 번 방문했던 영국인 새비지 랜도어(Arnold H. Savage-Landor)는 1895년 『고요한 아침의 나라』(Corea or Cho-Sen: The Land of the Morning Calm)라는 견문기를 남겼는데 여기에는 그가 김가진을 만난 이야기가 수록되어 있다. 조금은 길지만 매우 흥미 있는 기록이기 때문에 전문을 살펴보기로 한다.

---

22) 이노우에 가코고로 외, 한상일 역, 『서울에 남겨둔 꿈』, 건국대학교 출판부 1993, 69쪽.
23) 『고종실록』, 고종 23년(1886), 7월 17일, 25일.
24) 고려대학교 아세아문제연구소 편, 『구한국외교문서』 17, 1969, 12쪽.

정치 문제는 거의 전적으로 귀족들이 처리한다. 나는 운 좋게 김가진이라는 조선의 거물 정치인과 잘 알고 지냈는데, 실내에서 항상 말총 두건을 쓰고 있는 그의 모습을 그려 주기도 했다. 그는 박학다식하고 재기가 출중했으며 내가 만난 수많은 훌륭한 외교관들 중에서도 가장 뛰어난 외교관이었다. 아무리 애를 써도 그를 쩔쩔매게 할 수는 없었다. 질문에 대답하면서 그보다 더 예리하고 철저하게 준비하여 대응하는 사람을 나는 일찍이 본 적이 없다. 그는 한때 조선의 사절로 일본 막부(幕府)에 파견되었는데, 매우 짧은 시간에 일본어를 완벽하게 숙달했다. 그는 중국어에도 아주 능통했다. 나는 그가 쉽게 영어단어를 암기하고 있다는 사실을 알았는데, 그는 공부를 시작한지 며칠 되지도 않아 아주 짧은 시간에 실제로 며칠 내에 영어를 이해하고 읽었을 뿐 아니라 어느 정도는 의사소통도 했다.

김가진은 다재다능할 뿐만 아니라 대단한 용기와 독립심을 가지고 있었기 때문에, 왕의 측근의 대부분의 간사하고 모함을 일삼는 관리들은 종종 그가 왕과 마찰을 일으키도록 유도했다. 그는 아직도 자신의 머리가 어깨 위에 붙어있다는 사실이 매우 경이로운 일이라고 익살맞게 얘기했다. 그것은 너무나 당연했고 다른 사람은 엄두도 못 낼 일이었다. 그는 열렬한 개혁가였고 서구 문명을 극찬했다. 그의 가장 큰 희망은 얘기로만 숱하게 들어왔던 영국과 미국을 방문하는 것이었다. 그러나 이상하게도 같은 대화를 나눈 바로 다음날 아침, 그는 사소한 예의에 어긋나는 행동 때문에 왕명으로 가장 먼 지방으로 귀양을 갔다.

김가진은 비록 농담이지만 "아직도 자신의 머리가 어깨 위에 붙어있다는 사실이 매우 경이로운 일"이라고 할 만큼 격동의 시대를 온갖 어려움을 겪으며 살았다.[25] 새비지 랜도어는 김가진을 "내가 만난 수많은 훌륭한 외교관들 중에서도 가장 뛰어난 외교관"이었다고 극찬했다.

1866년 10월 주차청국 천진주재종사관(駐箚淸國 天津駐在從事官)에 임명된 것을 시작으로 김가진은 본격적으로 외교 일선에 나서게 된다. 1887년 5월 교체될 때까지 주천진 종사관 생활은 그다지 행복하지는 않았을 것이다. 왜냐하면 그는 이미 제2차 한로밀약사건의 관련자로 청에서 처벌을 요구한 바 있는 인물이었기 때문이다.

김가진은 신병을 이유로 교대되었지만 그로부터 2주 뒤 5월 16일 고종이 도승지 민영준(敏泳駿)을 주차일본판리대신(駐箚日本辦理大臣)으로 김가진을 참찬관으로 임명한 것을 보면 김가진이 추천진종사관을 그만둔 것은 신병 때문이라기보다는 고종이 자주독립국을 천명한 조선의 공관을 운영할 실질적인 책임자로 김가진을 점찍었기 때문일 것이다.

민영준은 일본에 가 국서만 봉정하고 약 한 달 만에 바로 귀국해 버렸기 때문에 주일공사관의 개설에서부터 모든 사무를 실질적으로 책임진 것은 김가진이었다. 민영준과 김가진이 임지로 떠나기에 앞서 6월 12일 고종에게 보고를 올릴 때 고종은 첫째 친목화호를 도모하여 불화가 생기지 않도록 타협하고, 둘째 본국 사정에 관계되는 사안을 수시로 품계하고, 셋째 견문을 넓히고 신문지를 널리 열람하여 일본의 사정을 살펴보고, 넷째 일본주재 사절들과 교유하여 세계의 사정을 보고하라는 등의 임무를 부여하였다.[26] 지난 오백여 년 화이관(華夷觀)에 입각한

25) 뒤에 살펴보겠지만, 김가진과 함께 별입시로 활동했던 김학우는 1894년 갑오개혁 당시에 대원군 측의 미움을 사 암살당했다. 대원군 측의 살해대상자 명단에는 김가진과 안경수도 포함되어 있었다. 이들은 대원군 파의 공격을 피하기 위해 지방관으로 전출을 자원하기도 했다. 「井上公使」의 대원군조선 겸제책 내신 및 동학당 진무를 위한 일병증파 요청, 기밀 제211호, 1894년 11월 10일.

26) 고려대학교 아세아문제연구소 편, 『구한국외교문서』 1, 440쪽(한철호, 앞의 글, 43쪽에서 재인용).

조공체제의 위계질서에 안주해 온 조선은 19세기 말 '만국공법'의 새로운 국제 질서 속에서 청의 속방이 아닌 독립자주국으로서의 정체성을 획득하기 위해 분투하고 있었다. 김가진이 선 자리는 그 최전선이었다.

김가진은 참찬관에서 대리공사를 거쳐 1888년 10월에는 주차일본국판사대신으로 승진했다. 일본에 체류하는 동안 김가진은 일본을 통한 신문물의 수입과 반청자주독립의 실현에 심혈을 기울였다. 그는 일본의 "정치·법률·군제·사회·농상공업 등의 좋은 법규(美規)는 마음에 담아 두었다가 귀국 후 따라 행한 것이 많았다"고 스스로 회고했다.[27] 김가진이 동경의 외교가에 깊은 인상을 남긴 것은 주일 청국공사 왕봉조(王鳳藻)가 공개석상에서 연설하면서 "동양에서 독립국은 청국과 일본뿐이다"라고 연설했을 때 김가진이 격분하여 자리에서 떨쳐 일어나 연단으로 나아가 비분강개한 어조로 "한국은 독립국이다. 오랜 역사와 사직을 갖고 있는 독립국이다. 누가 망탄무계(妄誕無稽) 우리나라를 욕되게 하고 다른 나라에 예속되었다고 말하는가"라고 부르짖은 일이라고 한다.[28] 김가진은 기회가 있을 때마다 조선이 독립국임을 강조했다. 1890년 10월경 일본 외무대신 아오키슈조(青木周藏)와 나눈 대화에서 아오키가 조선을 반(半)독립국이라고 폄하하자 "조선은 요임금 때부터 국가와 임금이 있던 유서 깊은 나라"라며 중국과의 싸움에서 패한 적은 있어도 "이제까지 한 번도 지배를 받은 적은 없다"면서 "조선의 국왕은 일언일령(一言一令)을 자주(自主)하고 있다"며 조선이 독립

27) 김가진, 「이력서」.

28) 細井肇, 『現代漢城の風雲と名士』, 日韓書房(京城) 1910, 168~169쪽; 윤효정, 『한말비사』, 273~274쪽; 「한말 외교무대의 대공사군상」, 『삼천리』 제5권 제1호, 1933년 1월호, 40~41쪽.

국임을 천명했다.[29)]

일본인들이 보기에 김가진은 청국당이었는지 모르지만 일본에서의 김가진은 조선의 자주독립을 위해 온 힘을 다했다. 뒤에 영은문을 헐고 독립문을 세우고 삼전도비를 넘어뜨릴 때의 일이다. 독립협회의 설립에 앞장섰던 김가진은 자주를 부르짖으며 "매번 사람들을 향해 팔을 휘두르며 말하기를 '오늘 이후로 삼백년간 조공을 바친 치욕을 씻고 신하된 자로서 백 대에 걸친 원수를 갚게 된 것이니 개화의 이로움이 무엇이겠는가. 선현들이 북벌하고자 하였던 그 뜻이 어찌 이와 다르겠는가'" 라고 했다고 한다.[30)]

김가진은 사실상 조선정부 최초의 해외주재공관장이었지만 그가 일본에 주재하고 있는 동안 동부승지 공조참의, 참의내무부사 등의 관직을 제수받은 것으로 보아 당시 정부는 상주공관장의 역할에 충분한 의미를 부여하지 못하고 있었던 것 같다. 김가진은 1890년 1월 귀국하여 고종을 배알하고 일본사정에 대해 자세히 보고한 뒤 1890년 2월(판사대신 직을 겸하면서) 여주목사를 거쳐 1891년 3월 안동대도호부사에 임명되었다. 그로부터 3년 후, 김가진은 민씨 척족세력의 압력 때문에 1893년 3월 30일부로 판사대신 직을 면함으로써 격동의 시기에 최장수 주일공사 생활을 마무리지었다.

5. 갑오개혁의 주역 김가진

안동부사에서 물러난 김가진은 1893년 5월 29일 우부승지에 임명되

---

29) 오영섭, 앞의 글, 267쪽.

30) 황현, 『오하기문』, "三筆 乙未正月條. 此金嘉鎭者 文忠公 尙容之後也 尙容丁丑之役自焚江都 嘉鎭 旣附自主之議 每向人攘臂言曰今而後足以雪三百年皮幣之辱 而報臣子百世之私讐 開化之利何如 先賢之欲北伐者 其義豈與此殊乎 聞者笑之."

었으나 보름여 뒤 하는 일 없는 자리인 부호군으로 물러난다. 이 기간 김가진은 북사 회원들이나 유길준, 그리고 김학우, 권형진(權瀅鎭), 조희연(趙羲淵) 등과 자주 어울렸다. 이들의 잦은 접촉은 민씨 척족세력에 의해 소외되었던 소장개화파들이 갑오개혁 이전에 물밑에서 느슨한 집단을 형성해 가고 있었다는 것을 의미한다.

1894년 동학농민군이 봉기하자 자국민과 공사관을 보호한다는 구실하에 청과 일본이 모두 조선에 군대를 파병했다. 5월 13일 일본군이 한양에 들어오자 일본공사 오오토리 케이스케(大鳥圭介)는 청과의 대치 상황을 타개하기 위한 구실로 조선에 내정개혁을 요구했다. 일본의 압력이 거세지자 당시의 세도가 민영준은 김가진을 내무참의, 유길준을 외무주사에 임명하는 등 '일본당' 2~3명을 기용하였다.[31] 일본은 조선 정부 내에서 일본당이라고 불리어 음으로 양으로 움직이는 자는 당장 세력이 없는 김가진 · 유길준 · 조희연 · 안경수 등 10여 명에 불과하다는 점을 우려했다.[32]

그러나 약 한 달 후인 7월 23일 일본군은 경복궁을 점령하고 민씨 정권을 무너뜨린 뒤 대원군을 앞세워 새로운 정권을 수립했다. 김가진의 '행장'에 따르면 "일병(日兵)이 경복궁을 범궐 당시 궁중에 있던 문무백관들은 탈의(예복을 탈기하여 궁정에 즐비했다고 한다) 도주로 궁중은 일공(一空)하고 일병으로 충만한 괴변을 문경(聞驚)한 선생은 곧 기마단신으로 탄우중임도 불구하고 진궁(進宮)한 바 궁중에는 오직 광무제 부자분과 내시 1인만이 시측하였을 뿐"이었다.

김가진이 고종에게 나아가 수습책을 건의하였지만 고종은 "도리어

31) 이노우에 가쿠고로 외, 앞의 책, 119쪽.

32) 「조선속방설 배척 및 내정개혁 단행수속에 관한 상신」, 기밀 제110호 본65, 1894년 6월 28일.

의심을 가졌다"고 한다. 김가진이 건의한 수습책이란 대원군을 내세워 개혁을 추진하자는 것이었고, 고종은 이를 탐탁지 않게 여겼던 것이다. 그러나 일본군이 경복궁을 점령하고 있는 상황에서 일어에 능통했던 김가진은 "대담히 단신으로 직접 일 장교와 담판하는 동시에 항의"를 하여 "일병을 퇴궐케 하고 문무백관을 소집"하게 했다. 갑오개혁의 추진기구인 군국기무처는 이렇게 설치된 것이다. 김가진은 유길준, 안경수, 김학우, 조희연, 권형진 등과 함께 군국기무처의 회의원 17인의 일원으로 임명되었다. 김가진의 '행장'은 이때의 일을 "경희루에서 17주야를 불면불휴로 208개조의 개혁안을 친자(親自)기초하여 김홍집 내각으로 하여금 공포 시행케 하였던 것이 저 유명한 갑오경장이며 주창자가 선생이었던 것"이라고 쓰고 있다.[33]

군국기무처가 공포한 208개조의 개혁안 중에서 김가진이 친히 기초한 것이 몇 건이나 되는지는 자료 부족으로 정확히 알 수는 없다. 그러나 갑오개혁의 가장 중요한 성과인 신분제도의 개혁에서 신분차별에 민감할 수밖에 없었던 김가진, 안경수, 권형진, 이윤용 등의 서얼이나 김학우 같은 함경도 토반 출신이 중요한 역할을 했음은 틀림없는 사실이다.

김가진 등 소장개화파가 직면한 최대의 문제는 대원군과의 관계였다. 개화파 소장관료들은 민씨 정권의 타도를 위해 대원군과 손잡았지만, 군국기무처가 실권을 장악하고 과감하게 개혁안들을 결의하고 집행하자 실권을 상실한 대원군이 이에 반발했다. 8월 말부터 대원군은 군국기무처가 통과시킨 개혁안에 대한 재가를 아예 거부했다.[34]

반면 근왕적 성격이 강했던 소장개화파들은 대원군이 아니라 국왕의

33) 「故東農金嘉鎭先生略歷及行狀」, 연세대학술정보원 소장.
34) 유영익, 『동학농민봉기와 갑오경장』, 일조각 1998, 50쪽.

재가를 받아 개혁안을 통과 · 시행했다. 대원군과 개화파와의 대립은 10월 31일 법무협판 김학우의 암살로 한층 격화되었다. 김학우는 대원군이 보낸 자객에 의해 암살되었다는 소문이 파다했다. 이와 같은 상황에서 김가진, 안경수, 조희연 등 "개화당이라고 일컬어지는 사람들도 모두 공포심을 일으키고 조석으로 생명의 위협을 느껴 현재 맡고 있는 직무를 마음 놓고 해낼 수가 없었다.[35]

김가진을 비롯하여 안경수, 조희연, 권형진 등은 흔히 '일본당' 이라 불리지만, 일본 측은 그들을 불신했다. 일본 공사관의 시오가와(鹽川) 서기가 본국에 보고한 바에 따르면, 일본당 인사 중 안경수는 "교활해서 안목이 金(가진)을 능가하지만 붙임성이 매우 좋지 않으며 간교한 자로 지목받고 있어서 도저히 많은 사람을 다룰 수가 없다" 고 했고, "김가진은 도량이 좁고 남을 잘 의심하여 큰일을 처리할 수가 없다", "조희연은 우매해서 오직 남의 사주에 따라 분주할 뿐이다" 라고 했다.[36]

청일전쟁에서 승리한 일본의 기세가 삼국간섭으로 꺾이면서 고종과 민비는 일본의 영향력을 벗어나 미국을 비롯한 구미열강과의 관계개선에 힘썼고 정동파라 불리는 친미적 성향의 관료군이 형성될 때 김가진은 이에 가담하여 활동하기도 했다.[37] 일본은 김가진을 일본당이 아니라 일본 배척파, 영어파로 보았지만,[38] 그렇다고 미국 외교관들도 김가진을 신뢰한 것은 아니었다. 새비지 랜도어 같이 특별한 이해관계에 얽

---

35) 「井上公使의 대원군 조손 겸제책 내신 및 동학당 진무를 위한 일병 증파 요청」, 기밀 제211호, 1894년 11월 10일.

36) 「한국조정 내부의 분리와 알력」, 기밀 제188호 본111, 1894년 9월 21일.

37) 오영섭, 앞의 글, 276쪽.

38) 日置益, 「韓廷ト歐美使臣トノ關係幷ニ之ニ處スル方策」, 『秘書類纂: 朝鮮交涉史料』 下, 伊藤博文(東京) 編, 秘書類纂 刊行會 1936, 670쪽. (한철호, 『친미개화파연구』, 국학자료원 1998, 81쪽에서 재인용)

매이지 않은 입장에서는 김가진을 탁월한 외교관으로 평가했지만, 그 자신이 '돈귀신(mammom)' 이라는 오명을 얻은 미국공사 알렌은 김가진을 신뢰할 수 없는 인물로 평했다.[39)]

김가진이 한창 활동했던 19세기의 마지막 10년과 20세기의 첫 10년은 너무나 혼란스러운 시기였다. 무엇이 조선에게 가장 유리한 선택이고 무엇이 개인에게 가장 올바른 길인지 분간하기 참으로 어려웠다. 김가진이 이렇게 옮겨 다닌 것은 김가진이 '의지박약' 하고 '일정한 주의나 정경이 없는 사나이'[40)]였기 때문이 아니라, 그 어떤 외세도 조선의 이익을 자국의 이익보다 앞세우지 않았기 때문이다. 모든 변신을 합리화하고 정당화할 이유도 필요도 없지만, 이 시기 아찔한 줄타기를 계속할 수밖에 없었던 지식인이나 관료들의 모색과 방황, 좌절과 결단을 평가 할 때 그 끝을 중히 보아야 한다.

김가진은 17주야를 경회루에 머물며 의욕적으로 갑오개혁을 추진했지만, 한편으로 대원군, 다른 한편으로 고종과 민비, 또 다른 한편으로 일본 등이 각축을 벌이는 가운데 개혁의 추진력과 방향을 점차 잃어갔다. 고종이 왕권을 계속 강화하고 민씨 척족세력이 점차 복귀하며 일본과 민비의 갈등이 을미사변과 아관파천이라는 파국적 상황을 낳게 되면서 김가진이 움직일 수 있는 영역은 남아 있지 않게 되었다.

6. 독립협회의 김가진

1895년 10월 4일(음력 8월 16일) 김가진은 농상공부대신에서 물러나

---

39) F. H 해링튼 저, 『개화기의 한미관계』, 일조각 1983, 163쪽. 해링튼의 원저는 God, Mammon, and the japanese: Dr. Horace N. Allen and Korean-American Relations. 1884-1905(University of Wisconsin Press. 1944)이다.

40) 「한국 관인의 경력 일반」, 통감부문서 8권.

겠다는 사직소를 올렸다. 1984년 7월 갑오개혁이 시작된 이래 내각에서 핵심요직을 맡아 오다가 15개월여 만에 물러난 것이다. 내부협판 유길준도 의주관찰사로 전출되어 중앙무대를 떠나야 했다. 김가진의 후임으로 농상공부대신에 임명된 사람은 궁내부의 핵심인물인 이범진이었다. 고종과 민비는 러시아와 연결된 이범진 등을 중용하면서 일본의 영향 하에 만들어진 새로운 제도와 훈련대를 개편하고 일본공사관과 연결된 세력을 내각에서 배제한 것이다.[41)]

이때 고종은 중추원의 직제를 개편하여 '의관(議官)'이란 자리를 만들고 이를 통해 의회 개설 압력을 무마하려는 목적으로 다음날인 8월 17일 김가진을 중추원 일등의관에 임명했다.

고종은 을미사변 9일 후인 10월 17일 일본공사 고영희를 면직하고 김가진을 다시 일본주차 특명전권공사로 임명했다. 일국의 국모가 일인들에 의해 시해당한 상황에서 그가 도쿄에 가서 할 수 있는 일이란 사실 거의 존재하지 않았기에 김가진으로서는 대단히 난감한 일이었다. 부임을 미루던 김가진이 주차일본 전권공사 사직소를 제출한 것은 해가 바뀌어 1896년 2월 1일의 일이다. 농상공부대신에서 물러났으며 일본공사로 다시 나갈 뜻이 없었던 김가진은 1896년 1월 서재필과 함께 상무회의소의 설립을 추진했다. 상무회의소는 상업을 천시해 온 유교국가 조선의 부정적인 전통을 벗어나 상업을 진흥시키고, 일본의 막강한 세력을 등에 업은 일본 상인들의 침투에 맞서 조선 상인들의 이익을 보호하기 위한 단체였다. 상무회의소의 특별회원이 된 김가진은 창립총회에서 그동안 일본이 독점적으로 석유를 수입하여 막대한 이익을 취하고 있는 상황을 타개하기 위해 석유직수입회사의 설립을 발의하여

41) 김영수, 『미쩰의 시기－을미사변과 아관파천』, 경인문화사 2011, 136~137쪽.

참석자들의 뜨거운 성원을 받았다고 한다.

을미사변 이후 폭력적인 영향력을 강화한 일본은 2월 2일 친일내각으로 하여금 김가진을 "농상공부대신 재직시에 잦은 파티를 열면서 파티비용 마련을 위해 공금을 유용했다"는 혐의를 내세워 전격 구속하게 했다. 김가진이 구속되자 상무회의소에 가입했던 조선 상인들이 일본의 탄압을 두려워하여 상무회의소를 탈퇴했고, 석유직수입회사를 설립하려던 김가진의 시도는 실패로 돌아갔다.[42] 억울하게 구속된 김가진은 오래 갇혀 있지는 않았다. 아관파천으로 친일내각이 붕괴되면서 석방된 김가진은 1896년 2월 19일 다시 중추원 일등의관에 임명되었다.

1896년에 김가진은 중추원 의관으로서의 활동보다는 독립협회의 결성과 건양협회 조직에 집중했다. 한편 서재필은 1896년 4월 7일 「독립신문」의 창간을 주도한 데 이어 7월 2일에는 독립협회를 발족시켰다. 독립협회의 회장은 안경수, 위원장은 이완용이었고 김가진은 8명의 위원 중 가장 먼저 이름을 올렸다.

당시 보수적인 위정척사파들은 1894년 '동학란'과 그에 뒤이은 일본군의 경복궁 점령, 갑오경장, 을미사변, 아관파천으로 이어지는 일련의 상황에 커다란 위기감을 느끼고 있었다. 독립협회가 만들어진 직후인 7월 9일 진사 정성우(鄭惺愚)는 상소를 올려 갑신정변 관련자인 서재필을 성토한 데 이어 "갑오년 6월의 간사한 무리인 김가진, 안경수 등은 앞장서서 나라를 병들게 하여 나라를 고칠 수 없게 만들었다"고 비난했고, 개화파 인사들은 이를 소송으로 대응했다.[43] 김가진은 이때 고등재판소에서 재판을 하게 된 소회를 시로 읊었다.

---

42) 「한성신보」, 1896년 2월 5일.(오영섭, 앞의 글 278쪽에서 재인용)

43) 이 재판에 대한 가장 자세한 설명은 문준영, 『법원과 검찰의 탄생—사법의 역사로 읽는 대한민국』, 역사비평사 2010, 247~263쪽을 볼 것.

"남아의 사업이 어찌 이리 지체되는가? 나를 위해서가 아니라 시절 때문에 슬플 뿐이다. 나라 위한 붉은 마음은 불처럼 뜨거우니 하늘도 알고 땅도 알고 귀신도 알아주리니."[44]

고종은 러시아공사관에서 1년을 보낸 뒤 1897년 2월 20일 마침내 덕수궁으로 돌아왔다. 1년 만의 환궁이었지만 정치상황은 아관파천 이전에 비해 "더 보수적, 혹은 국왕에게 전제권을 주는 경향"을 보이고 있었다. 일선에 복귀한 수구파 원로들과 개혁파의 타협으로 구본신참(舊本新參)을 표방하는 교전소(校典所)가 설치되었다. 김가진은 교전소의 지사원으로 임명되었는데 얼마 지나지 않아 교전소가 유명무실해진 뒤 1896년 5월, 황해도 관찰사에 임명되었다. 러시아 군사교관의 고빙을 반대하다가 지방으로 밀려난 것이다. 황해관찰사로서 그가 역점을 둔 것은 관내에 공립소학교를 창설하는 일이었다. 그는 1만 냥을 모아 그 이자로 교비 일체를 대도록 했다.[45]

당시 개화파가 발간하던 「독립신문」「믜일신문」은 김가진을 둘러싼 황해도 현지의 소문에 대해 상반된 입장을 보였다. 「믜일신문」은 김가진에 대해 극도로 비판적인 기사를 내보낸 반면,[46] 「독립신문」은 김가

---

44) 김가진, 「고등재판소 술회」, 『시록-부 잡저』, "男兒事業一何遲 我爲時悲不我悲 報國丹忠如火熱 惟應天地鬼神知."

45) 김가진 「이력서」, 연세대 학술정보원 소장.

46) 한 예로 「믜일신문」은 김가진에게 황해도의 여론을 빙자하여 직격탄을 날렸다. "그곳 백성들이 말하기를 김씨가 타국에 많이 다니기로 일본말도 능히 하는 개화에 매우 주의하는 줄로 알고 김씨 도임하기를 기다리다가 도임한 후로 지금까지 하는 행위가 모두 백성만 못살게 쳐서 함에 무식한 백성들은 서로 말하기를 개화 개화하기에 개화는 대단히 나라에 유조(有助)한 걸로 믿었더니 참 개화당이라 하는 김가진씨의 행위를 본 즉 미개화한 갑오이전 탐학하던 감사보다 더 심하니 개화가 만일 되기만 되면 백성들은 하나도 살 수가 없으리라고 개화를 원수같이 여긴다"는 것이다. 「믜일신문」은 김가진이 실제로 이렇게 행동하였다면 이는 "나라를 아무쪼록 붙들어 보전하여 가려고 밤낮으로 주의하는 개화당을 방해하는 마귀"라고 극언했다. 「믜일신문」 1898년 7월 4일 3면.

진에 대한 기대를 접지 않으면서 김가진의 해명을 싣거나 그에 대한 긍정적인 가사를 내보냈다.

김가진이 황해도관찰사 생활을 마치고 한양으로 돌아왔을 때는 독립협회가 민중계몽단체에서 직접적인 정치단체로 발전하여 매우 활발한 활동을 벌이고 있었다. 독립협회는 1898년 3월 10일 러시아의 이권침탈을 저지하기 위해 만민공동회라는 새로운 방식의 집회를 선보였는데, 이제 대중들은 중요 사건이 터지면 독립협회가 주관하지 않더라도 자발적인 만민공동회를 열기 시작하여 여름이 되자 독립협회와 상관없는 독립된 민중집회의 전통을 수립하기에 이르렀다.[47)]

전 러시아공사관 통역 김홍륙(金鴻陸)이 고종황제와 황태자를 독살하려 한 사건이 일어난 것은 바로 독립협회와 민중들의 각성이 고조되던 1898년 9월 11일의 일이다. 고종은 다행히 차 맛이 이상하다고 뱉어냈으나 황태자는 인사불성에 이르렀다. 이 사건의 처리를 둘러싸고 보수파들은 갑오개혁 때 폐지한 노륙법(孥戮法, 죄인의 처자까지 연좌하여 죽이는 법)과 연좌법을 부활시킬 것을 주장했지만, 독립협회는 이에 반대했다. 독립협회의 주도 아래 민중 1만여 명은 10월 7일 덕수궁 인화문 앞에서 노륙법과 연좌법 부활에 적극적인 7대신의 파면을 요구했다. 고종은 연일 계속되는 시위에 결국 수구파를 해임하고 박정양을 서리의정사무, 민영환을 군부대신으로 임명하는 등 개혁파를 중심으로 새로운 내각을 구성하지 않을 수 없었다.[48)]

독립협회는 새 내각과 교섭하여 관민공동회를 열고자 했다. 정부와 독립협회의 밀고 당기는 교섭 속에 10월 28일 역사적인 관민공동회가 개최되었지만 장소 등 몇 가지 문제 때문에 정부 측 인사들은 첫날 회의

47) 신용하, 『독립협회 연구』 상, 일조각 2006, 408~409쪽.
48) 신용하, 위의 책, 423~431쪽.

에 참석하지 않았다. 관민공동회 제 2일째인 10월 29일 김가진은 원임대신의 자격으로 관민공동회에 참가했고, 관민공동회는 유명한 '헌의 6조' 를 채택했다. 다음날인 10월 30일 새벽 고종은 '조칙 5조' 를 내려 관민공동회가 올린 헌의 6조에 대해 긍정적인 반응을 보였다. 수구세력은 이와 같은 상황 전개에 위기감을 느끼고 '독립협회의 주요 간부진이 박정양을 대통령으로 하는 공화제를 실시하려 한다' 는 익명서를 붙이게 하였다. 수구파의 무고에 넘어간 고종이 독립협회의 주요 간부를 구속하고 협회의 해산을 명하면서 상황은 일거에 역전되었다. 고종은 만민공동회에 참석하여 헌의 6조에 서명한 박정양 이하 대신들을 모두 해임하고 다시 수구파에게 정권을 맡겼다. 이는 고종의 배신이었는데, 이를 받아들일 수 없었던 시민들이 경무청 앞으로 몰려가 구속인사들의 석방을 요구하며 만민공동회를 연일 계속하자 결국 고종은 구속된 17인을 석방하고 익명서를 조작한 대신들을 해임하지 않을 수 없었다.

만민공동회는 고종에게 여러 차례 상소문을 올려 만민공동회의 탄압에 앞장 선 '5흉' 의 처벌과 헌의 6조의 실시 등을 줄기차게 요구했다. 고종이 계속 대중들의 요구를 묵살하자 만민공동회는 대회 11일째인 11월 15일, 이번에는 한치유가 지은 상소문을 김가진을 소두(疏頭)로 하여 제4차 상소를 올렸다.[49] 대신을 지낸 김가진이 소두로 나선 것은 특기할 만한 일이었다. 고종은 일부 수구파 대신들을 해임함으로써 독립협회와 수구파 사이에 어느 정도 형식적인 균형을 맞추려는 태도를 보이기도 했지만, 홍종우(洪鍾宇), 길영수(吉永洙) 등을 통해 보부상을 동원하여 만민공동회를 강제 해산하는 카드를 만지작거리고 있을 때였다. 뿐만 아니라 수구파들은 독립협회 지도자들에 대한 암살을 공공연

49) 『고종실록』, 고종 35년(1898)11월 15일(양력).

히 거론하고 있었다. 김옥균을 암살한 홍종우는 공공연히 김가진, 김종한, 고영근, 윤치호 4명을 쳐 죽이겠다고 떠들고 다녔다고 한다.[50)]

11월 19일 길영수, 홍종우 등이 이끄는 보부상 2천여 명은 인화문 앞에서 열리고 있는 만민공동회를 습격했다. 고종은 결국 12월 22일 군대를 동원하여 만민공동회를 탄압했고, 25일에는 황제의 조칙으로 "처음에는 충군한다 애국한다 하며 좋았으나 끝에 가서는 패륜하고 난국(亂國)함에 의구지심이 생겼다" 며 독립협회와 만민공동회의 해산을 명하고 만민공동회가 규탄했던 인물들을 대거 등용했다.[51)] 당시 대신급 인사로서는 유일하게 만민공동회의 소두로 나섰던 김가진의 독립협회에서의 활동도 이로써 종언을 고했다.

독립협회에서의 김가진의 활동과 관련하여 한 가지 규명되어야 할 사실은 독립문의 제자(題字)를 누가 썼는가 하는 문제이다. 「동아일보」 1924년 7월 15일자에서는 독립문 글자를 이완용이 썼다고 말하고 있는 반면에 김가진의 집안과 그의 며느리인 정정화의 『장강일기』에 따르면 이는 김가진이 쓴 것이라 전하고 있다. 이완용도 비록 매국노의 오명을 남겼지만, 독립협회의 위원장이었고 또 당대에 글씨로도 이름을 떨쳤고, 김가진 역시 독립협회의 핵심간부이자 당대의 명필이었기 때문에 두 사람 다 독립문을 세울 때 제자를 쓸 만한 위치에 있었다. 한 가지 흥미로운 사실은 김가진이 황해도 관찰사로 있을 때 먹으로 유명한 해주에서 앞면에는 '제국 독립문' 이라 한자로 도금을 하고, 뒷면에는 독립문의 모양을 새기며 태극기와 독립문 글씨에는 또한 도금을 한 '독립문 먹' 만들어 전국에 반포[52)]했다는 것인데, 독립문 먹을 만들어 전국에 반

50) 「독립신문」, 1898년 12월 10일 3면.
51) 이광린, 앞의 책, 455~457쪽.
52) 「독립신문」, 1898년 1월 25일 4면.

포한 것을 보면 독립문 글씨를 김가진이 썼을 가능성은 매우 크다고 하겠다.

7. 광무개혁과 제국의 대신

만민공동회에 적극적으로 가담했던 김가진은 만만공동회가 탄압을 받고 독립협회가 해산을 당하며 수구파가 득세하자 정계에서 설 자리를 잃었다. 1899년 2월 그는 사립양잠회사를 설립하여 사장이 되었다. 김가진은 사람들을 선발하여 이들에게 양잠 교육을 시켜 졸업생들을 기사로 삼았다. 그는 외국에서 뽕나무를 들여와 재배하고 전습소를 열어 학도 수백 명에게 잠업학을 가르쳤다.

1905년 농상공부에서는 농광국장 서병숙이 양잠의 발전에 공이 크다하여 표훈원에 포상을 상신하였는데 잠업의 발전이 어찌 서병숙 한 사람의 공이냐면서 잠업 발전에 공이 큰 사람을 열거했다. 이에 따르면 "막대한 자금을 모집하여 회사를 조직한 것은 중추원 찬의 김가진이요, 천금을 아끼지 않고 학도들을 키운 것은 표훈원 총재 민병석이요, 일본에 유학하여 인공양잠법을 배워와 학도들에게 전수한 이는 농상공부 기사 강홍대, 시흥군수 김한목, 전 기사 윤수병, 방한영, 전 기수 한의도이고, 양잠업을 발기한 이는 농상공부 주사 서상면이고, 제사개량은 농상공부 주사 지세영"이라 하였다.[53] 김가진은 이처럼 한국에서 근대양잠, 제사, 견직업의 발전에 지대한 공헌을 한 실업인이기도 했다.

김가진은 1900년에 들어오면서 서서히 정치적으로 재기했다. 1900년 4월 고종이 명성황후의 능인 홍릉(洪陵)에 갈 때 배종한 공으로 그는 정2품 자헌대부(資憲大夫)에서 정2품 정헌대부(正憲大夫)로 가자(加資)

---

53) "잠업과 설치 운영에 대한 공훈자를 포상할 것을 조회", 1905년 5월 8일, 수신 표훈원총재 민병석.

되었다. 1894년 자헌대부가 된 지 6년 만에 품계가 오른 것이다. 김가진은 1900년 10월 10일 중추원 의장에 임명되어 정치무대에 확실히 복귀했다. 이때를 전후하여 김가진은 조세 개혁과 인지의 도입, 토지제도의 정비와 문권의 재발급, 백동화의 폐지 등 경제문제에 관하여 일련의 상소를 올리면서 '광무개혁' 에 앞장섰다.

김가진은 중추원 의장에 임명된 직후인 10월 17일 세금을 올릴 것과 인지제도를 도입할 것을 주장하는 상소를 올렸다. 세금을 올리는 것은 광무개혁의 재원을 마련하기 위해 불가피했다. 김가진은 11월 2일에는 토지대장과 호적대장을 새로운 방식으로 바꿀 것을 주장하는 상소를 올렸다. 양전과 호적대장의 정리는 당시 대한제국이 살아나느냐 망국의 나락으로 떨어지느냐가 걸린 중차대한 문제였다. 김가진은 토지대장과 호적대장을 새롭게 정비하면 '한 가지 통쾌한 일' 이 있다면서 "갑오년 이전의 매매 문기(文記)에는 모두 다른 나라의 연호(年號)를 썼는데, 이는 실로 500년 역사를 가진 나라의 수치였습니다. 앞으로 영원히 사라졌으니, 그 어찌 통쾌하지 않겠습니까" 라고 했다.[54)]

실업의 발전과 함께 김가진이 힘을 쏟은 분야는 교육이었다. 김가진은 특히 한글교육의 필요성에 주목했다. 김가진은 언문학교를 세울 장소를 사범학교 내의 빈 사무실로 정하여 학부의 인가를 받아내고 자신이 교장에, 부교장에는 황족인 의양군 이재각(義陽君 李載覺), 교감에는 지석영(池錫永)을 각각 내정했다.[55)]

한편 김가진은 1903년 11월 15일에 백동화(白銅貨)의 폐지를 주장하는 상소를 올리기도 했다. "돈에 관한 제도가 문란하고도 나라가 위태로워지지 않은 적이 없었습니다" 라면서 "오늘의 이른바 백동화라는 것

54) 『고종실록』, 1900년 11월 2일.
55) 「황성신문」, 1902년 1월 29일, 2월 3일, 15일.

은 역신(逆臣)이 나라를 병들게 하고 자기 배를 불리려는 생각에서 통용시킨 것" 인데 "응당 없애야 할 것을 없애지 않으니 돈을 주조하는 것이 점점 지나쳐 그 가치가 날로 떨어져 있습니다. 지금은 한 개 적동전(赤銅錢) 값밖에 되지 않습니다"라고 지적했다.[56)]

김가진이 백동화 폐지 문제를 다룬 이 상소문에서 의정부와 중추원의 관계에 대해 상세하게 언급한 것은 자신이 책임을 맡고 있던 중추원이 어떻게든 의회와 유사한 역할을 할 수 있도록 해 보려는 노력의 일환이었을 것이다. 김가진은 "개혁한 초기에 제도와 규정을 정하여 의정부로 하여금 중추원에 물어보고 의견을 올리도록 한 것은 대개 크고 작은 관청으로 하여금 서로 협력하여 부족한 점을 보충하도록 하려는 것" 이었다고 강조했다.[57)]

김가진은 1903년 12월 3일 또 다른 중요한 상소를 올렸다. 11월 24일 일본에서 명성황후 시해에 병력동원의 책임을 맡았던 전 훈련대 대대장 우범선(禹範善)을 살해한 '망명죄인' 고영근을 용서해 달라는 내용이었다. 김가진은 1904년 2월 23일 의정부 찬정에 임명되었고, 3월 8일에는 다시 농상공부대신에 임명되었다. 그러나 김가진은 정치무대의 중심으로 진입하는 데에서 보수세력으로부터 또 다시 견제를 받았다.

김가진이 한국의 근대화에 기여한 또 다른 측면은 사법제도, 특히 형법체계와 관련된 것이다. 김가진은 법부대신으로 재직할 당시인 1904년 10월 경찰청에 대해 경찰은 체포된 범인을 24시간 이상 구금할 수 없으며 이를 넘길 때에는 반드시 재판에 회부해야 한다는 것을 강력히 훈시했다.[58)]

---

56) 『고종실록』, 1900년 11월 15일.
57) 『고종실록』, 1900년 11월 15일.
58) 「황성신문」, 1904년 10월 10일.

김가진은 법부대신이 되면서 형법교정소(刑法校正所) 총재를 겸임하여 『형법대전』의 간행을 책임졌다. 『형법대전』의 간행은 여러 가지 부족한 점에도 불구하고 "갑오개혁기의 홍범14조에서 표명된 형법 제정 계획이 10년 만에 실현된 것"이라 할 수 있다.[59] 『형법대전』에도 물론 포함된 것이지만, 대한제국 시기 사법과 행형제도의 정비에서 김가진의 업적으로 반드시 기록되어야 할 것은 참형을 금지시킨 것이다.[60]

김가진은 또 1906년 5월 8일 충청남도 관찰사로 임명되었는데, 대표적인 업적으로는 쌍수산성(雙樹山城), 즉 공주산성이 일본인에게 넘어가는 것을 방지한 것을 꼽을 수 있다. 「대한매일신보」에 따르면 다카키(高木)라는 일본인이 산성을 점탈할 속셈으로 산성의 얼음창고 부지에 건물을 짓고 영업을 하겠다는 청원을 제출하였는데 김가진이 그 간계를 일찍이 꿰뚫어보고 불허한다는 것을 산성 일대에 고시하였다고 한다.[61] 한편, 그가 관찰사로서 주력한 사업의 하나는 교육의 진흥이었다. 김가진은 도내 각 향교 소유의 전답을 조사하여 이를 토대로 군수들로 하여금 신식학교를 설립하게 하였다. 그는 학교 소유 전답에서 수확한 곡식과 여러 사람들이 낸 보조금으로 유지 자본을 삼게 하였는데, 이로부터 충남 일대에 각종 학교가 많이 개설되었다.[62]

8. 망국전야의 대한협회 회장 김가진

김가진이 서울로 올라온 직후에 헤이그 밀사 사건이 발생했다. 일본

59) 문준영, 「대한제국기 형법대전의 제정과 개정」, 『법사학연구』20, 한국법사학회 1999, 48~49쪽.

60) 황현, 『매천야록』, 매천 황현은 몇몇 대목에서 김가진에 대해 부정적인 묘사를 하였지만, 이 대목에서만큼은 참형의 폐지는 김가진의 말을 따른 것이라고 명시했다.

61) 「대한매일신보」, 1907년 2월 11일 2면.

62) 김가진, 「이력서: 부록사업」.

이 고종황제의 퇴위를 요구할 것이라는 소문이 돌면서 한국의 조야는 불안에 휩싸였다. 1907년 7월 18일 서울의 상류층 인사들이 만든 모임 동우회(同友會)의 특별모임에는 1천 명의 인사들이 참여했는데, 일부는 회장 이윤용에게 만민공동회 때처럼 종로로 자리를 옮겨 연설회를 갖자고 했다. 또 일부에서는 "나랏일이 이 지경에 이르렀으니 회원들이 살아가기를 꾀해서는 안 되고 죽는 것이 좋은 방책"이라고도 했다. 이에 찬성원(贊成員) 김가진은 "이천만 동포가 죽음으로써 뒤처리를 좋게 할 대책으로 삼는다고 나라에 무슨 보탬이 있으며, 또 모두 죽어서 남은 사람이 없다면 우리 대황제는 누구와 함께 다스리겠느냐, 일본 외무대신이 서울에 들어온 이후에 여러 회원들이 마음을 다해 애처롭게 비는 것이 사리에 마땅하다"고 말했다. 일본 사정에 정통한 김가진이 차라리 일본 외무대신에게 빌자고 한 것은 일본의 강경방침을 읽고 어떻게든 고종의 퇴위만큼은 막으려 했기 때문인 것으로 보인다. 고종은 이 모임 다음날인 7월 19일 새벽 "군국의 대사를 황태자로 하여금 대리케 한다"는 조칙을 내렸다. 대리란 임시적인 조치이지만 일본은 다음날인 7월 20일 황태자인 순종을 황제에 즉위시켰고 연호를 융희(隆熙)로 고쳤다. 도대체 무엇이 크고(隆) 도대체 무엇이 빛난다는(熙) 말인가. 나라의 곳곳에서는 의병이 일어났다.

김가진은 순종이 즉위하고 넉 달여 만인 1907년 11월 30일 규장각 제학에 임명되었다가 별다른 활동을 하지 않은 채 이듬해 9월 23일 자리에서 물러났다. 이것이 김가진이 조선왕조에서 맡은 마지막 벼슬이었다. 우연이겠지만 김가진은 규장각에서 검서관으로 관직생활을 시작하여 30여 년간 온갖 영욕과 풍상을 다 겪고 역시 규장각에서 제학으로 관직생활을 마감한 것이다.

관직에서 물러나 김가진이 혼신의 힘을 다한 분야는 교육이었다. 「황성신문」에 따르면 김가진은 기호흥학회의 창설에 매우 열을 올려 비원에서 전현직 고위 관료들의 원유회가 열렸을 때 기호흥학회에 대해 널리 알렸고, 친지들을 만나게 되면 기호흥학회 후원을 부탁하는 것을 '제1문제'로 삼는 까닭에 기호흥학회에서 그의 열성에 감동하였다고 한다.[63] 김가진은 또 각 지방 신식학교에서 교사로 일할 사람이 부족하자 기호흥학회의 교육부장으로서 회 내에 '교사소개소'를 설치하여 교사의 양성에 힘쓰기도 했다.[64]

김가진이 이렇게 교육에 힘을 쏟은 이유는 그가 '애국적 교육의 힘'을 믿었기 때문이다.[65] 김가진은 프러시아나 일본이 위기를 벗어나 강국으로 발돋움할 수 있었던 이유를 교육에서 찾았고, 대한제국이 존망의 위기를 뚫고 다시 살아나는 길은 교육밖에 없다고 확신했다. 김가진은 이 때문에 풍우한서(風雨寒暑) 돌보지 않고 매일매일 기호학교에 출근하는 등 노력했지만 그 결실을 보기 전에 기호흥학회가 해산되어 근심과 분함으로 병까지 들었다.[66]

망해 가는 나라를 되살리기 위해 김가진이 몸을 던졌던 애국계몽운동 단체로는 기호흥학회 외에 대한협회가 있다. 1907년 12월 서울에서 조직된 대한협회는 일제의 침략정책에 맞서 싸우다가 통감부에 의해 강제 해산된 대한자강회를 이어받은 조직이다. 김가진은 1908년 7월 초대회장 남궁억이 1년도 안 되어 사임하자 대한협회의 회장을 맡아 장차 하나의 정당으로 발전할 것을 목표로 이 조직을 이끌게 되었다.

대한자강회나 대한협회에서 큰 역할을 한 일본인은 오가키 다케오

63) 「황성신문」, 1908년 4월 4일 2면.
64) 잡보, 『기호흥학회월보』 제3호.
65) 김가진, 「고기호애국동포」, 『기호흥학회월보』 제1호, 기호흥학회 1908.
66) 김가진, 「이력서: 부록사업」.

(大垣丈夫)였다. 오가키는 그 당시 직접적인 '한일합방'을 주장하는 대륙낭인들과는 달리 보호국으로 전락한 한국의 주권을 명목상 유지시켜 일본과 '동맹'하도록 해야 한다고 주장하였다. 이는 곧 이토 히로부미의 입장이기도 했으며, 망국의 나락 입구에 선 절망적인 상황에서 지푸라기라도 잡아보려는 당시 계몽운동 관련자나 문명개화파 지식인들에게 훌륭한 '지푸라기'일 수 있었던 것이다.

김가진이나 삼일운동 당시 민족대표 33인의 일원으로 끝까지 지조를 지킨 오세창(吳世昌)·권동진(權東鎭), 을사오적 암살기도에 깊이 개입한 이기(李沂) 같은 사람들이 오가키와 깊은 관계를 맺거나 같이 활동한 것은 이런 때문이었다. 이 무렵 김가진이 오가키뿐 아니라 이토 히로부미와도 나름대로 돈독한 관계를 맺고 있었던 것으로 볼 때 당시만 해도 김가진은 일본이 조선을 집어 삼키지는[倂呑] 않을 것으로 생각했던 듯하다.[67] 김가진을 비롯한 수많은 계몽운동 시기 지도자들이 공유했던 이 같은 견해는 일본에 대해 너무나 '순진'한 것이었다고 할 수밖에 없다. 불행하게도 이것은 시대적인 한계이기도 했다. 일본의 침략성을 뼛속 깊이 느낀 사람들은 대개 문명개화에 대한 인식과 역량이 부족했고, 문명개화를 실천해 나간 인사들은 일본의 침략성에 대해 자의적이고 안이한 판단을 하고 있었던 것이다.

대한협회의 주요활동으로는 동양척식주식회사의 설립 반대운동과 순종의 평안도 순시 당시 기차 안에서 내부대신 송병준이 불경한 행동을 했던 서순사건(西巡事件)과 관련하여 송병준과 일진회에 대해 배격운동을 벌인 것을 꼽을 수 있다. 동척 설립 반대운동과 관련하여 대한협회는 경고장을 발송하는 등 적극적 활동을 하는 듯했으나 일본 대장성

67) 한 예로 김가진, 「아국 유식자의 일본국에 대훈 감념」, 『대한협회회보』 제6호, 1908년 9월 25일을 볼 것.

의 기만적인 설명서 발표 이후 동척 설립 문제에 대해 별다른 조치를 취하지 않는 안이함을 보였다.[68] 하지만 서순사건에 대해서는 집요하게 물고 늘어져 송병준을 내부대신 자리에서 밀어내며 목적을 이루었다.

조선의 망국 전야에 김가진은 대한협회 회장이라는 중요한 자리를 맡고 있었다. 당시 정당으로의 지향을 가진 단체는 대한협회와 일신회밖에 없었다. 대한협회와 일진회는 주로 대립 경쟁하고, 때로 협조하면서 당시 양대 정치세력으로 부상했다. 이외에 의병운동이 전개되고 있었지만 중앙무대에서의 영향력은 크지 않았으며, 불의에 굴하지 않고 맞선 당당한 자세는 높이 평가되어 마땅하지만 일본제국주의에 실질적인 위협이 되기에는 역부족이었다.

1909년 9월 초 대한협회는 그동안 매국당이라고 비판한 일진회와 돌연 연합을 추진했다. 처음 대한협회가 일진회와의 연합을 추진하고 있다는 사실이 알려지자 대한협회내의 일부 회원들은 이에 반대했지만, 회장 김가진과 총무 윤호정이 적극적으로 설명에 나서자 "일진회와 제휴 · 친목해도 본회의 취지와 목적 등을 변경하지 않는다"는 단서를 달아 일진회와의 연합을 "전원 모두 수긍"하였다고 한다.[69]

이와 같은 과정을 거쳐 대한협회와 일진회 간의 연합친목회가 1909년 9월 23일 저녁 경성호텔에서 약 50여 명의 양쪽 회원들이 참석한 가운데 열렸다. 일진회장 이용구(李容九)는 "대한협회 만세"를 세 번 외쳤고, 대한협회장 김가진은 이에 화답하여 일진회에 대한 만세삼창을 했다. 김가진이 이어 황제폐하 만세를 삼창하자 이용구는 대한국민 만세를 삼창했다. 당시 대한협회는 일진회와 손잡고 이완용 내각의 퇴진을 추구[70]했다.

---

68) 김항구, 「대한협회의 정치활동연구」, 『동서사학』 5호, 한국동서사학회 1999, 196~197쪽.

69) 「대한협회 임시회의」, 헌기 제1728호, 1909년 9월 7일, 통감부. 문서6권.

하지만 1909년 10월 26일 하얼빈 역에서 안중근 의사에 의해 이토 히로부미가 피격 사망하면서 상황은 급변했다. 일본의 여론은 급속히 한국병합을 강행하자는 쪽으로 기울어졌고,[71] 이에 일진회는 12월 4일 합방청원상소를 올렸다. 그러자 김가진은 대한협회와 일진회 간의 제휴협상이 결렬되었다고 선언했다.[72] 대한협회의 회장, 부회장, 총무는 고문 오가키와 논의 끝에 '시국에 대한 성명서'를 채택했다. 이 성명서는 일진회의 합방 청원이 "무모하고 경솔함이 극심"하다고 비난했지만, 섣부른 합방청원이 "비열한 반대운동을 시킴으로써 민심의 동요를 매개할 뿐 아니라 그것으로 배일사상을 고취시켜 양국의 친교를 저해"할 우려가 있다고 경계했다.[73] 대한협회나 김가진은 이때부터 망국에 이르는 1910년 8월까지 실망스럽게도 이렇다 할 활동을 보이지 않았다. 대한협회는 당시 회원수가 근 5만 명에 이르는 국내 최대의 조직이었다.[74]

그런 조직이 의병을 폭도로 보고 합방을 저지하기 위해 적극적인 행동에 나서지 못한 점은 아쉬운 일이 아닐 수 없다. 어쩌면 이는 한말 개화자강론의 내적인 한계였는지도 모른다. 최소한도의 자기입장을 견지하기 위해 적극적으로 앞잡이 노릇을 하지 않고 침묵을 지키는 것이 김

---

70) 김항구, 앞의 글, 202쪽.

71) 김항구, 위의 글, 204~205쪽.

72) 김항구, 위의 글, 209쪽.

73) 「대한협회 총회의 상황」, 경비 제360호, 1909년 12월 12일.

74) 오가키 다케오는 당시 대한협회의 회비가 1개월에 10전이기 때문에 매월 4,902원 80전이 걷혀야 하지만 현재 한 달 수입이 250원 내외이고 지출액은 매달 300원을 초과하여 재정난에 빠져 있다고 주장했다. 이로 미루어보면, 1909년 12월 당시 대한협회의 회원수는 49,028명이지만 실제 회비를 내는 회원수는 2천 5백 명 내외였던 것으로 보인다. '大垣丈夫의 언동에 관한 건', 경비 제4417호의 1, 1909년 12월 20일. 「대한매일신보」에 따르면 김가진은 대한협회가 일진회와의 연합을 추구하던 1909년 9월 대한협회의 경비를 마련하기 위해 해주군에 있는 3백여 석 지기의 전장(田庄)을 방매했다고 한다. 「대한매일신보」, 1909년 9월 2일 2면.

가진을 포함한 개화자강론자들이 망국의 전야 1910년에 할 수 있었던 최대치의 행동이라면 그것은 너무나 슬픈 일이었다. 오백년 된 나라 조선은 그렇게 망해가고 있었다.

9. 망국대신 김가진

1910년 8월 22일 남산 자락에 있는 통감 데라우치 마사타케(寺內正毅)의 관저 2층 응접실에서 대한제국의 내각 총리대신 이완용은 데라우치와 한일강제병합조약에 도장을 찍었다. 오백년 된 나라는 무슨 회사 합병하듯이 그렇게 도장을 찍어 넘어가고 말았다. 대한제국의 강제병합은 일주일 뒤인 8월 29일 발표되었다.

10월 7일 일제는 소위 조선귀족령에 의거 대한제국의 중신들에게 작위를 수여했다. 황족인 이재완(李載完) 등 6명이 후작, 이지용(李址鎔) 등 3명이 백작, 이완용 등 22명이 자작, 윤용구 등 45명이 남작을 받는 등 모두 76명이 작위를 받았다. 김가진도 남작 작위를 받았다. 김가진의 족형인 김석진(金奭鎭)은 일제가 남작을 주려 하였으나 거절 후 음독자결 하였고, 대원군의 사위 조정구(趙鼎九) 등 모두 8명이 작위를 거부하였다. 정정화에 따르면 김가진은 작위에 따라 주어지는 연금은 끝내 받기를 거부하며 지냈다고 하지만, 김가진은 작위 자체는 거부하지 않았다.[75)]

망명 이전 김가진은 귀족으로서의 사회적인 활동을 완전히 거부한 것은 아니었다. 그는 합방 초기인 1912년 1월에는 일본인과 조선인이

---

75) 정정화, 앞의책, 29~31쪽. 정정화는 "남작을 받은 대부분은 거절할 용기가 없었던 사람들이라고 알려졌다" 면서 "경술년 합방되던 해 시아버님(김가진)은 이미 65세로 당시로서는 고령이었다. 그리고 관직생활 중 큰 재산을 모은 것도 없었으며 집안 형편도 살림을 꾸려가기 어려울 지경이었다. 아마도 모든 것을 체념한 상태로 왜놈이 준 작위도 공개적으로 거절하지 못한 것 같다" 고 썼다.

서로 화합하여 경합을 강구하고 시문을 연구하자는 취지로 이문회(以文會)를 결성했다. 이문회는 주로 조선귀족회관에서 모임을 가졌다.[76) 김가진은 1914년 매일신보사가 사옥을 신축해 조선귀족들을 초청하여 신사옥을 구경시켰을 때 초청에 응하여 매일신보사를 방문했고, 사옥 신축을 축하하는 휘호까지 써주었다.[77) 또 김가진이 친지들과 함께 자신 사후의 습작과 재산 상속문제를 논의했다는 기사가 「매일신보」 1914년 5월 24일자에 실려 있는 것으로 보아 김가진이 삼일운동 이전에는 어느 정도 '귀족' 이라는 정체성을 의식하면서 행동했던 것이 아닐까 한다.

「매일신보」가 전하는 바에 따르면 김가진은 옛날 과거시험의 방식을 재현한 대규모 백일장 대회의 심사위원이 되거나[78) 서화의 보급을 위해 서화협회를 조직하고 휘호대회를 개최[79) 하거나 일본의 화가 오오데 다이헤키(大出大癖)[80)가 금강산에서 그린 삼 백여 점의 그림을 펼쳐놓고 환영회를 할 때 김가진이 휘호를 쓰고 일본의 오오데 다이헤키와 조선의 안중식(安中植)이 그림을 그리는 등[81) 어찌 보면 한가롭기까지 한 생활을 하고 있다. 삼일운동 이전에 김가진이 적극적으로 독립운동에 가담했다는 증거는 찾아볼 수 없다. 문제는 1910년대의 실상을 확인할 수 있는 자료가 「매일신보」 등 극히 제한적이기도 하지만, 실제로 김가진이 나라가 망하고 대한협회가 해산 당한 이후에 적극적으로 정치적 움

76) 「매일신보」, 1912년 1월 10일 2면; 1914년 1월 13일 2면.

77) 「귀족의 본사참관」, 「매일신보」, 1914년 10월 23일 4면; 「매일신보」, 1914년 10월 29일 1면.

78) 「매일신보」, 1917년 5월 29일; 6월 2일; 6월 17일.

79) 「매일신보」, 1918년 7월 23일; 11월 14일.

80) 일본 宮城県 출신의 화가(1863~1951)로 전통적인 남화의 기법에 서양화풍을 가미했다.

81) 「매일신보」, 1918년 6월 25일.

직임을 보였다는 기록은 어디에도 전하지 않는다.

「매일신보」가 전하는 1910년대 김가진의 모습은 차라리 친일적이라고 할 수 있다. 그는 일본의 외무대신과 조선주재공사를 지낸 이노우에 가오루(井上馨)가 사망했을 때 그를 도량이 크고 안목이 뛰어난 인물이며 그의 죽음은 국가적 대손실이라고 조선침략의 원흉을 찬양하기도 했다.[82] 그는 1917년 일본의 사세보(佐世保) 군항을 돌아보고 오면서 한국과 일본 두 집이 이제 하나가 되어 같이 태평성대의 혜택을 입게 됨은 조선의 지극한 행운이며, 조선 국민들도 분발매진하여 "기필코 완전한 국가의 일분자가 되기를" 희망한다고 말했다.[83]

1910년대에 김가진은 경제적으로 쪼들리고 있었다. 김가진이 어느 정도 곤궁한 처지였는가는 1918년 5월 3일 김가진이 처가인 예산에 내려가 있는 아들 김의한(金毅漢)에게 보낸 편지에 잘 나타나 있다. "조선 대례복을 맡긴 전당표가 어디에 있느냐? 오늘 원매인이 있다. 사려는 전당표가 있어 매우 급하니, 올려 보내어 이 원매인을 놓치지 않도록 하여라. 이 편지를 보는 즉시 올려 보내라." 망국대신이 이제는 쓸 일이 없는 옛 대한제국의 대신 대례복을 전당포에 저당 잡혔다가 살 사람이 나타났다는 소리에 급하게 아들에게 전당표를 어디 두었느냐는 편지를 보낸 것이다.[84]

김가진은 장안에서 으뜸가는 저택으로 알려진 백운장(白雲莊)을 지키지 못했다. 백운장은 김가진이 비원장(秘苑長)으로 창덕궁 후원인 비원의 중수공사를 성공적으로 마치자 고종이 남은 자재를 하사하여 지을 수 있었다고 한다.[85] 1917~18년경 그는 백운장을 떠나야 했다. "집

---

82) 「매일신보」, 1915년 9월 3일.

83) 「일신우일신, 남작 김가진씨 담」, 「매일신보」, 1917년 11월 3일.

84) 김위현, 『동농 김가진 전』, 학민사 2009, 296쪽.

안일을 맡아보던 집사가 몰래 백운장을 동양척식주식회사에 저당 잡히는 바람에 소유권이 넘어가고" 만 것이다.[86] 김가진은 일단 집을 비워주고 나와 저당 잡힌 행위에 대한 원인 무효 소송을 내어 재판이 진행되던 중에 상하이로 망명을 하게 되었다. 그 바람에 백운장과 그 주변 1만여 평의 땅은 일본인 소유로 넘어가고 말았다.[87] 김가진의 삶을 뒤흔든 고종의 승하와 삼일운동은 이런 상황에서 다가오고 있었다.

10. 민국의 원로, 혁명가 김가진

1919년 1월 21일 고종은 한 많은 생을 마감했다. 고종이 갑작스럽게 세상을 떠난 것이기 때문에 주변에는 독살설이 파다했다. 김가진 역시 고종이 독살 당한 것으로 믿고 있었다.[88] 식민지의 백성들은 어쩌면 독살이었을지도 모를 마지막 군주의 죽음을 '조선독립 만세' 를 소리 높여 외친 삼일운동으로 장송했다.

고종의 독살은 일제의 작위를 받고 친일귀족이라는 오명을 썼던 일부 조선의 대신들에게도 큰 충격이 아닐 수 없었다. 개화파 원로로 자작을 수여받은 85세의 김윤식이나 역시 자작을 수여받은 이용직은 삼일운동이 일어나자 조선의 독립을 청원하는 '대일본장서(對日本長書)' 를 보냈고, 전 의정부 참찬 곽종석(郭鍾錫) 등 유림은 파리강화회의에 장문의 서한을 보내 조선의 독립을 요구했다. 무기력하게 강제 병합을 지켜보았던 조선의 전통적 엘리트들 내부 사이에서도 무언가 하지 않을 수 없다는 기운이 조성된 것이다.

---

85) 정정화, 앞의 책, 277쪽.

86) 최종현 · 김창희, 『오래된 서울』, 동하 2013, 255쪽.

87) 김위현, 앞의 책, 293쪽.

88) 김가진은 상하이로 망명한 뒤 독립신문 기자와의 인터뷰에서 "광무제의 붕어는 확실히 일인의 독시"라며 당시의 정황을 자세히 설명했다. 「독립신문」, 1919년 12월 25일.

삼일운동의 충격은 강제병합 전야에 일진회에서 활동했던 인사들에게도 큰 충격을 주었다. 일진회 회원이었던 전협(全協)과 최익환(崔益煥)은 삼일운동 직후 조선민족대동단을 조직했다. 이들은 대동단의 총재로 인품과 지명도를 갖춘 인물을 물색하여 김가진 밖에는 대동단 총재를 맡을 사람이 없다는 데 의견을 모았다. 김가진은 처음에는 70이 넘은 고령에 일제가 준 작위까지 받은 자신이 지하비밀 독립운동 단체의 수장을 맡는다는 것은 적절치 않다고 정중히 사양했지만 전협의 끈질긴 설득에 결국 총재직을 수락했다.

김가진은 전협과 강원도 고성군 건봉사(乾鳳寺)의 승려 정남용(鄭南用) 등과 합의하여 대동단의 직제표를 만들었는데, 정부기구를 방불케 할 정도로 규모가 컸다.[89] 이런 조직은 지하비밀 조직이라기보다는 장차 독립운동의 중추기관으로 성장했을 때를 꿈꿔본 것이라 할 수 있다. 대동단은 1919년 5월 20일 '선언서' 와 '결의' 를 채택하고 '조선 영원의 독립을 완성할 것' '세계 영원의 평화를 확보할 것' '사회의 자유발전을 광박(廣博)할 것' 등의 3대 강령을 채택했다.

대동단은 '결의' 의 제3항에서 "완전한 독립정부를 성립할 때까지 가정부(假政府, 임시정부)를 원조하고 국민사무를 처리할 것" 이라고 하여 임시정부와 적극 협력하겠다는 뜻을 표했다. 대동단은 초기에 많은 문건을 작성하여 배포하였는데 지하비밀 조직을 유지하면서 문건을 살포하는 데에는 적지 않은 비용이 들었다. 그의 며느리 정정화의 회고에 따르면 대동단에 가장 큰 자금을 댄 사람은 정정화의 오빠 정두화(鄭斗和)로 일제가 파악한 것으로 만해도 1만원, 정정화의 회고에 의하면 3만원의 거액을 내놓았다고 한다.[90] 그럼에도 자금은 늘 부족했다. 대동

89) 金正明 편, 『朝鮮獨立運動』 2, 原書房(東京) 1967, 29쪽.

90) 정정화, 앞의 책, 38쪽. 정정화에 따르면 정두화는 대동단의 재정부장이었다고 한다.

단의 활동자금을 마련하는 과정에서 일이 잘못되어 최익환, 권태석 등이 검거되었지만 대동단 자체가 발각되지는 않았다.

한편 대한제국의 대신이었던 김가진이 총재로 있던 대동단이 '대동단임시규칙세칙'에서 사회주의의 철저한 실행을 강령으로 채택했다는 것은 매우 흥미로운 일이다. 대동단의 주요 관계자인 최익환이나 권태석 등이 뒤에 서울파 공산주의자로 활동한 사실을 감안할 때 이 문제는 가벼이 볼 사항이 아니다. 일제의 신문조서에 전협이 사회주의를 이야기한 대목은 여러 군데에 있다. 특히 전협은 "요즈음 세계는 점차로 공산주의가 되어 현재 러시아는 그것을 실행하고 있으므로 조선도 장차 그렇게 될 것이니 재산가는 차제에 돈을 내면 좋을 것"이라며 전라북도의 재산가인 장현식에게 대동단에 대한 독립운동자금을 요청했다.[91]

실제로 대동단의 손영직이 일제에 의해 러시아 과격파와 연결된 인물로 분류되는 것을 볼 때 이 문제는 앞으로 좀 더 많은 연구를 요하는 부분이 아닐 수 없다. 상하이 시절의 대동단은 "북쪽으로는 러시아 과격파와 연락"을 갖고 있다고 주장했다.[92]

대동단의 조직정비를 마친 김가진은 보다 적극적인 활동을 위해서 대동단의 본부를 상하이로 옮기는 것이 좋다는 생각을 하고 중국으로의 망명을 모색했다. 김가진은 상하이에 임시정부가 수립되었다는 소식을 듣고는 "이 정부야말로 진정한 한인의 정부다. 반드시 임시정부에 참여하고야 말겠다"고 다짐하였다고 한다.[93] 상하이로의 망명을 적극

91) 「이건호 예신괘 판사 신문조서」, 『한민족독립운동사자료집』 6, 국사편찬위원회 1993, 102쪽.

92) 「상하이 임시정부와 조선 안의 연락기관 및 선전의 건」, 조선총독부 경무국장 발신 외무차관 앞 통보 요지, 1920년 6월.

93) 「노인들의 웅대한 포부」, 『신한청년』 : 조선총독부 경무국장, '신한청년당의 부흥에 관한 건', 고경 제1479호, 1925년 5월 4일자에 번역 수록.

추진한 것은 대동단의 다른 간부들이 아니라 김가진 자신이었다. 김가진은 대동단의 본부를 상하이로 옮겨 적극적인 독립운동을 전개하려 한 것이다.

중국으로의 망명과 대동단 본부의 상하이 이전을 결심한 김가진은 임시정부 내무총장 안창호와 선을 대었다. 김가진으로부터 상하이로 망명하겠다는 뜻이 담긴 밀서를 받은 안창호는 즉시 연통제 일을 보고 있던 승려 출신의 이종욱(李鍾郁)을 김가진에게 밀파하여 김가진의 망명을 추진하도록 했다.[94] 김가진은 자신만이 아니라 의친왕 이강(義親王 李堈)의 망명도 추진했다. 김가진은 의친왕 앞으로 '소인 지금 상하이로 갈 계획인데 전하께서 이에 따라 왕림하시길' 이라는 내용의 편지를 보냈다.[95]

김가진은 10월 상순 서울 관수동의 먼 일가 김병흥(金炳興)의 집에서 망명을 준비했다. 그는 시골 사람과 같은 허름한 의복으로 갈아입고 틀니를 빼어 인상을 변하게 했다. 제국의 대신이었다는 위엄 대신 초라한 행색을 한 것이다. 김가진은 아들 김의한과 함께 망명하기로 하였다. 그들은 신의주에서 국경을 넘어 안둥(安東縣, 지금의 단둥)으로 가기로 하고 일산역에서 무사히 3등 기차에 올랐다.[96] 일흔 네 살의 김가진이었다. 당시로서는 상노인 대접을 받을 나이였지만, 김가진은 번지점프를 하듯 새로운 세계로 온 몸을 내던졌다. 당대의 시인이었던 김가진은 망명길에 두 수의 절구(絶句)를 남겼다.

나라는 깨지고 임금은 죽고 사직은 기울었도다

---

94) 青柳南冥, 『朝鮮獨立騷擾史論』, 朝鮮硏究會(京城) 1921, 193~194쪽.
95) 青柳南冥, 위의 책, 193~194쪽.
96) 青柳南冥, 위의 책, 193~194쪽.

치욕을 견디며 죽지 못해 살아 지금에 이르렀구나
이 늙은 마음에 아직 하늘을 찌를 뜻이 있나니
한 번 날아올라 만리 길을 가노라

백성과 나라의 존망 앞에 어찌 이 한 몸 돌볼까
하늘과 땅에 깔린 감시망을 귀신처럼 빠져 나왔네
그 누가 알리오, 3등 객차 속 저 나그네
깨진 갓에 거친 옷 두른 옛 제국의 대신임을

國破君亡社稷傾
包羞忍死至今生
老身尙有沖宵志
一擧雄飛萬里行
民國存亡敢顧身
天羅地網脫如神
誰知三等車客中
破笠麤衣舊大臣[97)]

무사히 압록강을 건너 안둥에 도착한 김가진 일행은 아일랜드 출신으로 이륭양행(怡隆洋行)이란 회사를 경영하던 조지 쇼(George Shaw)[98)]의 도움을 받아 이륭양행이 운영하는 계림호(桂林號)편으로 상

97) 「김가진옹래호」, 「독립신문」 1919년 11월 4일.
98) 조지 쇼의 생애와 한국독립운동에 대한 기여에 대해서는 한철호, 「1920년대 전반 조지 엘 쇼(George L. Shaw)의 한국독립운동 지원활동과 그 의의」(『한국독립운동사연구』 43, 2012)을 참조할 것.

하이로 향했다. 천신만고 끝에 1919년 10월 29일에 상하이에 도착[99]한 김가진은 사람들에게 "나는 이곳에 우리 민족의 정부가 있다는 이야기를 듣고 왔노라. 나는 우리 정부가 있는 이곳에서 죽는 것이 바라는 바로다라고 말했다고 한다.[100]

곧 의친왕도 망명을 시도하여 1919년 11월 9일 밤 대동단 간부 정남용과 함께 조선을 탈출했으나 불행하게도 중국의 관문인 안둥에서 11월 11일 오전 일본 경찰에게 적발되고 말았다. 김가진의 망명은 그때까지 조선 국내에서는 알려지지 않았는데 의친왕의 탈출시도와 함께 대대적으로 보도되었다.[101]

고종의 둘째 아들 의친왕이 망명을 시도했다는 것은 큰 충격이었다. 더구나 의친왕의 탈출은 의친왕 개인의 시도가 아니라 대동단과 임시정부가 치밀하게 계획하고 준비한 것이었다. 의친왕의 안타까운 탈출 실패와 김가진의 상하이 도착은 국제적인 관심의 대상이 되었다. 1919년 11월 11일 의친왕이 탈출 시도는 일제의 엄격한 보도통제에도 불구하고 11월 16일과 11월 19일 중국신문 「時事新報」에, 11월 19일에는 일본의 「讀賣新聞」에 기사가 실리는 등 외국 신문에도 널리 보도되었다.

의친왕의 망명시도는 미묘한 파장을 일으켰다. 의친왕은 열차 안에서 자신은 한국 국민의 한 사람이고 독립되는 우리나라의 평민이 될지언정 합병한 일본의 귀족이 되기를 원치 않는다면서 생사를 함께 하겠다는 의사를 밝혔지만, 한국사회 일각에서도 그리고 임시정부의 의미를 깎아내리려는 일본은 의친왕의 망명을 복벽운동(復壁運動), 즉 독립

---

99) 내무총장 리동녕, 「내무부 경과상황 보고(내무부 정문 제16호)」 1920년 12월 20일, 부록 특파원 명단, 『대한민국임시정부자료집』 27권. 「독립신문」에는 10월 30일에 도착한 것으로 되어 있다. 「독립신문」 1919년 11월 4일.

100) 「김가진옹래호」, 「독립신문」 1919년 11월 4일.

101) 「매일신보」, 1919년 11월 27일 3면.

후 조선왕조의 부활을 꿈꾸는 운동의 연장선상에서 이 사건을 주목했다. 김가진도 대동단 총재를 맡은 이후의 언행이나 각종문건에 꼭 대한민국이라는 국호를 쓰고, 임시정부를 '우리 정부' 라고 부르고 있는 것으로 볼 때 결코 복벽론자로 볼 수 없다. 대동단 내 유일한 복벽론자였던 이달하에게 김가진은 "독립에 관하여 원래 조선 내에 사는 사람과 해외에 체류하는 사람과는 사상이 다르다. 조선 내에 있는 사람은 이조의 복벽을 말하나 해외의 조선인은 공화정치라든가 민주정치라든가 하는 것을 주장하여 도저히 공동일치의 행동을 하는 것은 안 된다" 라고 상황을 설명해 주기도 했다.[102)]

김가진이 상하이에 도착한 후에도 계속 복벽론과 관련된 소문이 번져가자 임시정부는 1919년 12월 25일자 「독립신문」을 통해 의친왕의 망명과 관련된 자세한 특집을 실었다. 김가진은 의친왕이 대동단 간부들의 위협을 받아 상하이로 오려 한 것 아니냐는 질문에 대해 "일본인들이 말한 것은 의례히 거짓" 이라면서 의친왕의 망명이 자발적이었다는 점을 강조했다. 김가진은 "임시정부에서 전하를 초청하였다" 는 것은 모두 거짓이고, 또 "전하를 임시정부의 수령으로 삼는다" 는 말은 "실로 무지한 자의 말" 이라고 단언했다.[103)]

일본은 계속해서 임시정부가 의친왕을 수령으로 삼으려 했다고 비난했다. 이에 임시정부는 다시 한 번 독립신문을 통해 일본의 교활한 주장을 반박했다. 임시정부는 "임시정부에 이미 대통령이 있고 국무총리 이하 각 부 총장이 있으니, 의친왕이나 기타 황족 혹은 귀족을 어디다 추대하리오" 라고 강조했다.[104)]

---

102) 「이달하 신문조서」 제3회, 『한민족독립운동사자료집』 5, 국사편찬위원회 1986, 180~181쪽.

103) 「의친왕향호의 동기」, 「독립신문」, 1919년 12월 25일.

칠십이 훨씬 넘은 고령에 상하이로 망명한 김가진은 어떤 활동을 벌였을까? 당시 상하이에서 유학 겸 망명생활을 하고 있던 우승규(禹昇圭)는 "김옹이 상하이에 도착하자, 임시정부나 한인사회에선 환성이 대단했다. 그러나 일부에선 색안경을 쓰고 봤다. 혹여나 이강 씨를 떠받들어 소위 복벽운동을 하자는 게 아니냐고 이론이 엇갈렸다" 고 했다.[105] 그러나 오해는 곧 풀렸고, 김가진은 승려 이대정(李大鼎)을 보내 의친왕 이강의 상하이 망명을 다시 추진하기도 했다.[106]

김가진은 임시정부와 상하이 한인사회의 최고 원로로 활동했다. 1920년 3월 1일은 삼일운동 1주년이 되는 날이었다. 1919년 이래 지금까지 백 번의 삼일절이 지나갔지만 가장 감격스러운 삼일절은 1920년 1주년 때였을 것이다. 그 분위기는 「독립신문」의 기사만 봐도 풀풀 묻어나온다. '700명 대한의 자녀' 가 상하이 징안쓰로(靜安寺路) 올림픽 대극장에 모여 문자 그대로 피눈물을 뿌리며 감격적인 기념식을 가졌다. 무대의 장식은 극히 숭엄했다고 한다. 무대의 중앙에 태극기를 교차해서 걸어놓았고, 태극기 위에는 붉은 비단에 금으로 '대한독립선언기념(大韓獨立宣言紀念)' 이라고 썼으며, 거기에 직각으로 역시 붉은 비단에 금으로 '독립만세' 라고 쓴 글씨를 걸었다. 상하이의 대한민단 단장 여운형(呂運亨)이 개식을 선언하자 모두들 애국가를 부르는 가운데 이날 행사의 하이라이트인 대형 태극기의 게양이 시작되었다.

---

104) 「의친왕과 임시정부」, 「독립신문」, 1920년 1월 8일.

105) 우승규, 『나절로만필－신문생활 반세기의 조각보』, 탐구당 1978, 11쪽.

106) 「이대정취포내막, 이강공 전하를 모셔가려던 이대정의 계획 사실의 내막」, 「매일신보」 1920년 10월 5일 3면; '시국표방 중대범, 이대정 사건 취조 전말; 신한공화국을 건설한다 하고 금품을 제공하라고 부호를 위협', 「매일신보」, 1924년 10월 22일 3면; '이대정 피고인 신문조서(제2회); 이대정, 리창회(사기, 대정8년 제령 제7호위반, 공갈)', '치안유지법위반 피의사건: 치안유지법 위반급 강도급 방화피의사건: 사기급' 대정8년, 1924년 11월 25일.

단상에 포진한 임시정부 국무위원들과 김가진, 박은식 두 원로(기사 원문에는 '國老' 라고 칭했다)가 줄을 당기기 시작하자 처음에는 태극기의 끝이 보이고 곧 괘가 보이고 태극이 모습을 드러내기 시작하자 애국가 소리에 울음이 섞였고 노래를 부르는 모든 사람의 뺨에는 뜨거운 눈물이 흘렀다. 태극기가 마침내 다 모습을 드러내자 목 놓아 통곡하는 소리가 울려 퍼지며 장내에는 이루 '형언할 수 없는 비장한 광경' 이 연출되었다. 단상에서 이 모든 광경을 지켜본 김가진도 가슴이 터질 것 같은 벅찬 감동을 느꼈을 것이다. 망국의 치욕을 안고 살던 제국의 대신은 이제 민국의 원로로 거듭나 젊은이들과 어깨를 나란히 하며 애국가를 부르고 원수 일본에 대한 혈전을 다짐했다.

11. 이국에 잠들다

당시 임시정부와 상하이 교민사회에서는 김가진과 박은식 두 사람이 원로 대접을 받았다. 62세의 박은식이 원로로 대접받는 상황에서 75세였던 김가진은 상노인 중의 상노인이었다. 그러나 김가진이 목숨을 걸고 조선을 탈출해 상하이로 온 것은 원로 대접을 받기 위함이 아니었다. 대동단 총재 김가진은 현역이었다.

김가진의 망명은 단순한 개인 탈출이 아니라 대동단 본부의 상하이 이전을 위한 것이었으나, 의친왕 이강의 탈출이 실패로 돌아가면서 대동단 단장 전협 등이 체포되고 국내 조직이 와해되어 본부의 해외 이전이라는 의미는 퇴색되었다. 그러던 1920년 초 국내에서 대동단으로 활발히 활동하던 나창헌이 일제 당국의 검거를 피해 상하이로 망명해 김가진을 찾아오면서 대동단은 활동을 재개했다.

대동단은 1920년 3월 6일자로 대동단 본부가 상하이로 이전하였음을 천명하는 통고문과 아울러 국내외의 동포들에게 혈전을 촉구하는 '포고문’을 발표했다. 김가진이 직접 쓴 것으로 알려진 이 포고문에는 5일 전 삼일절 기념식의 흥분과 감동이 그대로 묻어났다. 이 포고문을 보면 김가진은 대동단이라는 독립운동 단체를 유지하면서도 그 역량을 임시정부에 모으고 있음을 알 수 있다. 김가진은 앞서 살펴본 것처럼 승려 이대정을 국내로 밀파하여 의친왕 이강의 국외탈출을 다시 시도한 것 이외에도 국내에 사람을 보내 독립운동 자금을 모집하는 데 힘을 기울였다. 김가진은 국내의 지주나 자산가들로부터 독립운동 자금을 갹출하기 위해 아래와 같은 ‘갹금권고문(醵金勸告文)’을 작성했다.

갹금권고문

동포 제위여, 분발하라!

왜적의 속박을 탈피하고 반도 강산에 태극기를 휘날리는 날이 목전에 임했도다. 방금 왜적은 안으로 국난의 궁곤을 당하고 밖으로 열강의 핍박을 받아 그 위험함이 알을 쌓아 놓은 세에 있도다. 이는 실로 전 세계의 기운이 왜적을 징벌함이로다. 천백세 조령(祖靈)은 우리 민족을 음우하는도다. 이제 본 단은 제반의 활동을 전개하여 북으로는 모지에 연락을 취하고 남으로는 모방의 후원을 얻어 방금 혈전을 개시할 것을 결정했다. 과거의 국치를 씻으려 함도 이 일거에 있으며 장래의 자유를 얻음도 이 일거에 있도다. 제위여, 민족을 생각하고 강토를 사랑하면 각기의 성력을 다할지어다. 1원의 보조력을 가진 동포는 1원의 군자금을, 1만원의 보조력을 가진 동포는 1만원의 군자금을 의무적으로 책임적으로 갹출해 줄 것을 간절히 바라는 바이다.

대한민국 2년 3월 10일

대동단 총부 총재 김가진

무정부장 박용만(朴容萬)

상무부장 나창헌

외교부장 손영직(孫永稷)

재무부장 고광원(高光元)[107]

이 갹금권고문을 발표하기 이전에도 대동단과 김가진은 국내로 북감리교회 목사 김유화(金裕和), '대동단 조선총지부장'이라는 직함의 신덕영(申德永), 특파원 박제웅(朴齊雄) 등을 보내 군자금 모금을 위해 노력했다.[108]

나창헌도 평안북도 일대를 무대로 신의주에 거주하는 장찬식(張贊式)을 1920년 1월 대동단에 입단시켜 자금 모집과 통고문 배포 등의 작업을 진행했다.[109]

대동단은 포고문에서 지난 1년여 동안 우리 민족이 취하여 온 "평화적 수단은 도리어 문약무혈(文弱無血)이라는 환각을 주었을 뿐"이라고 비판했다. 길은 오직 '혈전' 뿐이었다. 당시 임시정부는 심각한 내분에 빠져 있던 터라 독립전쟁에 급한 마음을 갖고 있던 김가진이나 나창헌의 기대와는 다른 상황에 놓여 있었다. 그럼에도 대동단과 임시정부와의 관계는 포고문을 발표할 때까지만 해도 나쁘지 않았다. 조선총독부 경무국은 대동단에 대해 "이 단체는 표면적으로는 임시정부와 상관없이 가장하며 행동하여도 임시정부의 지휘 하에 활동하고 있다는 것은

107) 김정명 편, 『조선독립운동』 2, 原書房 1967, 413~414쪽.

108) '상해가정부의 사명을 받고 운동책략중이던 김유화 체포, 오는 3월 1일을 기념키 위하여 몰래 건너와서 운동 중 경찰의 활동으로 체포, 경기도 제3부 발표', 「매일신보」, 1920년 2월 27일 3면; '전남에 출몰하던 대동단원 검거, 총재 김가진의 포고문을 가지고 활동하던 단체들, 전남 제삼부의 대활동', 「매일신보」, 1920년 12월 21일 3면; 고등경찰 제19697호 '상하이 임시정부 교통부 특파원 검거에 관한 건', 1920년 6월 30일.

109) 김정명 편, 앞의 책, 404~406쪽.

의심할 여지가 없어 보인다"고 파악하기도 했다.[110] 그러나 임시정부의 내분이 심화되고 독립전쟁이 구호에 그칠 뿐 착수의 조짐도 전혀 보이지 않자 김가진과 나창헌은 다른 길을 모색하게 되었고, 이 과정에서 임시정부와의 관계도 매우 복잡해졌다. 그 핵심에는 70대 중반 고령의 김가진보다는 1896년생으로 20대 중반인 혈기방장한 나창헌이 있었다. 나창헌은 임시정부에 큰 기대를 갖고 망명했으나, 임시정부는 민족운동의 최고지도부로서의 역할을 하지 못하고 각각의 노선과 출신지역과 자금 문제를 둘러싸고 심각한 내분에 빠져 있었던 것이다.

포고문 발표로부터 약 석 달이 흐른 뒤인 1920년 6월 초 나창헌은 임시정부를 '전복할 목적'으로 '청년불평당' 약 58명을 모아 철혈단(鐵血團)을 조직했다.[111] 성토문에서 철혈단은 "우리는 앞으로 최후의 1인까지 최후의 1초까지 무기와 피로 무장하여 악독한 왜구를 배척"해야 한다고 전제했지만, "지방열과 사당(私黨)을 조장하고 세력을 다투며 상호 간에 암투를 벌이고 왜구를 물리치기보다 동족을 멸시"하는 '악마'들을 소멸하는 것을 과제로 삼는 등 독립운동 내부의 문제에 보다 초점을 맞추었다.[112]

임시정부와 김가진을 따르는 청년들 간의 충돌은 곧 현실화 되었다. 1920년 6월 9일, 나창헌, 김의한, 김기제(金基濟) 등 철혈단 40여 명이 임시정부 내무부를 습격하는 사태가 벌어진 것이다. 사태의 발단은 6월 5일경 정환범(鄭桓範)[113], 강상선 등 3명의 철혈단원들이 동포를 단총(권총)으로 협박하여 1,600원의 현금을 강탈한 데서 비롯되었다. 이들

110) '상하이 임시정부와 조선 안의 연락기관 및 선전의 건', 1920년 6월, 조선총독부 경무국장 발신 외무차관 앞 통보 요지.

111) 「上海電」 제87호(1920년 7월 5일) 『도산 안창호전집』 6, 267쪽.

112) '상해가정부와 철혈단에 관한 건', 고경 제19698호, 1920년 6월 29일.

113) 해방 후 이승만 정권 하에서 초대 중국대사를 지냈다. 「동아일보」 1948년 10월 27일.

은 주색에 빠져 거금을 낭비하는 동포에게서 돈을 빼앗아 철혈단의 활동 자금과 단원들의 생활비를 마련하려 했다.

동포를 권총으로 협박하여 돈을 빼앗은 것은 강도짓이라며 임시정부가 강상선을 체포구금하자 철혈단이 이들을 구출하기 위해 행동에 나선 것이다.[114] 그러나 임시정부 측 청년들의 반격으로 나창헌과 김기제가 중상을 입고 입원치료를 받게 되었다.[115] 이 사건에 대해 당시 경무국장이었던 김구는 사건의 조사 과정에서 "나창헌 등의 배후에 일본 영사관의 사주를 받은 황학선(黃鶴善)이란 자가 있었으며", 그가 "나창헌 등의 애국 열정을 이용하여 정부의 각 총장과 경무국장 김구까지 전부 암살할 무서운 계획을 꾸미고 있다"는 사실을 알아내어 나청헌이 그의 과오를 깨닫게 했다.[116] 한편 안창호는 황학선을 설득하려 하였지만 김구는 황학선을 체포하여 심문하고 그의 자백을 근거로 그를 처형했다.[117]

황학선의 처형 이후 나창헌은 철혈단과의 관계를 끊고 임시정부에 적극 가담하였지만, 철혈단의 잔여세력들은 임시정부를 비판하는 활동을 계속했다. 임시정부 자체의 활동이 초기의 기대와는 달리 위축되고 분열성을 드러낸 데다, 김가진도 휘하의 나창헌이나 아들 김의한이 임시정부 습격사건에 깊이 연루됨에 따라 임시정부 내에서의 영향력이 예전과 같을 수는 없었을 것이다. 『장강일기』에서 '김가진과 김의한이 상하이를 떠나 만주로 갈 것을 희망했다' 고 한 것은 바로 이러한 분위

114) 국사편찬위원회, 『한국독립운동사』 3, 정음문화사 1983, 398~399쪽.

115) 김구, 『백범일지』, 돌베개 1997, 306쪽; 안창호, 「일기」, 『도산 안창호전집』 4, 1920년 6월 9일, 10일, 11일, 935~936쪽; '안현경이 이승만에게 보낸 서한' 1920년 6월 18일, 『대한민국임시정부자료집』 42.

116) 김구, 위의 책, 306쪽.

117) 김구, 위의 책, 306쪽.

기를 반영한 것이다. 한편 1922년 6월 상하이에서 국민대표회의 개최를 둘러싼 논의가 분분할 때 이승만이 대통령직에서 물러나야 한다는 주장이 강력히 대두되었다. 이때 새로운 대통령으로 김가진, 백준(白俊)[118], 박은식 등이 추천되었으나 결국 안창호를 추천하기로 낙착되었다고 한다.

안타깝게도 뜻한 일을 시작하지 못했지만, 김가진은 노인동맹단의 지도자였던 이발과 함께 일본으로 건너가 일본의 조야에 독립을 역설하려는 계획을 세웠다. 김가진으로서는 세상을 뜨기 전의 마지막 과업이었다.[119] 김가진이 상하이에 도착한 직후인 1919년 11월 여운형이 장덕수, 최근우, 신상완 등과 더불어 일본으로 건너가 제국의 심장부에서 조선의 독립을 역설하여 일본을 발칵 뒤집어 놓은 일이 있었다.[120] 김가진은 도일 전까지 별로 알려진 인물이 아니었던 여운형과는 비교할 수 없을 정도로 일본 내에서 지명도가 높고 발이 넓은 저명인사였기에 만약 그의 방일이 성사되었다면 일본에 준 충격은 이루 말할 수 없었을 것이다.

독립운동도 뜻대로 되지 않았지만 80을 바라보는 고령의 김가진의 건강도 마음과 같지 않았다. 거기에 가난까지 겹쳤다. 오죽했으면 일제의 첩보문서 제목이 '상해불령선인의 궁핍상황(上海不逞鮮人의 窮乏狀況)' 이었을까. 이 보고서에 따르면 "김가진은 그의 아들 의한과 동거하며 의한의 처 또한 최근 상하이에 도항하였는데 수개월분의 가임(家

118) 백준은 대종교의 원로 백순(白純)의 착오로 보인다.

119) '장붕이 이승만에게 보낸 서한', 1922년 7월 4일. 이 편지에 따르면 김가진은 "최근에는 이발 노인과 동행하여 일본에 가 선전하고 최종을 수(遂)하려 했다" 고 한다.

120) 이에 대한 자세한 내용은 이정식, 『여운형—시대와 사상을 초월한 융화주의자』, 서울대학교 출판부 2008, 188~232쪽; 강덕상, 『여운형평전』 1, 역사비평사 2007, 355~451쪽을 볼 것.

賃)과 식비의 지급이 정체되어 지나인〔중국인〕 가주(家主)로부터 퇴거를 요구 받았다 한다" 고 되어 있다.[121]

워낙 고령이었던 김가진의 건강도 급속히 악화되었다. 김가진이 스스로 정리한 병세에 관한 기록을 보면, 그는 뼛속까지 스며드는 냉기와 영양부족에서 기인한 각기병 증세로 큰 고통을 받고 있었다. 상하이는 위도가 낮기 때문에 겨울에도 별다른 난방을 하지 않고 지낸다. 온돌에서 겨울을 보내 버릇하던 김가진으로서는 이를 견디기 어려웠을 것이다.

김가진이 망명한 직후 며느리 정정화도 서울을 떠나 1920년 1월 중순 상하이에 도착했다. 정정화는 김가진과 남편 김의한이 묵고 있는 곳에 가 김가진을 처음 만났을 때의 모습을 "시아버님을 뵙자 내가 상하이에 오지 않았더라면 어쨌을까 싶을 정도로 시아버님은 어린아이처럼 기쁨을 감출 줄 모르셨다" 고 묘사했다. 그러면서 당시 중국에서는 "빠우판(包飯)이라고 해서 하루 세 끼를 배달해 주고 한 달 계산으로 장기간 식사를 대주는 것이 있었는데 두 부자는 빠우판으로 끼니를 때우고 있었다" 고 썼다.

김가진은 1922년 7월 4일 오후 10시 융칭방 소재 셋집에서 "영원히 눈을 감지 못할 원한을 품고 만리타향의 망명 생활 중" 에 77세를 일기로 숨을 거두었다.[122]

「동아일보」는 "일한합병 당시 귀족의 작위를 받은 자로 조선 안에서 독립을 주장한 사람은 김윤식, 리용직, 양씨가 있었으나 해외에 나가

---

121) 「국외정보; 상해 불령선인의 궁핍상황」, 고경 제24265호, 밀수 제33 기228, 1921년 8월 1일.

122) 「김가진 씨 장서—독립운동 수령 중의 최고령, 상해망명 중의 비참한 생활」, 「동아일보」, 1922년 7월 7일자.

위험을 무릅쓰고 활동한 사람은 오직 혼자이며, 해외에 있는 독립운동의 수령으로는 가장 연고(年高)한 사람으로 조선독립을 뜻하는 사람에게 동경을 받았으며 상하이에 건너간 이후의 고생은 거의 극도에 이르러 팔십지년에 하루 한 끼를 먹지 못하여 가위(可謂) 기한(飢寒)이 도골(到骨)한 중에서 이 세상을 마쳤더라"고 안타까워 했다.[123] 「독립신문」도 1922년 7월 8일자 3면 톱기사로 김가진의 죽음을 애도했다.

임시정부가 공식적으로 김가진의 장례를 치르지는 않았지만 사실상 임시정부장이나 마찬가지였다. 김가진의 부고는 「독립신문」 1922년 7월 8일자 1면 하단에 이발을 호상으로 하여 박은식, 이동녕, 이시영, 홍진, 김인전(金仁全), 김철 등 7명의 명의로 실렸다. 김가진의 장례는 7월 8일 오후 상하이 사쟈회 만국공묘(萬國公墓)에서 열렸다. 한때 2천 명에 이르렀던 교민이 5백 명 아래로 떨어졌다[124]고 할 때인데 조문한 사람이 270명, 장지에 모인 사람이 백수십 명에 달했다고 하니 가히 교민사회 전체가 장례를 치렀다고 해도 과언이 아니다.

12. 맺음말

김가진은 77년이라는 당시로서는 짧지 않은 수를 누렸다. 그가 살다 간 시기는 한국의 민족사뿐 아니라 동아시아 유교문명 전체가 감당하기 힘든 시련을 겪고 있던 때였다. 파란만장했던 한국의 근현대사에서 김가진처럼 공적 활동을 시작해서 고령의 나이로 세상을 뜰 때까지 자기 자신을 끊임없이 변화시키며 역사의 중심에 섰던 인물을 찾는 것은 쉽지 않다.

더욱이 인생 말년에 젊은이들도 하기 어려운 역사적 결단을 내려 자

123) 「동아일보」, 1922년 7월 7일자.
124) 정정화, 앞의 책, 77쪽.

신의 삶의 의미를 새롭게 규정한 경우는 찾기 힘들다. 격동의 한국현대사 속 명멸했던 수많은 인물들 중 다수는 한때 자기 삶에 충만했던 긍정적이고 역동적인 부분을 살려 나가지 못하고 옳지 못한 행동이나 결정을 하여 자기 삶을 스스로 더럽혔다. 반면 대한협회 회장 시절이나 망국 직후의 김가진은 나라가, 그리고 문명이 망해 가는 거대한 흐름 앞에 어쩔 줄 모르고 끌려갔지만 인생의 마지막 몇 년을 불꽃같이 살았다. 그 극적인 반전이 없었더라면 김가진은 개화파에서 친일로 흐른 수많은 사람 중의 하나 정도로만 기억되었을 것이다.

김가진의 망명은 김가진이라는 개인의 삶에 대한 평가뿐 아니라 우리 역사의 큰 흐름이 어떻게 이어지는가를 보여준 역사적인 사건이다. 흔히 뉴라이트들은 친일매국을 신문화의 도입이나 우수한 문화 · 기술을 가진 세력에 대한 협력으로 미화하고자 한다. 그러면서 근대화의 맥은 개화운동에서 친일파를 포함한 일본제국주의 세력이 추진한 식민지 근대화를 거쳐 이승만을 중심으로 한 '건국' 세력과 박정희를 중심으로 한 산업화 세력으로 이어진다고 강변한다. 이런 역사인식에 따르면 독립운동 세력이나 민주화운동 세력은 현재의 한국이 누리고 있는 물질문명을 건설하는 데 거의 기여를 하지 못한 것이 된다. 이와 같은 인식은 정치적으로도 올바른 것이 아닐 뿐 아니라 역사적으로도 사실에 부합되지 않는다.

19세기 후반 왕조와 유교문명이 함께 위기를 맞으면서 '위로부터 근대화' 와 '아래로부터의 근대화' 라는 이분법으로는 다 포괄할 수 없는 다양한 갈래의 대응이 나타나기 시작했다. 그 다양한 갈래가 하나로 결집했던 것은 바로 삼일운동이었다. 삼일운동을 계기로 하여 일제의 작위를 받은 고령의 대신들까지 자기 삶을 이렇게 마감할 수는 없다는 생각에 적극적인 행동에 나섰다.

이른바 온건개화파를 대표하는 김윤식과 김가진이 말년에 독립운동에 나섰다는 것은 큰 의미를 갖는다. 그것은 한국근현대사에서 개화운동이라는 중요한 흐름이 어디로 이어졌으며 누가 이어 받았는가를 이해하는 데 결정적인 변수가 된다. 개화파 중 중도에 살해당한 김옥균, 홍영식, 김홍집, 어윤중 등과 1897년 병사한 서광범을 제외한다면 나머지 인물들 중 민영환은 을사늑약 당시에, 이범진은 강제병합 직후에 각각 자결했고, 유길준은 일제가 준 작위를 거절했고, 김가진은 비밀결사 대동단 총재로 활동하다 상하이로 망명했다. 적어도 개화세력을 대표하는 인물들 중에서 다음 시대에 큰 영향을 준 사람들의 다수는 반일과 독립운동의 편에 확실히 섰던 것이다.

문명개화라는 시대적 과제는 일본 제국주의에 굴복하고 그 하위 동반자가 된 친일 세력에 의해서가 아니라, 온갖 어려움 속에서도 새로운 근대 민족국가의 모습을 꿈꾼 독립운동 진영에 의해서만 수행될 수 있었다.

김가진의 삶을 돌이켜보며 우리는 '친일'의 의미를 다시 한 번 짚어보아야 한다. 김가진은 일본에 5년 가까이 외교관으로 체류한 조선 제일의 일본통이었고, 일본 측에서나 조선 사회 내에서 흔히 일본당이라 불리어졌다. 과연 김가진은 일생을 통해 '친일'을 하였으며 '친일파'로 생을 마감하였을까? 개화기 인물들을 평가할 때 우리는 친일문제에 대하여 조심스러운 태도를 취할 필요가 있다.

그 당시 일본은 한편으로는 침략자이면서 동시에 또 다른 면에서 우리가 따라 배워야 할 대상이라는 이중적인 성격을 갖고 있었기 때문이다. 시기에 따라 이 양면 중 어느 한 쪽 성격이 더 부각되기 마련이었다. 김가진의 경우는 대표적인 일본당이었지만, 일본 입장에서는 앞서 살펴본 것처럼 거북한 존재였다. 그것은 김가진이 일본으로부터 반대급

부를 받고 일본의 이익을 위해 봉사하는 친일파가 아니라 조선의 이익을 생각해 일본을 가까이하며 일본으로부터 배우려 했던 사람이었기 때문이다. 이 같은 사실을 잘 알고 있었던 일본은 김가진을 진정한 자신의 당이라고 여기지는 않았다.

오백년 왕조가 나락으로 떨어지던 결정적인 시기에 김가진은 당시로서는 최대의 야당이라 할 수 있는 대한협회의 회장이라는 중요한 직책을 맡고도 소극적인 입장을 취했다. 그리고 나라가 망했을 때 그는 일본이 주는 작위를 거절하지 않았다. 이 사실 자체는 변명의 여지가 없는 잘못된 일이라 할 수 있다. 그러나 대한협회 주요 성원들의 그 이후의 삶의 궤적을 보면 대한협회가 망국 당시에 보다 적극적인 역할을 하지 못한 점에 대해 책임을 면할 수 없을지는 몰라도 단순하게 친일 쪽으로 기울어졌다고만 할 수는 없을 것이다.

김가진이 뛰어난 점은 그가 오류를 범하지 않았기 때문은 아니다. 그는 과감히 오류를 바로 잡았고 자신의 한계를 뛰어넘었다. 망국대신 김가진은 모든 것을 버리고 목숨을 걸고 망명을 하여 임시정부로 와 '민국 신민(新民)'으로 거듭났다.

고종의 죽음과 삼일운동의 좌절 뒤에 마음 붙일 곳이 없던 대한제국의 신민(臣民)들을 대한민국의 신민(新民)이 되도록 이끌며 그 자신이 노구를 이끌고 몸소 모범을 보인 것이다. 그는 일부에서 오해하듯이 시대착오적인 복벽을 꿈꾼 것이 아니라 제국에서 민국으로 넘어가는 새길을 앞장서 달려간 대한민국 수립의 원훈이었다. 그런 그를 두고서 작위를 받은 적이 있다고 서훈을 주저한다는 것은 잘못되어도 한참 잘못된 일이다.

김가진 자신이 일제의 귀족에서 독립운동가로 변신했던 것처럼 그를 대동단 총재로 추대한 전협이나 최익환은 일진회 출신이었다. 뒤에 임시정부의 대통령을 지낸 사학자 박은식은 일제가 친일파로 키운 일진회 회원들이 독립운동에 투신한 것을 보고 이렇게 평했다.

> 아! 전협 · 최익환 등은 일진회의 회원이 아니었던가? 일진회는 또한 매국노 이용구(李容九)의 무리들이 아니었던가? 그러나 이와 같은 사람들이 은인자중(隱忍自重)하면서 뜻을 세워 기회를 엿보고 있었다. 변(變)을 관찰하여 오늘날에 와서 이와 같은 비상한 활동을 보였으니, 그 용기와 담력은 저들로 하여금 다만 경탄을 금치 못하게 했다. 이 거사는 다만 개인이 당장에 성불(成佛)하려 함이 아니라 우리 민족 전체의 심리가 일치하여 근본에 돌아갔으므로 더욱 뚜렷해진 것이다. 저들이 길러 핀 일진회가 오늘날 독립당이 될 줄이야 어찌 알았으랴. 동화(同化)를 몽상(夢想)하는 자들은 더욱 망령된 꿈에서 깨어나야 한다.[125)]

김가진은 그 자신이 망명길에 남긴 시처럼 "한 번 날아올라 만 리 길을 갔지만" 정작 만 리 밖에 도착한 그에게 할 일이 많이 남아 있지는 않았다. 의친왕 이강의 망명은 실패로 돌아갔고, 대동단의 국내 조직은 괴멸되었다. 칠십 고령에 모든 것을 버리고 망명해 온 김가진은 일모도원(日暮途遠)의 처지에서 하루하루가 점점 더 마음이 급해졌을 터이지만, 임시정부는 운동 노선과 자금 문제를 둘러싸고 분열에 빠져들어 헤어나지 못하고 있었다.

그의 경제적 처지도 날로 곤궁해져 갔다. 팔십 고령의 김가진이 하루 한끼를 제대로 먹지 못하고 병마에 시달리다가 세상을 뜬 것은 참으로 안타까운 일이다. 큰 뜻을 품고 망명했던 김가진은 이렇다 할 활동을 하

---

125) 박은식, 『한국독립운동지혈사』, 서울신문사 1946, 175쪽.

지 못한 채 상하이에서 쓸쓸하게 생을 마감했다. 그러나 그의 망명은 개화운동의 큰 물줄기가 친일 세력이 아니라 독립운동 쪽으로 흘러가도록 물꼬를 텄고, 제국의 귀족이 임시정부에 가담함으로써 일본 제국주의에 치명적 타격을 가했으며, 구한국의 백성이 대한민국의 신민으로 거듭나는 전형을 보여주었다.

다행히도 김가진의 삶은 그의 후손들에 의해 발전적으로 계승되었다. 김가진의 아들 김의한은 임시정부의 요인으로 활동했으며, 며느리 정정화는 임시정부의 안살림을 맡아 임시정부 요인들의 뒷바라지를 하는 데 그치지 않고 여섯 차례나 국내에 드나들며 독립운동 자금을 마련했다.

김의한 · 정정화 부부의 아들 김자동은 통일운동과 민주화운동에 기여했고, 김자동의 딸 김진현과 김선현은 노동운동에 헌신했다. 한국의 근현대사의 큰 흐름을 보면 일본 제국주의가 친일파를 낳았고, 친일파가 군사독재를 낳은 반면, 그 반대쪽에서는 개화운동—독립운동—민주화운동으로 이어지는 흐름이 대립해 왔다.

김가진과 그 후손들은 한 집안 내에서 한국 현대사의 큰 흐름의 한 축을 그대로 구현해 낸 것이다. 한 집안의 역사 속에서 이만큼 한국근현대사의 흐름을 온전히 보여주는 사례는 찾아보기 어렵다.

김시현: 한 순간도 꺾이지 않은 항일투쟁의 삶※

김희곤
(안동대 교수/ 경북독립운동기념관장)

1. 머리말

민족문제를 해결하려 나선 인물 가운데, 김시현(金始顯)은 강렬한 투쟁성을 보여주는 대표적 인물에 속한다. 그가 펼친 항일투쟁을 단일 주제로 추적한 연구가 이미 나왔고,[1] 그 결과 김시현의 가계나 학력, 그리고 그가 펼친 항일투쟁 내용은 어느 정도 정리되었다. 하지만 공백도 많은 데다가 새로운 자료가 발굴되어 다시 보완될 필요가 생겼다. 특히 의열투쟁사에서 김시현이 차지하는 위상에 비하여 연구 성과는 너무 낮은 편이다. 그래서 이 글은 한국 의열투쟁사에서 위상이 뚜렷하면서도 연구가 미흡한 김시현의 항일투쟁과 성격을 복원시키는 데 목적을 둔다.

김시현은 안동시 풍산읍 현애동에서 1883년에 태어났다. 안동김씨

※ 이 글은 『경북을 독립운동의 성지로 만든 사람들』(선인, 2015)에 게재되었던 글이다.

1) 양형석, 「金始顯(1883~1966)의 抗日鬪爭」, 『安東史學』 3, 안동사학회, 1998, 121~153쪽.

(후안동, 신안동) 출신으로 양반 가문에서 태어난 그는 혼인 관계를 통해 독립운동가들과 연결되었다. 큰고모부가 안동 예안현 선성의병장(宣城義兵將)을 지낸 이인화(李仁和)요, 매제는 의열투쟁가 김지섭(金祉燮)의 동생 김희섭(金禧燮)이다. 또 의병장 이강년은 고모부 이인화와 처남 매부 사이이다. 독립운동에 참가한 인물이 엮여있는 집안에서 자라난 그는 전통적인 한학을 배운 뒤, 1899년 상경하여 중교의숙(中橋義塾)을 다니고, 교남교육회에 가입하여 활동하다가, 1911년 일본 메이지대학 전문부 법학과에 입학하여 1917년 35세 나이에 졸업하고 귀국했다.

김시현의 가계도(判官公 係權派－承議郞 克 派)

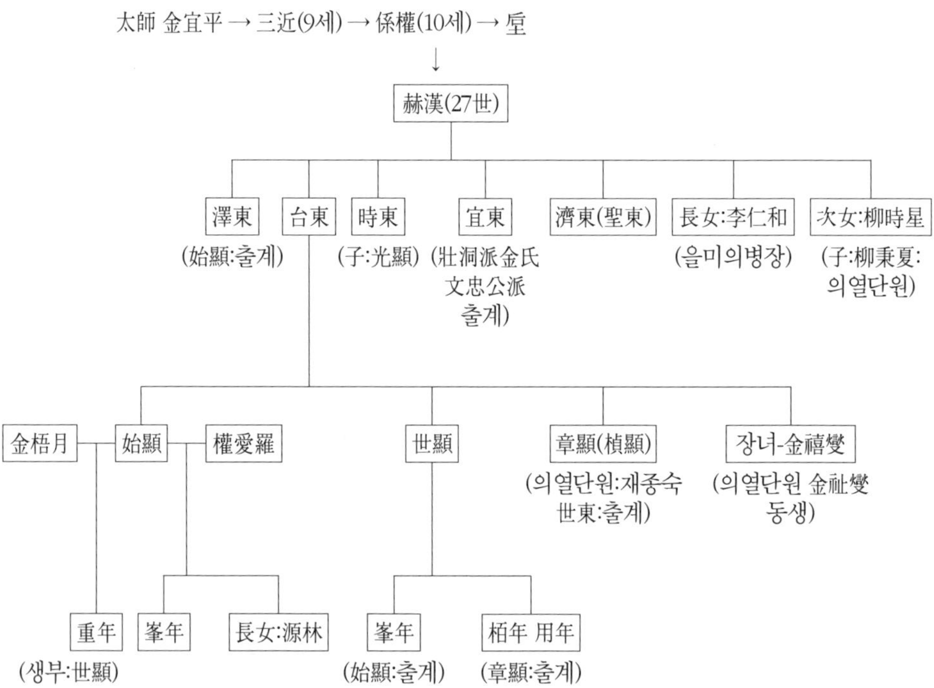

김시현이 민족문제에 정면으로 맞서기 시작한 때는 일본 유학에서 돌아온 직후였다. 3·1운동이 바로 그가 항일투쟁의 외길을 걷는 출발점이었다. 확실한 증거는 없지만, 그가 3·1운동으로 말미암아 상주 헌병대에 두 달 정도 붙들렸다가 1919년 5월에 상해로 망명하였다고 전해진다. 이로부터 그의 항일투쟁은 한 번도 흔들리지 않고 곧장 이어졌다. 상해와 만주, 그리고 대한군정서를 지원하는 국내 조직에 깊게 관여했던 그는 대한군정서 자금, 임시정부 지원 활동과 의열단원으로서 왕성한 활동을 펼쳐 나갔다.

이 글은 김시현의 활동 가운데 완성도가 낮은 세 부분을 중점적으로 다룬다. 첫째, 극동민족대회와 관련하여 그의 동향을 추적한다. 회의 참가 대표로 선정되는 과정과 여정, 대회 참가와 동정 등을 살핀다. 둘째, 익히 알려진 의열단의 국내 무기 반입시도에 대해 다시 조사한다. 이것이 1923년 '5월 거사'를 시도하는 첫 단계 사업임을 눈 여겨 보면서, 김시현이 담당한 역할과 위상을 다시 살핀다. 마지막으로 그가 조선혁명군사정치간부학교에 기여한 내용을 밝혀, 이것도 그가 펼친 의열투쟁의 하나라는 관점에서 평가하려 한다.[2)]

2. 모스크바 극동민족대회에 대표로 참가

그가 독립운동계에 모습을 확연하게 드러낸 출발점이 의열단 활동이

2) 의열투쟁을 테러라고 잘못 알고 있는 경우가 많다. 의열투쟁은 결코 테러가 아니다. 테러는 불특정한 인물들을 차별 없이 무조건 공격하고 파괴하고 사살하는 것이지만, 의열투쟁은 이것과 전혀 달리 침략의 원흉이나 침략 및 통치기관을 처단하는 것이기 때문이다(조동걸, 「이봉창 의거의 역사성과 현재성」, 『이봉창의사와 한국독립운동』, 단국대학교출판부, 2002, 71~72쪽 참조). 우리 독립운동사에서 주요 투쟁 방략 가운데 하나로 선택된 의열투쟁은 결코 무고한 민중을 목표로 삼은 파렴치한 행위가 아니다. 그것은 어디까지나 제국주의 침략국의 수뇌부와 그 명령을 따르는 기관, 그리고 침략에 앞장선 인물을 공략하는 '反침략전쟁'이었다.

다. 상해와 길림에서 활동하던 그가 1920년 의열단원으로서 귀국하여 활약하다가 12월 일경에 검거되었다. 그리고 1년 옥고를 치른 뒤에 다시 중국으로 이동한 그가 이번에는 국제회의에 한국의 대표단 가운데 한 사람으로 지명되면서 새로운 모습을 드러냈다. 그 국제회의가 바로 1922년 1월에 모스크바에서 열린 극동민족대회(극동노력자대회, 혹은 극동인민대표회의)였다.[3)]

그렇다면 어떻게 김시현이 이 국제회의에 한국인을 대표하는 56명 가운데 한 사람으로 참가하게 되었을까? 여기에는 해결해야 할 과제가 하나 둘이 아니다. 우선 이 대회가 열리게 된 연유를 간단하게 살펴볼 필요가 있다.

당시 한국 독립운동가들은 모두 두 개의 국제회의에 눈길을 모으고 있었다. 하나는 워싱턴회의이고, 다른 하나는 소련에서 준비하고 있던 회의였다. 앞의 것은 태평양군축회의인데, 이승만을 비롯한 대한민국 임시정부는 여기에 노력을 쏟아 붓고 있었다. 1920년 12월부터 6개월 동안 대한민국 임시정부에 체류하던 이승만이 이 회의에 외교 활동을 편다는 명분을 내걸고 상해를 빠져나가 하와이로 갔고, 대한민국 임시정부는 외교지원책을 마련하기 위해 손문(孫文)이 이끌던 호법정부에 국무총리 신규식을 보내 공동대응을 도모했다. 국내에서도 이 회의에 관심을 갖고 지원하는 노력들이 나타났다. 워싱턴회의는 1921년 11월부터 다음 해 2월 사이에 열렸다.

한편 소련도 이에 맞서는 국제회의를 기획하고 있었다. 이미 1920년

3) 이 회의에 대한 명칭은 다양하게 쓰였다. 참가국 언어별로 번역되고 통용되면서 공식적으로 사용된 명칭이 많았기 때문이다. 이 글에서는 회의 명칭을 종합적으로 검토하고 제시한 임경석의 견해를 따라 '극동민족대회' 라는 이름을 사용한다(임경석, 『한국 사회주의의 기원』, 역사비평사, 2003, 496~497쪽).

7~8월에 코민테른이 제2차대회를 열어 '민족—식민지 문제 테제' 를 채택한 뒤, 다음 달에 아제르바이잔 바쿠에서 동방민족대회를 열었다. 이어서 코민테른은 그 후속 회의를 준비하고 있었다.

마침 자본주의 열강이 워싱턴회의를 추진하자, 그들은 이에 대항하여 동방으로 혁명을 퍼뜨릴 수 있는 모임을 마련했다. 그 핵심은 워싱턴회의와 같은 시기인 1921년 11월 11일에 이르쿠츠크에서 '약소민족은 단결하라' 는 표제를 내걸고 극동 여러 나라의 공산당과 민족혁명단체 대표자의 연석회의를 소집한다는 계획이었다. 그러한 움직임은 독립운동가들에게 그대로 전달되고, 그들의 시선이 모스크바로 집중되는 것은 당연했다. 자본주의 열강이 눈길조차 주지 않은 것과 달리 이는 너무나 반가운 일이 아닐 수 없었다. 이념의 차이는 큰 문제가 되지 않았다. 사회주의를 수용하거나 그렇지 않거나 관계없이 많은 인사들이 소련으로 가려고 나섰다.

많은 독립운동가들이 소련으로 향하면서 1921년 초겨울은 흥분에 찬 시기였다. 이들이 보기에 소련은 강대국이고, 한국문제를 적극적으로 이해하고 원조한다는 코민테른의 정책 기조가 전해졌기 때문이다. 대회 소집을 맡은 기관은 코민테른 극동비서부였다. 한국인 대표자 선정은 극동비서부 고려부가 담당했다. 이르쿠츠크파 고려공산당은 당시 북경을 거쳐 같은 해 1921년 11월 상해에 근거지를 마련하였고, 따라서 대회 참가 대표 선정은 주로 상해에서 이루어졌다. 코민테른에서 선정한 대표 인원에 상해에서 가장 많은 인원이 배정되었다. 그 속에는 고려공산당 중앙위원회 대표 6명에 상해지부와 고려공산청년회 대표 2명이 포함되었다. 이르쿠츠크에서는 대표적인 독립군 지도자 홍범도를 비롯하여 10명의 대표가 선정되었고, 국내나 만주, 그리고 일본에서도 대표가 선정되었다. 그리하여 모두 56명이라는 많은 한인 대표가 회의가 열

릴 예정인 이르쿠츠크로 향했다.[4)]

김시현이 1921년 10월에 출옥했다고 보면, 나오자마자 바로 소련행 기회가 그에게 주어진 셈이다. 즉 출옥 시기와 러시아 파견 대표 선정 작업 시기가 딱 맞아떨어진 것이다. 그가 대표로 선정된 과정에는 조선노동대회와 고려공산당 이르쿠츠크파, 그리고 일제경찰 간부이면서도 의열단을 몰래 지원하던 황옥(黃鈺) 경부가 있었다.

당시 국외에서는 이르쿠츠크파와 상해파가 1921년 5월에 각각 고려공산당을 결성하고 세력 경쟁을 벌이고 있었다. 이들은 경쟁 지역을 국내로 확산하고, 각각 별도로 국내 조직 기반을 마련해 나갔다. 그 결과 상해파는 1921년 5월에 내지부를 두는 반면, 이르쿠츠크파는 같은 해 10월쯤에 이르쿠츠크파 서울위원회를 설치하였다. 마침 이르쿠츠크파는 국내 파견원 이교담(李敎淡)과 서초(徐超)를 국내에 파견하는 한편, 극동민족대회에 참석할 사람을 조선노동대회 지도자 노병희(盧秉熙)와 황옥 경부를 통해 물색하였다. 그 결과 국내 대표자들에게 위임장을 발급한 단체와 대표 인원수는 조선노동대회(6명), 조선공제단(3명), 조선학생대회(2명), 조선청년회연합회(2명) 등 13명이었다.[5)]

출옥한 김시현이 조선노동대회와 연결된 것이 바로 이 무렵이다. 조선노동대회에 그가 어떻게 연결되었는지 확실하지 않다. 다만 6명 대표 가운데에는 고향 이웃마을 오미 출신이자, 뒷날 조선공산당 초대 책임비서가 되는 김재봉도 들어 있었다.

김시현을 대표로 선정하고 대회 참가를 권한 인물은 황옥이라고 전해진다. 그에게서 여비 50원을 받은 김시현은 상해로 가서 고려공산당에 가입한 뒤 이 대회에 참가한 것 같다.[6)] 그렇다면 황옥은 이르쿠츠크

---

4) 임경석, 『한국 사회주의의 기원』, 역사비평사, 2003, 495~500쪽.

5) 임경석, 『한국 사회주의의 기원』, 역사비평사, 2003, 500쪽.

파 고려공산당 상해지부의 요청을 받고, 김시현을 비롯한 몇몇 인사를 천거했다고 정리된다. 그런데 김시현은 뒷날 "모스크바 대회에 참석할 국내 대표자 20여 명 선발 및 여비를 마련하기 위해 활동하면서, 황옥으로부터 여행증 12매를 받아 국경을 통과시켜 대표들을 보냈으며, 나는 여운형 · 나용균 · 김규식과 함께 이르쿠츠크를 경유하여 모스크바에 갔다"고 증언하였다.[7] 즉 황옥이라는 현직 경부가 극동민족대회에 파견될 한국인 대표를 선정하는 데 직접 관여했다는 것이다.

여기에서 황옥을 눈여겨 둘 만하다. 그는 김시현을 대표 반열에 추천하고, 여비와 통행증을 확보해 준 사람이다. 더구나 이보다 2년 뒤에 터진 '의열단 제2차 국내무기반입 시도'에서 김시현과 가장 중요한 동지요 동반자로 활약했던 인물이 바로 현직 경부 황옥이기 때문이다. 그런데 김시현과 황옥의 만남이 이때가 처음은 아닌 것 같다. 1920년 김시현이 검거될 당시에 이미 황옥과 연계된 것 같다. 그래서 김시현 일행이 국경을 돌파할 때 필요한 증명서를 황옥이 제공해 주었다는 이야기가 전해진다.

김시현이 받은 조선노동대회 대표 위임장은 조그만 명주 조각으로 만들어졌다. 혹한을 견디기 위해 솜을 겹겹으로 누빈 누비옷을 입었을 것은 분명한데, 위임장은 바로 그 솜 속에 감추고 갈 수 있도록 명주 조각으로 만들어졌다. 누비옷 속에 넣어 박음질해도 괜찮으므로 쉽게 노출되지도 않으면서 손상 염려도 없었다.

---

6) 황옥은 현직 경부로 재직하면서 평소 잘 알고 지내던 김시현을 이용하여 고려공산당의 내정과 극동민족대회의 내용을 탐지하자고 경찰부장에게 보고해, 김시현에게 여비를 주어 대회에 참가토록 했으며, 1922년 8월 김시현에게서 이 대회의 상황을 보고받았다고 진술하였다(京城地方法院檢事局, 『金始顯 · 黃鈺事件調書』, 471쪽; 金俊燁 · 金昌順, 『한국공산주의운동사』 1, 청계연구소, 1986, 369~370쪽).

7) 이종률, 「조국을 세우기 위한 투쟁의 일생」—김시현 선생과 그 영부인의 전기—(미간행), 1961, 76~87쪽.

조선노동대회에 6명의 대표 선발권이 주어졌는데, 김시현의 위임장이 '십호(拾號)'로 기록되었다. 그렇다면 조선노동대회가 6명만이 아니라 더 많은 인물을 대표로 추천했다는 것 같은데, 이것이 허수인지 아니면 실수인지 알 수 없다. 이 자료는 대회 이름을 '동양민족혁명단체대표회'라고 기록하였다. 본문 아래에 회장 문탁(文鐸)과 서기 홍성옥(洪聖玉)의 이름과 서명, 그리고 '노동대회지인(勞働大會之印)'이라는 직인도 찍혀 있다. 발급 날짜는 10월 24일로 적혀 있다.[8] 이것은 상해 지역 대표들이 위임된 시기가 대개 10월 20일에서 27일 사이였던 것과 비슷하다.

대회 참가자들은 대체로 두 가지 노선을 선택했다. 하나는 만주를 통하는 길이고, 다른 하나는 몽골을 횡단하는 것이었다. 만주를 통한 길은 봉천(심양)·장춘·하얼빈·치치하얼·만주리까지 철도를 이용하는 것인데, 편리한 만큼 남만주철도가 일제 관할이었으므로 검거될 위험성이 높았다. 반대로 몽골을 선택하는 경우에는 위험성이 적지만, 너무나 힘들고 어려운 길이었다. 그래서 대개 만주를 경유하는 길을 선택하였다.

다수 인물이 하얼빈과 만주리를 거쳐 러시아로 들어섰다. 모스크바에서 김시현과 결혼하게 되는 권애라나 조선공산당의 주역으로 등장하게 되는 임원근·김단야·조동호 등, 그리고 안동 현애 출신 김재봉 등이 모두 이 길을 선택하였다. 그리고 대체로 11월 초에서 말일까지 만주리에 도착하였다. 그렇다면 김시현도 이들과 마찬가지로 1921년 10월에 국내를 출발하고 상해를 들렀다가 11월 어느 날 만주리역에 도착한 것으로 짐작된다. 뒷날 그가 회고하기로는 1921년 7월에 이르쿠츠크에

8) 「김시현 위임장」(러시아 모스크바 현대문서보관소 소장).

들렀을 때 '자유시참변' 뒤처리를 위한 재판에 배석하여 극형을 반대하고 무마시켰다고 말했다.[9] 이 말에서 일단 그가 이르쿠츠크에 도착한 사실만은 확인되는 셈이다. 다만 그 시기가 7월이 아니라 11월이었다. 왜냐하면 '자유시참변' 관련 최종판결 시기가 1921년 11월 27일부터 30일까지였기 때문이다.

그런데 12월 1일까지 참가 대표 가운데 절반만 도착하는 바람에 회의 개최가 밀리고 있었다. 일본이나 중국 등 각국 참가자들이 신변의 위험을 줄이기 위해 몽골을 가로지르는 경우도 있어서 대다수 인물들의 도착이 늦어지던 데다가, 경쟁대상이던 워싱턴회의가 연기되고 있던 터라, 코민테른으로서는 이를 지켜볼 필요가 있었기 때문이다.

코민테른은 회의 계획을 변경시켰다. 회의 시작 시기가 1922년 1월 말로 연기되고, 장소도 모스크바로 변경되었다. 이르쿠츠크에 집결해 있던 대표들이 기대에 부풀어 모스크바로 향했다. 소련의 수도를 방문한다는 것이나, 소련 최고지도자 레닌을 만날 것이라는 점도 그들을 들뜨게 만들 만한 '사건'이었다. 1922년 1월 7일, 마침내 대표들을 태운 특별열차가 모스크바역에 도착하였다.[10] 참석자들은 모두 자신을 파견한 단체나 기관의 위임장을 제시하고, 학력 · 투쟁 경력 · 참가 목적 등을 담은 조사표를 작성하여 코민테른 극동비서부 고려부에 제출했다. 회의 주최자는 그들에게 신분을 확인하고 대표자격 증서를 교부하였다. 김시현도 다른 대표들과 마찬가지로 조사표를 작성하고 대표자격 증서를 받았다.

마침내 1922년 1월 21일에 모스크바 크렘린 궁전에서 개회식이 열렸

9) 이종률, 「조국을 세우기 위한 투쟁의 일생」—김시현 선생과 그 영부인의 전기—(미간행), 1961, 82~87쪽.

10) 임경석, 『한국 사회주의의 기원』, 역사비평사, 2003, 517쪽.

다.[11] 소련이 아닌 극동지역 참가자들은 한국을 비롯하여 9개 국가나 민족이었다. 참가자 144명 가운데 한국 대표가 52명(뒤에 56명으로 증원)으로 가장 많고, 중국 42명, 일본 16명 등으로 뒤를 이었다. 한국 대표 인원수는 소련으로 향한 한국 독립운동가들의 기대와 열정이 드러나는 수치이다. 또 의장단에 중국 · 일본 · 몽골 등과 함께 2명씩 배정받아 김규식과 여운형이 포함되었다.[12]

회의는 2월 2일까지 13일 동안 진행되고, 숙소는 소비에트 제3관이었다. 이 회의에서 결의된 한국문제는 크게 세 가지로 정리된다. 첫째, 조선에서 계급의식이 아직 발달하지 못했으므로 계급운동이 시기상조이다. 둘째, 일반대중이 민족운동에 동참하고 있으므로 계급운동자가 독립운동을 후원하고 지지해야 한다. 셋째, 상해에 있는 대한민국 임시정부는 그 조직을 개혁시켜야 한다. 회의는 2월 2일 대회선언을 채택하는 것으로 막을 내렸다. 시작은 모스크바에서 있었지만, 폐막은 페트로그라드 우리츠키 궁전에서 열렸다. 그 직후 대표들이 속속 소련을 출발하였고, 대개 3월 중순에는 본래 활동하던 곳으로 돌아왔다.

김시현은 대회가 끝난 뒤 상해로 이동하였다. 상해 도착 시기는 대체로 1922년 5월 무렵이었다. 그런데 그의 곁에는 모스크바에서 만난 인생의 동반자 권애라(權愛羅)가 있었다. 고향에 본 부인이 있었으므로, 권애라는 두 번째 부인이 된 셈이다. 개성 호수돈여학교를 거쳐 이화학당 보육과를 졸업하고 개성 충교예배당 유치원 교사가 된 그녀는 3 · 1 운동에 참가했다가 4개월 감금과 6개월 옥고를 치러낸 신여성이었다.[13] 출옥 이후 권애라는 일본을 거쳐 다시 중국으로 망명하고 소주(蘇州)

11) 「조선일보」 1925년 1월 23일자.

12) 임경석, 『한국 사회주의의 기원』, 역사비평사, 2003, 536쪽.

13) 박용옥, 『한국여성항일운동사연구』, 지식산업사, 1997, 70~74쪽.

경해의숙(景海義塾) 사범과에 진학하였다. 이 무렵 권애라는 상해애국부인회에서 활약했고, 따라서 해방 이후 그는 상해애국부인회 대표로 모스크바에 갔었다고 회고하기도 했다. 하지만 실제 그는 고려공산당 상해지부(이르쿠츠크파) 대표로 파견된 것 같다.[14] 극동민족대회 기간 동안 오락회가 열렸는데, 권애라가 개성난봉가에서 박연폭포를 창과 소프라노 음색을 가미해 불러 인기를 얻었고, 그 직후 김시현과 급속하게 맺어져, 결국 회의 참가자들 앞에서 결혼을 선포했다.[15] 자신보다 16세나 어린 권애라와 회의 기간 동안 평생 동지이자 연인으로 살아갈 인연을 맺는 순간이었다.

상해로 돌아온 뒤, 김시현은 국내에서 대중투쟁을 전개하기 위해 이동하였다. 1922년 중·후반기에 그는 서로군정서와 국내 의용단을 연결하는 데 몰두하는 한편, 의열단의 국내공작에 앞장섰다. 그리고 1923년에는 의열단의 제2차 국내 무기반입 시도가 그의 대표적인 활동 사례다.

3. 적 기관 파괴를 위한 대량 무기 국내 반입

1922년 5월에 상해로 돌아오면서, 김시현은 투쟁 방향을 정리했다. 핵심은 네 가지였다. 첫째, 민족독립혁명이 민족주의를 철학으로 삼고 민족적 자각심과 자주력 확보가 급선무다. 둘째, 이를 위해서는 실질적인 항일투쟁을 전개해야 한다. 셋째, 구체적으로 조선총독부·동양척식주식회사·군사령부·경제시설 등 주요 기관과 중심인물을 공격해야 한다. 넷째, 이를 실천에 옮기기 위해 폭탄제조가 필요하다. 그래서

14) 임경석, 『한국 사회주의의 기원』, 역사비평사, 2003, 508쪽.
15) 이종률, 「조국을 세우기 위한 투쟁의 일생」-김시현 선생과 그 영부인의 전기-(미간행), 1961, 90~109쪽.

그는 폭탄제조와 확보, 국내 수송과 주요 기관 폭파 및 일제 인물 처단을 당면 목표로 삼고, 장건상 · 김원봉 등 의열단 지도자들과 상해에서 폭탄을 확보하러 나섰다.[16)]

상해에 도착한 지 두 달 만에 그는 국내로 잠입했다. 만주와 국내를 연결하려는 두 가지 계획을 실천에 옮기는 데 목적이 있었다. 서로군정서와 국내 의용단을 연결하는 것이 그 하나요, 의열단의 국내공작을 수행하는 것이 다른 하나였다. 특히 그가 두각을 드러낸 거사는 의열단 관련 활동이다. 김시현은 국내로 잠입했다.

마침 의열단은 1922년에 대규모 계획을 추진하고 있었다. 1920년부터 추진하던 침략 기관 파괴와 일제 주요 인물 처단을 대규모로 일으킨다는 것이 그 핵심이었다. 이미 1920년에 경남 진영과 밀양으로 폭탄을 들여왔던 일, 같은 해 9월에 부산경찰서장 폭살의거, 12월 밀양경찰서 투탄, 1921년 조선총독부 투탄, 1922년 3월 상해 일본 다나카(田中) 대장 저격의거 등이 연속적으로 추진되고 있던 터였다. 따라서 1922년 후반기에도 그러한 연장선상에서 국내에 요원을 파견하여 적 기관을 부수고 요인을 처단한다는 계획을 세운 것이다.

먼저 풀어야 할 과업은 작전을 펼치는 데 필요한 폭탄과 권총 등 무기를 국내로 옮기는 작업이었다. 상해에서 무기를 마련하더라도 그것을 국내로 안전하게 운송하는 것이 너무나 어렵고 힘든 일이기 때문이다. 그래서 이를 담당할 인물로 서울에서 무산자동지회를 이끌던 김한(金翰)이 적격 인물로 지목되고, 의열단은 1922년 6월 최용덕(崔用德) · 이종암(李鍾岩)(일명 梁健浩)을 파견하여 김한과 접선하였다. 또 의열단의 계획을 이해하고 의열단장 김원봉, 대한민국 임시정부 외무

---

16) 이종률, 「조국을 세우기 위한 투쟁의 일생」 – 김시현 선생과 그 영부인의 전기 – (미간행), 1961, 136~142쪽.

차장 장건상과 협의한 뒤 7월경에 국내로 잠입한 김시현은 여기에 연계되고 있었다.[17] 하지만 불행하게도 김한이 일경에 검거되는 바람에 의열단의 계획은 차질을 빚게 되었다. 바로 그때 김시현이 그 임무를 대신 맡을 주인공으로 선택되었다.

김시현은 문제를 풀어줄 연결고리로 경기도경찰부 고등계 경부 황옥을 선택했다. 이미 1921년 10월에 극동민족대회에 파견될 대표로 선정될 때 도와주었고, 여비와 통행증을 마련해 준 황옥이었으므로, 김시현이 그를 지목한 것은 당연했을 것이다. 그래서 김시현은 9월 15일에 황옥에게 의열단의 국내 거사 계획, 즉 주요 기관 파괴와 일제 요인 처단 계획을 말하고 도움을 청했다. 김시현은 황옥을 확실하게 신임하였고, "자기는 황옥 덕택으로 체포를 면할 수 있었고, 또 동지들도 그로 말미암아 크게 도움 받았으므로, 황옥이 동지 가운데 한 사람임은 조금도 의심할 여지가 없다"라고 표현할 정도였다.[18] 특히 백윤화 판사에게 자금을 강요하던 일 때문에 김지섭이 쫓기게 되자, 황옥은 국민대표회의 내용을 탐지한다는 목적을 내걸고 김지섭에게 다른 사람 이름으로 된 여권을 만들어주어 상해로 보내기도 했다고 알려진다.[19]

1922년 12월 말에 황옥을 이용한다는 계획이 상해에 알려지자, 장건상이 이현준(李賢俊)을 서울로 파견하여 김시현과 황옥에게 천진에서 만나자고 요구하였다. 무기가 모두 준비되었으므로 천진으로 와서 받아 가라는 김원봉의 주문이 전달된 것이다. 1923년 2월 초에 김시현은 미리 안동현을 답사하고 폭탄 중계지점을 확인했다. 황옥은 마침 상해에서 열리고 있던 국민대표회의를 탐문하고, 오리무중이던 '종로경찰

17) 국회도서관, 『한국민족운동사료』 중국편, 1976, 416쪽.

18) 「판결문」, 『독립운동사자료집』 11, 독립운동사편찬위원회, 1976, 753~755쪽.

19) 유석현 인터뷰(독립기념관 소장).

서 투탄사건(김상옥의거)' 과 관련된 정보를 수집한다는 명목으로 천진으로 출장가게 되었다. 그 출장에는 안동 출신 유석현을 황옥의 밀정이라 이름 붙이고 동행했다. 그때 유석현은 서울에서 백윤화 판사에게 군자금을 요구하다가 검거 직전에 놓인 위급한 상황에 맞닥뜨려 있었다.

천진 프랑스조계 중국여관에서 김시현은 김원봉을 만났다. 김원봉 앞에서 황옥은 의열단에 가입하고 서약하는 의식을 가졌다. 현직에 있는 일제경찰 경부를 의열단원으로 확보하고 국내로 무기를 가져가라고 주문한 일은 상상하기 힘든 장면이 아닐 수 없고, 김시현의 판단을 받아들인 김원봉의 결단도 대단하다는 생각이 든다.

당시 이들이 세운 계획은 5월에 거사를 일으킨다는 것이었다. 조선총독부와 식산은행, 매일신보, 그리고 전국 8도 도청을 공격 목표로 설정했다. 첫 단계는 무기를 국내로 옮기는 것이고, 두 번째 단계는 파괴와 처단임무를 수행할 요원을 천진에서 국내로 파견하여 전국에서 거사를 수행한다는 내용이었다.[20]

김시현은 황옥, 유석현과 더불어 김원봉이 가져다준 무기를 받아들었다. 대형 폭탄 6개, 소형 폭탄 30개, 시한폭탄용 시계 6개, 뇌관 6개, 권총과 탄알 수백 발, '조선혁명선언' 과 '조선관공리에게 고함' 등 전단 수백 장이 국내로 옮겨갈 물품이었다.[21] 김시현과 황옥, 그리고 유석현은 큰 가방 세 개를 나누어 들고 1923년 3월 5일 천진을 출발하여, 7일에 안동현 조선일보지국장 홍종우 집에 옮겨 놓았다.

한편 홍종우는 무기를 국내로 들여놓기 위해 연극을 꾸몄다. 조선일보 안동지국이 개설된 직후라는 시점을 이용하여 개국 축하연을 연 것이다. 나혜석의 남편이자 안동 주재 일본영사관 부영사이던 김우영(金

---

20) 유석현 인터뷰(독립기념관 소장).

21) 독립운동사편찬위원회, 『독립운동사자료집』 11, 1976, 734~736쪽.

宇英), 영사관 소속 경부 3명 등을 포함한 경찰관 5명, 강 건너에서 넘어온 신의주경찰서 경부 최두천(崔斗天), 그리고 천진에서 안동에 막 도착한 김시현과 황옥 등이 모여 앉았다. 신의주에서 기생을 불러 흥을 돋우고 경찰들을 만취시켰다. 흥이 무르익어 자연스럽게 신의주에서 2차 연회를 열자는 제안이 나오게 되고, 새벽에 술기운에 잔뜩 도도해진 일행은 압록강을 건넜다. 물론 그 인력거에는 무기 일부가 실려 있었다.[22)]

안동현에서 무기는 두 부분으로 나뉘어 보관되었다. 그 가운데 하나가 3월 8일 새벽에 신의주로 들어왔고, 나머지는 3월 10일 황옥이 인력거를 타고 앞장서는 가운데 신의주로 옮겨졌다. 11일 아침에 김시현은 먼저 반입된 무기 가운데 대형폭탄 3개와 소형폭탄 5개를 묶어 철도화물로 서울 효자동에 사는 조한석(趙漢石)(일명 趙晃)과 김사용(金思容)에게 부쳤다.[23)]

황옥이 주선하여 철도 공용 화물칸을 이용할 수 있었다. 한편 황옥은 11일 폭탄 10개와 권총 3정, 탄환 백 수십 발을 들고 서울로 이동했다. 그것을 조황의 집에 맡겨두었다. 그런데 조황은 평소에 가깝게 지내던 김두형(金斗衡)에게 황옥이 맡긴 무기를 보관해 달라고 부탁했다. 그러자 김두형이 이 사실을 경기도 경찰부에 밀고해 버렸다. 이 바람에 모든 사실이 드러나고 국내외 관련자들이 차례로 일경에 붙들렸다. 김두형은 이름을 일곱 개나 사용한 밀정이자, 고등계 경부보 가와사키와 가까운 인물이었다. 안동 출신으로 권태일이 본명이라고 전해지기도 하고, 권상호(權相鎬)라고도 알려진다.[24)]

---

22) 이종률, 「조국을 세우기 위한 투쟁의 일생」-김시현 선생과 그 영부인의 전기-(미간행), 1961, 170~176쪽.

23) 독립운동사편찬위원회, 『독립운동사자료집』 11, 1976, 309~311쪽.

24) 『조선중앙일보』 1949년 7월 3일자. 1949년 6월 2일에 반민특위에 검거되어 조사 받는 과정에서 증인이 그의 본명을 권상호라고 밝혔다. 김두형은 조황과 함께 의병에 참가했다가

한편 김시현은 신의주에서 황옥으로부터 연락 오기를 기다리다가 소식이 없자, 1923년 3월 13일 서울에 잠입하였다. 사건이 발각되었음을 뒤늦게 알아차린 그는 탈출하려고 오종섭 집에 갔다가 도리어 밀고를 당하여 일경에 붙들리고 말았다.[25] 이로 말미암아 김시현은 1924년 8월 21일 결심 공판에서 10년의 선고를 받았다. 또 폭탄 반입 직전에 얽혀 있던 '백윤화 판사 자금 요구 사건'과 관련하여 하회 출신 유시태(柳時泰)가 7년, 유병하(柳秉夏)가 6년형을 선고 받았다.

김시현은 공판이 진행되던 1923년 12월 12일 서대문형무소에서 단식에 들어갔다. 본뜻을 이루지 못하고 10년이란 기간을 '아무런 의미 없이' 철창에서 보내야 한다는 현실에 부딪치자, 그는 차라리 끼니를 끊어 죽음을 선택했던 것이다. 쇠약할 대로 쇠약해진 그의 모습은 처참해졌지만, 그의 뜻만은 굳었다. 그런데 17일에 부친이 면회하면서, "네가 여전히 절식할 것 같으면 내가 오늘밤 집에 가서 가슴에 칼을 꽂고 죽겠다"고 단호한 결의를 보였다. 한참동안 고민하던 김시현은 눈물을 흘리며 단식을 중단하겠다고 말씀드렸다. 「동아일보」는 그러한 내용을 보도하면서 표제어로 다음과 같이 내걸었다.

> "主義이냐? 人情이냐?
> 悲痛한 父子의 心情!
> 네가 밥을 안 먹으면 내가 먼저 죽겠다
> 부친의 부탁에 밥을 다시 먹는 김시현[26]

무기징역을 선고받고 투옥되었다가, 1910년 나라를 잃게 되자 풀려난 인물이라고 전해진다(유석현 인터뷰, 독립기념관 소장).

25) 「동아일보」 1923년 4월 13일자; 이종률, 「조국을 세우기 위한 투쟁의 일생」-김시현 선생과 그 영부인의 전기-(미간행), 1961, 200~201쪽.

26) 「동아일보」1923년 12월 20일자.

김시현은 대구 및 안동형무소 등으로 옮겨지면 만 6년 가까운 옥고를 치르다가, 1929년 1월 29일 대구형무소에서 나왔다. 감옥을 나서자마자 그는 곧바로 길림으로 향하였다. 가족들이 휴양하라고 만류하자, 그는 "나의 섭생(攝生)은 독립운동뿐이다"라면서 곧장 만주로 향했다.[27] 오랜 옥고에도 불구하고 전혀 꺾이지 않은 그의 투쟁 의지와 자세를 보여준다.

4. 조선혁명군사정치간부학교 활동과 밀정 처단

1929년 망명한 김시현의 존재가 이름이 독립운동선상에 다시 나타난 시점은 1932년이었다. 의열단이 남경에 설립한 조선혁명군사정치간부학교라는 이름의 군관학교 운영에 그의 존재가 드러난 시기가 바로 이때였다.

의열단은 1925년부터 성격이 확연하게 바뀌었다. 의열투쟁만으로 독립을 달성하기란 불가능하다는 판단 아래 장차 군대를 길러 독립전쟁을 펼쳐야 한다는 결론에 이르렀다. 그래서 핵심 간부들이 광동성 광주에 문을 연 황포군관학교(黃埔軍官學校)에 입학하고, 초급장교로 길러졌다. 그런데 그 과정에서 김원봉을 비롯한 핵심 인물들이 사회주의 사상을 수용하고, 특히 무창봉기에도 참가하였다. 김원봉은 상해를 거쳐 북경으로 이동하고, 그곳에서 레닌주의정치학교를 운영하기도 했다. 그러다가 일제가 만주를 침공하기 앞서, 그는 중국국민당 정부를 찾아 남경으로 이동했고, 황포군관학교 4기 동기생들의 도움을 받아 남경 근교에 조선혁명군사정치간부학교(이하 군사간부학교)라는 군관학교를 세웠다. 그때가 바로 1932년 10월이었다.

---

27) 이종률, 「조국을 세우기 위한 투쟁의 일생」－김시현 선생과 그 영부인의 전기－(미간행), 1961, 214쪽.

이후 의열단은 1935년 9월까지 3년 넘는 기간 동안 초급장교를 육성하였다. 1기 26명, 2기 55명, 3기 44명 등 모두 125명이 그들이다. 학교의 정식명칭은 중국국민정부 군사위원회 간부훈련반 제6대인데,[28] 이처럼 정식명칭이 중국국민정부 군사위원회 소속 훈련대로 쓰게 된 이유는 일본과의 마찰을 피하려는 데 있었다. 군사간부학교 설립은 한중연합 공작으로서 대표적인 결실이라 할 만하다.

1932년 6, 7월에 중국국민당 군사위원회의 승인을 얻음으로써 지원이 확정되었다. 이를 바탕으로 1932년 9월에 의열단은 제6차 정기대회를 열고, "한중합작으로 군관학교를 설립하여 조선혁명당 조직에 필요한 전위투사를 양성한다"는 방침을 결정했다.[29] 이것은 의열단이 1928년 11월 창립 9주년 기념선언문에서 '개인폭력중심 노선에서 전투적 협동전선'으로 전환하겠다고 밝힌 방침과 연속선상에서 이해된다.

김시현에게 군사간부학교 소식을 알려주고 동참을 권한 인물은 당시 천진 공과대학에서 영문학을 가르치고 있던 김규식(金奎植)이었다. 이미 모스크바 극동민족대표회의에서 함께 활동했던 인연도 있고, 의열단이라는 틀 안에서 주고받은 정서도 있었다. 김규식은 중국국민당 정부의 지원으로 남경에 군사간부학교를 세운다는 내용을 말하고 남경을 다녀오자고 권했다. 이에 김시현은 선뜻 찬성하고 김규식과 더불어 상해를 거쳐 남경을 방문했다. 그곳에서 김원봉과 논의한 끝에, 김시현은 생도를 모집하는 '초모관' 역할을 맡았다.

군사간부학교를 유지하려면 생도모집이 가장 중요한 일이었다. 따라서 비밀리에 생도를 모집하기 위한 전방 공작 거점이 필요했다. 김시현

28) 韓相禱, 『한국독립운동과 중국군관학교』, 문학과지성사, 1994, 213쪽.

29) 조선총독부 경무국, 「軍官學校事件ノ眞相」, 『한국민족해방운동사자료총서』 3, 경원문화사, 1988, 145쪽.

은 바로 그 맨 앞에 터를 잡았다. 그가 맡을 구역은 북경을 중심으로 삼고 국내와 만주, 화북 및 화중 지역이라는 넓은 곳이었다. 그가 실제로 북경에서 남경으로 신입 생도요원을 동행하여 연결시킨 사례가 있다. 안동 출신 이육사(李陸史)가 바로 그다.[30]

이육사는 처남 안병철과 군사간부학교 1기생 26명에 속했다. 그가 북경에서 기차를 타고 남경의 북쪽 건너편 포구역(浦口驛)에 도착했는데, 그 일행은 김시현을 비롯하여 윤세주 · 이육사 · 안병철 등 4명이었다. 포구역에 마중 나온 인물은 이춘암이었고, 일행이 장강(長江)을 건너 김원봉을 만났다.[31] 이어서 김시현이 데려온 이육사를 비롯한 세 사람은 모두 군사간부학교 1기생으로 입교하게 되었다. 이처럼 김시현은 북경에서 생도들을 확보하고 이를 남경으로 옮겨 장차 군사간부를 육성해내는 데 공을 세웠다.

김시현은 의열단의 주요 간부로 활동을 이어나갔다. 군사간부학교 1기생이 졸업한 뒤, 그는 의열단 지도부 대표 자격으로 1933년 6월 말 남경에서 열린 의열단 전체회의에 참석했다. 이틀에 걸쳐 열린 회의는 남경 교외에 자리 잡은 효릉(孝陵) 근처 어느 사원에서 중국국민정부 군사훈련반 제5대의 학교 강당에서 막을 열었다. 의열단장 김원봉을 비롯하여 8명의 교관, 그리고 김시현을 비롯한 4명의 지방 출석 단원, 1기 졸업생 가운데 18명이 그 자리에 참석하였다. 그 자리에서 김시현은 김원봉을 비롯한 7명의 중앙집행위원 가운데 한 사람으로 뽑혔다.[32]

김시현이 남경 시절 의열단 간부로서 펼친 활동에는 배반자를 처단

30) 김희곤, 『이육사 평전』, 푸른역사, 2010, 126~127쪽.
31) 「중인 이원록 신문조서」, 『한민족독립운동사자료』 31, 국사편찬위원회, 1997, 187쪽.
32) 조선총독부 경무국, 1934.12 「軍官學校事件ノ眞相」, 『한국민족해방운동사자료총서』 3, 경원문화사, 1988, 394~410쪽.

하는 일도 있었다. 1933년 북경지역에 군사간부학교 1기생 출신 한삭평(韓朔平: 일명 朴俊彬)이 파견되어 활동하고 있었는데, 김시현은 그가 변절하여 밀정 노릇을 하고 있다는 사실을 알아챘다. 한삭평은 앞서 남경에서 열린 의열단 전체회의에서 중앙집행위원으로 논의될 만큼 동기생 가운데 신망이 높았다. 그러므로 그에 대한 조사와 평가는 무척 조심스런 일이었다. 추적하던 끝에 김시현의 판단이 옳았다는 사실이 드러났다. 일제 검사가 작성한 보고서에 한삭평이 '재귀순(再歸順)' 하여 첩자로 활동하고 있다고 기록되었는데, 이는 김시현이 제대로 보고 있었음을 말해 준다. 특히 한삭평이 '재귀순' 했다는 점은 이미 그 앞서도 일제에 투항한 일이 있었다는 말이기도 하다. 또 같은 기록에는 김시현이 한삭평을 밀정이라고 판단하고 처단하려 들자, 한삭평이 그 기미를 알아채고서 '자수' 했다고 적혀 있다.[33)]

김시현은 그를 제거하고자 치밀한 계획을 세웠다. 1934년 10월 그는 한삭평을 처단하기 위해 나섰다. 황포군관학교 4기생이자 당시 군사간부학교 교관이던 노을용(盧乙龍: 일명 盧一龍)과 다른 한 명의 요원을 대동하고 그는 북경으로 갔다. 김시현을 비롯한 일행은 일경이 보호하고 있기 때문에 면밀한 준비를 거쳐 마침내 한삭평을 처단했다.[34)] 그러나 배반자 처단으로 말미암아 그는 일제경찰에 검거되고 말았다.

1929년에 대구형무소를 나온 지 6년 만에 그는 다시 구금 생활을 시작했다. 1935년 2월 15일 살인미수 혐의로 경성지방법원에서 징역 5년을 언도 받은 그는 일본 나가사키 형무소에 송치되어 옥고를 치렀다. 4년 7개월이나 되는 기간을 감옥에서 보낸 그는 1939년 9월 8일 나가사키 형무소에서 출감하였다. 그리고서 그는 그 이듬해 1월 서울로 돌아

---

33) 社會問題資料硏究會, 『思想情勢視察報告集』 3, 京都:東洋文化社, 1976, 428쪽.

34) 金正明, 『朝鮮獨立運動』 2, 東京:原書房, 1976, 526쪽.

와서 4월 북경으로 건너갔다.[35] 그리고서 1944년 북경에서 다시 붙들려 옥고를 치르다가 해방을 맞았다.

5. 맺음말

김시현의 항일투쟁은 격정적이라는 한 마디로 그 색깔을 표현할 수 있다. 평소 말이 적은 그가 행동은 무섭도록 격렬하고, 또 끈질긴 면모를 보였다. 메이지대학 출신으로 30대 중반이란 나이에 독립운동에 뛰어든 그는 줄곧 의열투쟁이라는 한 줄기 방략을 이어 나갔다.

그가 선택한 독립운동 방략은 처음에 만주지역 독립군기지와 대한민국 임시정부를 지원하는 것이었다. 의용단이나 주비단에 그가 관련을 가진 것으로 일제경찰이 판단한 이유가 거기에 있었다. 그 목적을 달성하는 방법으로 의열투쟁이 가장 적절한 방법이라고 그는 판단했다. 마침 1920년 이래 의열단이 국내외에서 쉼 없이 거사를 터트리고 있었고, 그도 여기에 적극 나섰다. 의용단과 주비단으로 활동하다가 1년 옥고를 치른 것도 그러한 활동에서 빚어진 일이었다.

그의 투쟁 성향은 극동민족대회에 다녀오면서 더욱 강해졌다. 한국대표 56명 가운데 한 사람으로 활동한 그는 회의 도중 계급혁명에 앞서 직접 대중투쟁이 필요하다는 논의를 가슴에 새기고 이를 실행에 옮기기로 작정했다. 그래서 상해로 돌아오자마자 장건상과 김원봉을 만나 국내 투쟁 방향을 논의했다. 1922년 7월 국내로 잠입하고, 1923년 의열단의 '5월 거사'의 핵심 인물이 되었다. 그는 대량의 폭탄과 권총을 들여와 조선총독부와 8개 도청 등 적 기관을 파괴하고 요인을 처단하겠다는 '5월 거사'를 밀고 나갔다. 그 첫 단계로 무기를 국내로 들여오기 위

35) 이종률, 「조국을 세우기 위한 투쟁의 일생」-김시현 선생과 그 영부인의 전기-(미간행), 1961, 231쪽.

해 황옥이란 현직 경부를 끌어들였던 것이다. 아쉽게도 밀고로 거사 추진은 막을 내렸다.

만 6년 동안 옥고를 치른 그는 출옥하자마자 다시 망명하였다. 그는 다시 의열단에 관계를 맺었다. 1932년 의열단이 남경에 조선혁명군사정치간부학교를 만들게 되자, 그는 북경지부장을 맡아 생도 모집에 나섰다. 또한 그는 의열단 중앙집행위원으로 활동하기도 했다. 뿐만 아니라 변절자에 대한 처단도 그의 몫이었다. 군사간부학교 1기생 한삭평을 처단한 것 역시 의열투쟁의 연속이었다.

1939년 나가사키 형무소를 나온 그는 또 다시 국내외를 오가며 활동을 폈고, 북경과 서울에서 두 차례나 옥고를 치르다가 해방되어 서울헌병대 구치감에서 자유를 맞았다. 그동안 부인과 아들 김봉년도 신경(장춘) 감옥에서 3년 동안 고생하다가 풀려났다.[36] 1924년 8월 공판정에서 그는 "나는 다만 조선을 위하여 일하였을 뿐" 이라고 밝혔고, 1929년 대구형무소를 나와 다시 만주로 갈 때 "나의 섭생은 독립운동뿐" 라고 선언했다. 한 번 참가하기도 어려운 의열투쟁의 길에 그는 평생토록 몸을 던졌다. 그가 참가한 독립운동기 26년 동안 14년 투쟁과 12년 옥고라는 길고도 험한 생을 살았다.

그 항일정신은 독립운동으로 끝나지 않고 해방 이후 반독재 민주화운동으로 이어졌다. 1952년 6월 25일 전시 수도 부산에서 이승만 대통령이 '부산정치파동' 을 일으켜 장기 독재정권으로 방향을 틀어가자, 그를 저격하는 거사가 일어났는데, 김시현이 바로 그 주역이었다. 이로 말미암아 그는 사형을 언도받고 8년 동안 옥고를 치르다가 4·19혁명 직후 석방되었다. 권력을 장기간 독점하려던 이승만을 제거하려던 그

---

36) 이종률, 「조국을 세우기 위한 투쟁의 일생」 ―김시현 선생과 그 영부인의 전기― (미간행), 1961, 268~269쪽.

의 시도는 '반독재 · 민주화 투쟁'으로 평가될 수 있고, 그 투쟁은 항일투쟁기에 그가 변함없이 걸었던 의열투쟁이 이어진 것이라 여겨진다.

한 번도 망설이지 않고, 한 차례도 주저앉지 않은 항일투사, 그가 김시현이다.

(『한국근대의 선구자와 민족운동』, 집문당, 1994)

청산리 독립전쟁의 승리의 주역 김좌진(金佐鎭)*

신 용 하

(서울대학교 사회과학대학 사회학과 명예교수)

김좌진은 1889년 충청도 홍성에서 김형규(金衡圭)의 아들로 태어났다. 호는 백야(白冶), 자는 명여(明汝)이며, 본관은 안동이다. 김좌진은 3세 때에 아버지를 여의고 편모슬하에서 자랐으나, 천성이 매우 영민하여 글을 잘했으며, 체력이 강건(强健)하고 말타기를 좋아하였다.

1905년(17세) 그는 서울로 올라가 육군무관학교에 입학하였다. 1907년 8월 1일 대한제국 군대가 일제에 의해 강제 해산 당하자, 그는 낙향하여 그의 자산을 들여 고향에다 호명학교(湖明學校)를 설립하고 애국계몽운동에 종사하였다. 안창호 등이 서울에서 국권회복운동의 비밀결사인 신민회를 창립하자 이에 가입했으며, 그 산하의 청년단체로 1909년 청년학우회(青年學友會)가 창립되자 이에 가입하여 한성연회(漢城聯會)의 간부로 활동하였다.

---

* 이 글은 1994년 『한국근대의 선구자와 민족운동』(집문당)이라는 저서 중 「청산리 독립전쟁의 승리의 주역 김좌진」이라는 소제를 이기한 것이다.

김좌진은 나라가 망하자 박상진(朴尙鎭) 등에 의하여 창립된 광복회(光復會)에 가입하여, 부사령 이석대(李奭大)가 사망하자 뒤를 이어 광복회 부사령이 되었다. 김좌진은 만주에다 독립군 무관학교를 설립할 군자금을 국내에서 모집하다가 일제에게 발각되어 추적당하게 되자 만주로 망명하였다.

김좌진은 1919년 3·1운동 직후 대종교측에서 북로군정서(北路軍政署: 大韓軍政署)를 창설하게 되자 총재 서일(徐一)로부터 요청을 받아 북로군정서 독립군의 사령관이 되었다. 김좌진의 지휘하에서 북로군정서는 3·1운동 직후 편성된 30여 개 독립군 단체들 중에서 가장 규모가 컸을 뿐만 아니라, 널리 아는 바와 같이 청산리대첩(青山裏大捷)의 주역이었다.

따라서 청산리대첩의 배경과 원인에 관련된 북로군정서(北路軍政署)의 특징을 이해할 필요가 있다고 본다.

첫째, 북로군정서 '성립'의 특징으로 지적해야 할 것은 그것이 대종교(大倧敎) 계통의 민족주의자들과 신민회(新民會) 계통의 민족주의자들의 합작(合作)으로 성립되었다는 사실이다. 이 사실은 그 후 북로군정서의 성격을 이해하는 데 매우 중요한 것이다.

널리 아는 바와 같이, 북로군정서의 기원은 1911년 만주에서 서일(徐一) 등 대종교 신도들에 의하여 조직된 중광단(重光團)에서 시작된다고 볼 수 있다. 중광단(重光團)은 3·1운동 직후에 본격적 독립운동을 전개할 필요를 절감하고 조직을 확대 개편함에 있어서 처음에는 유교 신도들인 공교회(孔敎會)와 합작하여 1919년 4월에 대한정의단(大韓正義團)을 조직하였다. 대한정의단은 비밀리에 대종교신도들과 유교 신도들을 중심으로 조직을 확대하여 북간도 각 지방에 5개 분단(分團)과 70여 개 지단(支團)을 설치하고, 공식적으로 순 한글 신문인 「민보(民報)」

와 「신국보(新國報)」를 발행하는 한편, 독립군을 편성할 준비로 극비리에 결사대원을 모집하여 1,037명의 청년자원자를 확보하였다.

대한 정의단은 독립군평성의 준비가 어느 정도 갖추어지자 1919년 8월(음력 7월) 독립군 무장단체로 대한군정회(大韓軍政會)를 조직하였다. 이것은 대한정의단이 독립군의 무장투쟁을 시작하기 위해 정의단 산하에 편성한 독립군 무장단체였다. 이 때 발표된 대한군정회의 창의격문이 그들의 무장 투쟁의 결의를 잘 나타내 주고 있다.

그런데 대한정의단은 장정과 무기와 군자금이 어느 정도 준비되어 실제로 군사훈련과 독립군편성 과제가 절박하게 대두되자, 이 과제를 누구에게 위탁하여 합작할 것인가의 문제에 부딪치게 되었다. 왜냐하면 대한정의단의 대종교 지도자들이나 유교=공교회(儒敎=孔敎會) 지도자들은 군사문제에는 비전문가들이었기 때문이다.

대한정의단의 서일(徐一) 등 대종교 지도자들은 이 문제를 신민회(新民會) 계통의 무관인 김좌진 및 조성환(曺成煥)·이장녕(李章寧) 등을 초빙하여 그들과 합작해서 해결하였다. 그리하여 1919년 8월에 김좌진 등이 대한정의단의 군정회(軍政會)를 맡게 되고, 모집한 장정들의 군사훈련과 독립군편성의 과제를 수행하게 되었다.

그러나 대한정의단의 대종교 지도자들이 신민회(新民會) 계통의 민족주의자들과 합작한 것은 공교회 계통의 유교 신도들에게 즉각 반발을 불러일으켰다. 왜냐하면 신민회 계통의 민족주의자들은 철저한 공화주의자(共和主義者)들이었고, 반면에 공교회 계통의 민족주의자들은 군주제(君主制)를 지지하는 복벽주의자(復辟主義者)들이었기 때문이다. 대한정의단과 대한군정회가 신민회 계통의 무관들과의 합작으로 공화주의단체로 되자, 복벽주의자들인 공교회 계통의 지도자들은 이에 반발하여 이규(李珪)·김성극(金星極)·강수희(姜受禧) 등이 이탈해서, 김성극 등은 복벽파의 독립군단체로 대한광복단(大韓光復團)을 새로 조직하고, 이규 · 강수희 등은 대한정의군정사(大韓正義軍政司)를 새로 조직하였다.

그 결과 대한정의단과 그 산하 단체인 대한군정회는 대종교 계통의 민족주의자들과 신민회 계통의 민족주의자들이 합작한 순연한 공화주의 독립군단체가 된 것이었다.

대종교 계통의 민족주의자들과 신민회 계통의 민족주의자들은 1919년 10월 대한정의단과 대한군정회를 모두 합하여 전체를 대한군정부로 개편하였다. 그리고 대한군정부(大韓軍政府)를 총재부(總裁部)와 사령부(司令部)로 나누어 총재부는 주로 대종교 계통에서 행정 · 재정 · 조직 · 경리 등을 관장하도록 하고, 사령부는 주로 신민회 계통에서 군사만을 전담하도록 하였다. 대한군정부의 총재는 대종교의 서일, 부총재는 현천묵(玄天默)이었고 사령부의 사령관은 신민회 계통의 김좌진이었다. 즉 대한군정부의 독립군은 김좌진이 전적으로 책임을 지고 창설하게 된 것이었다.

대한군정부는 성립과 동시에 상해 대한민국 임시정부에 그 성립을 보고하고 그 산하 독립군 군사기관으로서의 공인을 신청하였다. 임시정부는 1919년 12월에 국무원 제205호로서, 명칭을 대한군정부(大韓軍政府)로부터 대한군정서(大韓軍政署)로 변경할 것을 조건으로 하여 이를 승낙하였다. 그 이유는 대한군정부도 정부(政府)의 이름을 가져서 임시정부의 정부의 이름과 중첩되어 마치 동격의 2개의 정부가 존재하는 것으로 오해될 소인이 있다고 본 때문이었던 것으로 추정된다. 이에 대한군정부는 임시정부의 명칭 변경요구를 받아들여 대한군정서가 되었다.

대한민국 임시정부는 이 무렵에 서간도에서 한족회 · 신흥무관학교

(新興武官學校)가 중심이 되어 편성한 독립군단체에게 이미 서로군정서(西路軍政署)라는 명칭을 보내었으므로, 북간도의 대한군정서에 대해서는 이와 대비하여 북로군정서(北路軍政署)라는 별칭을 지어 애용하였다. 이로 말미암아 세간에서는 대한군정서라는 공식 명칭보다 북로군정서라는 별명이 더 널리 애용되고 더 유명하게 된 것이었다.

북로군정서가 이상과 같은 과정으로 대종교 계통의 민족주의 독립운동가들과 신민회 계통의 민족주의 독립운동가들의 합작으로 성립되었다는 사실은 이 독립군단체의 성격을 형성하는 데 큰 의미를 갖은 것이 되었다.

북로군정서의 대종교 계통은 처음에는 공화주의에 대하여 선명한 소신이 없다가 철저한 공화주의자들인 신민회 계통과 합작함으로써 공화주의를 지지하게 되고, 북로군정서 전체가 적극적으로 공화주의를 지향하는 진취적 독립군단체로 확립된 것이었다.

또한 이 때문에 북로군정서는 모든 종류의 군주제를 부정하고 한국 역사상 최초의 공화국=민국 체제로 수립된 대한민국 임시정부를 정통성을 가진 정부로 적극 지지하고 그 산하의 공식 군사기관이 될 것을 청원하여 그 승낙을 받은 것이었으며, 시종일관하여 상해 대한민국 임시정부와 긴밀한 관계를 갖게 된 것이었다.

또한 특히 주목할 것은, 북로군정서의 대종교 계통 지도자들이 김좌진 등 신민회 계통의 무관들과 합작했기 때문에 북로군정서는 가장 진취적이고 최강의 정예부대를 만들 수 있었다는 사실이다. 신민회는 이미 구한말 시기부터 국권회복을 위한 독립전쟁전략을 수립하고 만주에 무관학교와 독립군기지를 창건할 계획을 추진하면서, 일본정규군과 현대전에서 대전(對戰)하여 승리할 수 있는 정예독립군의 창건과 훈련방법을 연구하고 수립하여 신흥무관학교 등에서 실천한 국권회복운동 단체였으며, 김좌진 등은 이것을 실천할 수 있는 최적의 탁월한 인물이었다.

둘째, 북로군정서의 특징은 독립군 창설과 동시에 매우 일찍 처음부터 무관학교, 즉 사관연성소(士官鍊成所)를 설립하여 매우 철저한 현대적 군사교육과 군사훈련을 시켜서 막강한 정예부대를 만들었다는 사실이다.

독립군을 창설할 때 미리 또는 동시에 반드시 무관학교를 설립하여 여기서 철저한 현대적 군사훈련과 현대적 전략 전술과 강철 같은 정신교육을 시켜서 막강한 정예독립군을 만들어야 한다는 방식은 신민회가 주장하고 추진하던 방식이었다.

3·1운동 직후 편성된 30여 개 독립군단체들 중에서 독립군 편성과 동시에 처음부터 무관학교 사관연성소를 설립하여 여기서 장교를 양성하고 사병을 강훈련시킨 독립군단체는 북로군정서뿐이었다. 대한독립군이 1920년 8월 뒤늦게 임시정부의 1만 원의 자금지원을 받아 무관학교를 설치했다가 중국군의 출동으로 1개월도 채 안 되어 폐쇄한 일이었었을 뿐, 다른 독립군단체들은 무관학교를 세워 여기서 병사와 장교를 강훈련 시키는 사관교육 사업을 하지 못하였다.

북로군정서로부터 독립군의 편성과 훈련을 책임 맡은 걸출한 전략가인 사령관 김좌진은 왕청현 서대파 십리평(汪淸縣 西大坡 十里坪) 일대에 근거지를 설치하고, 독립군을 훈련할 수 있는 1920년 이른 봄이 오기 시작하자 독립군 편성작업 시작과 동시에 신민회의 방식대로 먼저 무관학교를 설립하였다. 김좌진은 서간도의 신흥무관학교에 도움을 요청하여 교관 이범석(李範奭)과 졸업생 장교 박영희(朴寧熙)·백종렬(白鍾烈)·강화린(姜華麟)·오상세(吳祥世)·이운강(李雲岡)·김훈(金勳) 등을 비롯한 다수의 훈련 장교들과, 그리고 각종의 교재를 공급

받고, 1920년 3월초 서대파 십리평으로부터 약 30리(12킬로미터)의 삼림지대 안에 사관연성소를 설립하였다. 사관연성소의 소장은 사령관 김좌진이 겸임하였다.

김좌진 등은 결사대원으로 자원한 장정들뿐만 아니라 관할구역에서 징병제를 실시하여 30호를 1구로해서 19세 이상 35세 이하의 건강한 신체와 애국심을 가진 청장년을 1구에서 15~25명을 선발하였다. 김좌진 등은 이들을 심사하여 먼저 약 500명의 장정을 뽑아 독립군을 창설하고, 뒤이어 다시 600여 명의 장정을 뽑아 병력을 보충했으며, 나머지 장정들은 대기하고 있으면서 경호병력(警護兵力)이 되게 하였다.

김좌진 등은 입대한 병사들에게 사관연성소 연병장에서 매일 강훈련을 실시하여, 매일 오전 9시부터 11시까지의 오전 훈련에는 주로 제식훈련과 전투훈련을 철저히 실시했고, 오후훈련은 오후 2시부터 밤중까지 계속하여 주로 사격술과 총검술을 비롯한 총기사용 훈련과 학과훈련을 철저히 실시하였다.

김좌진 등은 특히 신입대원 중에서 중등교육을 받은 우수한 청년들은 독립군 사관을 양성하기 위하여 선발해서 사관연성소 무관학교에 입교시켰다. 사관연성소의 교육은 당시의 긴급한 필요에 응해서 6개월 과정의 속성과였으며, 과목은 ①정신교육 ②역사(세계 각국 독립사와 한일관계사) ③군사학 ④술과(術科: 병기의 操用法, 부대의 지휘운용법) ⑤체조 및 구령법 등이었다. 군사훈련은 구한국군대식 방법을 기본으로 하였고 강필립 등 러시아 사관학교 출신 장교와 중국인 장교들을 초빙하여 외국의 방법도 참조하였다. 그들은 1정보 정도 넓이의 연병장을 2개 만들어 사관생도들에게 이곳에서 날마다 철저한 군사훈련을 실시했으며, 술과는 일본군의 모형을 만들어 놓고 실탄 사격연습을 시켰다. 1920년 6월 현재 사관연성소에서 훈련을 끝낸 독립군 사병이 약

600명이었고, 장래 독립군 사관이 되기 위하여 상등병의 견장을 붙이고 철저한 군사훈련과 전략전술을 교육받고 있는 사관생도가 약 300명이었다.

북로군정서 독립군의 편제는 소대-중대-대대 편제였으며, 1소대를 50명으로 하고, 2개 소대를 1개 중대로, 4개 중대를 1개 대대로 했으며, 초병(哨兵)과 첨병(尖兵)의 제도를 실시하여 본대(本隊)와의 연락을 긴밀하게 하였다. 이 조직 편제에 의거하면, 북로군정서 독립군의 1개 소대는 50명, 1개 중대는 100명, 1개 대대는 400명이 되는 것이었다.

일본군 첩보대가 파악한 1920년 7월 1일 현재의 북로군정서 독립군은 4개 대대로 편성되어 있었다.

이 북로군정서 독립군의 대대 편성을 북로군정서 편제에 의거하여 기계적으로 산출해 보면, 북로군정서 독립군의 총병력은 1,600명에 달하는 것으로 된다. 그러나 1개 대대에 400명이 모두 충원되지 않는 경우가 있었기 때문에 서대파 근거지 부근에 있던 북로군정서 독립군의 실병력은 약 1,100명이었다. 이 중에서 600명이 잘 무장된 독립군이었고 300명이 사관연성소 사관생도였으며, 나머지가 경호 병력이었다.

북로군정서 독립군은 모든 군인이 사관연성소에서 기초훈련을 철저히 받아 전반적으로 막강했지만, 그 중에서도 최정예부대는 사관연성소 생도대였다. 북로군정서 독립군은 1920년 9월 근거지를 이동할 때 사관연성소 졸업식을 거행하고 졸업생을 중심으로 약 300명의 연성대(硏成隊, 教成隊, 施行隊)를 편성했는데, 이들은 일당백의 최정예부대로서 북로군정서 독립군의 승전의 주역이 되었다. 청산리독립전쟁의 맨 처음 전투인 '백운평(白雲坪)전투' 에서 일본군과 가장 근거리에서 맞서 일본군을 섬멸한 것도 연성대(硏成隊)였고, 뒤이은 '천수평(泉水坪)전투' 에서 일본군 기병중대(騎兵中隊)를 기습하여 섬멸한 것도 연성대였다.

북로군정서 독립군의 막강한 전투력이 사관연성소 무관학교에서의 철저한 교육 · 훈련과 관련되어 있으며, 다른 독립군부대들에는 없던 연성대의 최정예부대가 그 막강한 전투력의 골간이었음을 특히 주목할 필요가 있는 것이다.

셋째, 북로군정서 독립군의 특징은 무기를 잘 공급하여 무장이 독립군부대들 중에서 가장 잘 갖추어진 부대라는 사실이었다.

대체로 독립군부대들의 무기는 소총이었으며, 기관총을 1정이라도 갖춘 독립군부대는 드물었다. 이에 비하여 북로군정서는 중무기에도 큰 비중을 두어 기관총과 함께 대포 야포도 구입하였다.

북로군정서의 포로가 되어 군정서 내부를 세밀히 관찰한 일제 밀정은 북로군정서의 무장 상태에 대해서 무기가 충분하고 무장이 잘 되어 있는 것이 특징이며 기관총이 5정 있는데 그 중 1정만 고장이고 4정은 사용중임을 도망 후에 일제에게 보고하였다.

북로군정서 독립군이 기관총 4~5정의 중화기를 갖고 있었다는 사실은 편제 안에 기관총대(機關銃隊)가 있고 그 제1소대장 김덕선(金德善: 서리)과 제2소대장 최인걸(崔麟杰)의 이름이 간부 명단에 나오는 사실에서도 이를 거듭 확인할 수 있다.

북로군정서가 야포도 갖추고 있었음은 위의 자료 이외에도 일제의 자료에 '군정서(軍政署)는 작전의 계획상 총기의 정비를 가장 긴요하다고 하여 간단(間斷) 없이 이의 충실에 노력하고 있다. 근래 포2문(제식 미상) 및 다수의 총기탄약이 도착하게 되며 군정서는 이들의 도래를 기다려 대전(對戰) 행동에 나설 계획이라고 한다' 고 보고되어 있다.

이범석의 『우등불』에서는 북로군정서가 청산리독립전쟁의 '마록구전투(어랑촌전투)' 에서 야포를 사용한 것으로 회고하였다.

이러한 기관총과 야포의 중무장은 당시 독립군부대로서는 이례적으로 매우 잘 갖추어진 무장이었다고 말할 수 있다.

북로군정서 독립군 병사의 1인의 휴대 무장을 보면, 소총 1개에, 탄환 500발, 수류탄 1개에 , 잘 찧은 좁쌀 6되, 조선 짚신 1켤레씩이었다. 그밖에도 총기·탄약 등이 우차 4대분이 확보되어 있었다.

이범석의 회고록에 의하면, 북로군정서의 이러한 풍족한 무기는 체코 군에서 구입한 것으로 되어 있으나, 이밖에도 러시아 백군과 심지어 러시아 과격파로부터도 임시정부 국무총리 이동휘(李東輝) 등의 알선에 의하여 대량 구입한 것이었다. 이상의 자료에서도 알 수 있는 바와 같이 북로군정서는 무기를 팔아 주는 곳이면 체코군, 러시아 백·적군을 가리지 않고 구입했으며, 각종의 소총뿐만 아니라 기관총과 야포까지 구입하여 당시로서는 중무장을 한 부대였다고 할 수 있다.

일제는 1920년 6월 7일의 봉오동전투(鳳梧洞戰鬪)에서 대한북로독군부(大韓北路督軍府) 독립군에게 대패하여 큰 충격을 받고 두만강과 압록강 건너에서의 한국민족의 독립군의 급속한 성장에 경악과 공포심을 금하지 못하였다. 이에 일제는 두 가지 대책을 세웠는 바, 그 첫째는 만주군벌 장작림(張作霖)에게 압력을 가하여 일본군의 지도하에 중국군을 출동시켜서 독립군을 '토벌' 하는 대책이었고, 다른 하나는 1920년 7월 하순부터 '간도지방 불령선인 초토계획(間島地方 不逞鮮人 剿討計劃)' 이라는 일본군의 직접 출동에 의한 독립군 '토벌' 계획을 입안하여 8월에 이를 확정한 것이었다.

일제의 압력에 굴복하여 중국군이 출동하게 되자, 맹부덕(孟富德)의 중국군측과 한국민족의 독립군측은 비밀리에 협상하여, 중국군이 독립군을 외형만 수색하는 형식을 취하고 실질적으로는 독립군을 '토벌' 하거나 추격하지 않으며, 그 대신 독립군은 일본측의 눈에 잘 띄지 않는 삼림지대로 근거지의 이동을 단행하기로 밀약이 성립되었다.

이에 따라 길림성(吉林省)의 연길현(延吉縣)·혼춘현(渾春縣)·왕청현(汪淸縣)·화룡현(和龍縣)의 4현에 근거지를 설치하였던 한국민족의 독립군부대들은 1920년 8월 하순부터 근거지 대이동을 시작하게 되었다.

명월구(明月溝)에 근거지를 설치하였던 홍범도(洪範圖)가 인솔하는 대한독립군이 1920년 8월 하순 제일 먼저 근거지를 이동하여 9월 21일경에 안도현(安圖縣)과 접경지대인 화룡현 이도구 어랑촌(二道溝 漁郞村) 부근에 도착하였다. 뒤이어 국민회군(國民會軍)·의군부(義軍部)·신민단(新民團)·광복단(光復團)·의민단(義民團) 등도 이도구에 이동하였다. 봉오동에 근거지를 설치하였던 최진동(崔振東)이 인솔하는 군무도독부(軍務都督府) 독립군은 북방으로 이동하여 9월말경에 나자구(羅子溝) 지방에 도착하였다.

왕청현 서대파에 근거지를 설치하였던 가장 막강한 독립군부대인 북로군정서는 마지막으로 1920년 8월 17일~18일에 걸쳐 근거지 이동을 시작하였다. 북로군정서는 직전에 서둘러 사관연성소 졸업식을 거행하고, 선발대로서 사관연성소 졸업생 약 300명으로 연성대(硏成隊, 敎成隊, 施行隊)를 편성하여 9월 17일 먼저 나중소(羅仲昭)·이범석(李範奭)의 인솔하에 출발하고, 이튿날인 9월 18일에는 300여 명의 별대(別隊)를 북방의 북합마당(北蛤蟆塘) 방면으로 출발시킨 후 나머지 300명의 본대와 보급대 100여 명은 김좌진이 직접 인솔하여 20량의 치중마차(輜中馬車)를 끌고 청산리를 향해 출발하였다. 전투력이 약한 경호병 등은 일단 해산시켜 새 근거지가 설치된 후에 명령에 따라 모이도록 하고, 북로군정서 600여 명의 정예군은 1920년 10월 12일~13일에 줄을 이어 삼도구 청산리(三道溝 靑山里) 부근에 도착하였다.

한편 일제는 중국군을 동원한 한국 독립군 '토벌' 이 완전히 실패로 돌아가고 독립군의 근거지 이동만 가져오자, 그들의 '간도불령선인초토계획' 에 의거하여 일본군이 직접 간도에 '출병' 해서 독립군을 '토벌' 하기로 결정하였다. 그러나 간도는 중국의 영토로 되어 있어 간도에 침입할 구실이 없으므로, 일제는 그들이 매수하여 소종하는 만주 마적단의 하나로 하여금 1920년 10월 2일 혼춘을 습격하고 일본영사관에 방화하도록 유도한 소위 '혼춘사건(渾春事件)' 을 조작하였다. 일제는 이를 구실로 간도에의 '출병' 승인을 중국측에 누차 교섭했으나 중국측이 이를 최종적으로 거절하자 중국의 주권을 무시하고 한국 독립군 '토벌' 을 위해 불법적으로라도 간도에 '출병(침입)' 할 것을 결정하였다.

일제가 간도침입(間島侵入)에 동원한 일본군 병력은 나남(羅南)에 본부를 두었던 19사단 전부와 용산(龍山)의 20사단으로부터 1개 대대와 기타 보조병력을 차출하여 첨가하고, 시베리아에 주둔한 11사단 · 13사단 · 14사단의 일부를 차출하여 모두 5개 사단에서 25,000명에 달했으며, 여기에 측면 지원군으로 관동군(關東軍)의 일부와 비행기까지 동원한 엄청난 규모의 것이었다.

일본군은 이 거대한 병력으로 독립군을 이중으로 포위하여 '섬멸' 하려고 하였다. ① 25,000명의 병력과 관동군에서 동원한 병력으로 북간도의 독립군을 동서남북을 모두 넓게 포위하여 그 포위망을 좁혀 들어가고 ② 그 포위망 안에서 다시 19사단 주력의 12,000명의 병력을 이소바야시지대(磯林支隊), 기무라지대(木村支隊), 아즈바지(東支隊)의 3개 지대로 나누어 각각 3개 구역을 나누어 분담해서 오지에 들어가 내부에서 좁게 포위하여 독립군 각 부대를 수색해서 전투를 통하여 독립군부대들을 모두 '섬멸' 한다는 것이었다.

일본군은 독립군 '토벌' 의 작전 목표를 2단계로 나누어 설정하였다.

즉 ① 제1단계에서는 작전 개시일로부터 1개월 이내에 독립군무장대를 철저히 색출하여 '섬멸' 하고 반복토벌을 되풀이 실시해서 독립군을 전원 '섬멸' 하거나 검거하여 독립군의 무장항쟁을 근원까지 철저히 박멸한다는 것이요 ② 제2단계는 제1단계가 끝난 후로부터 다시 1개월 이내에 촌락에 잠복하고 있는 독립군 '잔당' 과 민간인 독립운동가들을 철저히 색출하여 무장독립군 운동은 말할 것도 없고 비무장 독립운동까지 뿌리를 뽑겠다는 것이었다.

일본군은 이 작전목표에 따라 이소바야시지대가 10월 14일 혼춘하(渾春河) 골짜기의 평야지대에 출동하기 시작했으며, 기무라지대가 10월 17일 왕청(汪淸) 방면으로 출동했고, 아즈마지대가 10월 15일 용정(龍井)에 도착한 후 10월 18일 삼도구에 있는 김좌진의 북로군정서와 이도구에 있는 홍범도 연합부대를 찾아서 출발하였다. 일본군 아즈마지대는 기병과 포병을 포함한 약 5,000명의 막강한 병력으로 이도구를 포위하여 그 안에 있는 김좌진(金佐鎭)의 북로군정서와 홍범도연합부대를 10월 20일을 기해서 총공격하여 '섬멸' 하라고 명령하였다.

독립군은 처음에는 병력과 화력의 열세를 고려하여 '피전책(避戰策)' 을 채택하였다. 그러나 일본침략군이 독립군을 '토벌' 하겠다고 추격해 들어오면서 한국인 촌락을 통째로 불 지르고 선량한 동포 농민들을 닥치는 대로 학살하는 것을 보고 결정을 바꾸어 일본침략군을 공격하기로 결의함으로써 청산리독립전쟁이 시작된 것이다.

청산리독립전쟁의 최초의 전투는 김좌진이 이끄는 북로군정서 독립군이 1920년 10월 21일 오전 9시 일본군 토벌대의 하나인 야마다보병연대(山田步兵聯隊)를 삼도구 청산리(靑山里) 골짜기의 백운평(白雲坪) 부근에서 섬멸한 '백운평전투' 에서부터 시작되었다.

여기서 주목할 것은 북로군정서 독립군이 압도적으로 우세한 일본군을 무찔러 완승을 거둔 전투들의 승리의 전술이 기습섬멸전이었다는 사실이다.

먼저 백운평전투를 보면, 북로군정서 사령관 김좌진은 일본군 야마다보병연대가 그들을 추격하여 청산리 골짜기 입구에 들어오자 피전책을 버리고 일본군과의 일전을 벌이기 위하여 부대를 2개 제대(弟隊)로 나누었다. 제1제대는 300여 명의 '본대(本隊)'로서 사령관 김좌진이 직접 지휘하여 제2제대가 잠복한 건너편 사방정자(四方頂子)의 산기슭에 배치하였다. 제2제대는 연성대장 이범석의 지휘하에 사관연성소 졸업생들을 중심으로 편성한 300명의 연성대로서 이를 후위대로 하여 일본군의 추격에 대항하는 최전면을 담당하되 지리(地利)를 이용하여 청산리 백운평 바로 위쪽 골짜기의 목에 잠복케 하였다. 북로군정서가 이와 같이 병력을 배치한 길목은 청산리 계곡에서도 폭이 2~3리로 가장 좁고 양쪽에는 깎아지른 듯한 절벽이 있으며 그 골짜기의 중앙에는 공지(空地)가 되어 단 하나의 오솔길이 이 공지를 통과하는 지점이었다. 특히 일본군을 기습할 최전면을 담당한 제2제대(연성대)가 매복한 지형은 공지를 바로 내려다보는 깎아지른 듯한 절벽 위였다. 이러한 절벽 위에서 소나무 앞에 널려진 나무둥지를 엄폐물로 하여 두껍게 쌓인 낙엽속에 전신을 파묻어서 완전히 매복하였다. 북로군정서 독립군은 완전히 엄폐된 상태에서 매복하여 기습섬멸전을 전개하려고 절벽 아래의 공지를 향하여 모든 총구를 모으게 하였다.

북로군정서는 일본군을 이 공지로 유인하기 위하여 백운평과 송림평 등 이 근방마을의 남은 한국인 노인들에게 독립군이 보잘것없는 병력으로 무기도 제대로 갖추지 못한 채 일본군의 '토벌'에 낭패하여 사기가 떨어질 대로 떨어져서 하루 전에 허둥지둥 계곡 끝으로 도망했다는 허위 정보를 퍼뜨리고 이를 일본군에게 제공하도록 하였다. 일본군 야스가와(安川) 전위중대는 백운평을 점령하여 주민들로부터 독립군이 패색이 짙어 하루 전에 도망했다는 정보를 수집한 다음, 절벽 밑의 꼬불꼬불한 소로를 따라 말똥을 채집하여 온도를 측정해 보면서 조심스럽게 공지 쪽으로 접근해 왔다. 말똥은 하루 전의 것이므로 완전히 식고 말라 있어서 독립군이 적어도 하루 전에 길을 지나갔음을 분명히 증명해 주고 있었다. 일본군 전위중대는 북로군정서 독립군이 일전을 결의하여 돌아서서 매복한 채 그들을 기다리고 있는 줄은 꿈에도 생각하지 못하고 공지 안으로 들어섰다.

북로군정서 독립군은 '섬멸전'을 전개하려고 일본군 전위중대의 모든 병력이 공지 안에 다 들어서고, 전면은 북로군정서 연성대(제2제대)의 매복지점으로부터 10여 보 앞에 도달할 때까지 기다렸다가, 10월 21일 오전 9시 독립군은 일시에 기습공격을 시작하였다. 북로군정서 독립군의 600여 정의 소총과 4정의 기관총과 2문의 야포의 화력이 섬멸을 위해서 일시에 일본군 전위부대의 머리 위에 불을 토하며 쏟아져 내렸다.

일본군 전위부대는 응사를 시도했으나 북로군정서 독립군이 어디에 은폐하고 있는지를 전혀 알지 못하므로 총탄이 날아오는 방향을 향한 응사도 아무런 효과가 없었다. 단 10여 분의 교전 끝에 일본군전위부대 200명은 섬멸되었다.

전위부대에 뒤이어 도착한 야마다토벌연대 본대는 전위중대가 전멸당한 것에 크게 당황하여 산포와 기관총으로 결사적으로 응전해왔다. 그러나 일본군은 조준과 목표가 정확치 않아서 화력만 허비하였다. 반면에 나라를 빼앗기고 설욕의 날을 기다리던 북로군정서 독립군은 사기충천하여 정확하게 조준해서 화력을 퍼부었으므로 시간이 흐를수록 일본군의 전사자만 늘어 갔다.

일본군은 다시 보병 2개 중대와 기병 1개 중대로 1부대를 편성해서 매복한 북로군정서 독립군의 측면을 우회하여 북로군정서 제 2제대를 포위해 보려고 시도하였다. 그러나 절벽 위에서 정확하게 조준하여 맹사하는 북로군정서 독립군의 공격에 막대한 희생만 내고 패주하였다. 일본군은 이번에는 다시 부대를 정돈해 가지고 매복한 북로군정서 제 2제대의 정면과 측면을 산포와 기관총으로 반격해 왔다. 그러나 북로군정서 독립군은 절벽의 고지 위에서 완전히 은폐되어 있었으므로 일본군은 아무리 중화기로 반격을 해도 효과가 없었다. 반면에 북로군정서 독립군은 조준사격을 정확히 했으므로 일본군은 여기서도 계속 사상자를 낼 뿐이었다. 일본군 야마다토벌연대 본대는 자기편의 시체를 쌓아 은폐물을 만들고 필사적 반격을 시도했으나 모두 300명 가까운 전사자를 낸 채 더 견디지 못하고 숙영지로 패주하였다. 이것이 청산리독립전쟁의 첫 번째 전투인 '백운평(白雲坪)전투' 로서, 북로군정서 독립군이 기습섬멸전으로 일본군 야마다보병연대의 전위부대를 섬멸하고 본대를 패주시킨 독립군의 완승의 전투이었다.

북로군정서 독립군은 두 번째 전투인 '천수평(泉水坪)전투' 도 역시 기습섬멸전을 펴서 일본군 기병중대(騎兵中隊)를 섬멸시킨 전투였다.

북로군정서 독립군은 백운평전투에서 크게 승전한 후 퇴로가 차단될 것을 염려하여 그 날 밤 백리길을 강행군해서 10월 22일 새벽에 이도구 갑산촌(甲山村)으로 철수하였다. 북로군정서 독립군이 갑산촌에서 동포들이 제공하는 차조밥으로 허기를 면하고 있을 때 일본군 1개 기병대가 천수평(泉水坪: 샘물골) 마을에 들어가서 주둔하고 있다는 정보를 받았다.

김좌진 등 북로군정서 지휘관들은 작전회의를 열고 천수평의 일본기병대를 먼저 기습섬멸하기로 결정하였다. 북로군정서 병사들은 치열한 전투와 백리의 강행군으로 인하여 극도로 피곤한 상태에 있었으나 그들은 일본군을 기습섬멸전으로 선제공격해야만 완승을 얻을 수 있다고 판단한 것이었다.

북로군정서 사령관 김좌진은 병사들을 1시간 정도 잠재우고 다시 전투 준비에 들어갔다. 북로군정서는 10월 22일 새벽 4시 30분경 연성대가 선두에 서고 본대가 뒤에 서서 천수평을 향하여 진격하였다. 일본군은 시마다(島田) 중대장의 지휘하에 있는 기병중대 120기로서 독립군이 아직도 백 리 밖 청산리 부근에 있다고 착각했음인지 소수의 기병순찰만 세워 놓고 병력을 촌락 안에 모아 놓았으며, 토성(土城) 안에 말을 매어 놓은 채 깊은 잠에 곯아떨어져 있었다.

북로군정서는 작전대로 22일 새벽 5시 30분경 이범석이 지휘하는 연성대가 앞장서서 일본군 기병중대가 잠자고 있는 촌락과 말을 매어 놓은 토성 안으로 기습해 들어갔다. 일본군 순찰 보초가 신호 총성을 울렸고, 일본군은 자다가 놀라 깨어 급히 뛰어나와 응사하면서 말을 찾았으나, 말은 이미 사살되거나 달아나 버린 후였다. 일본군은 전의를 상실한 상태에서 북로군정서 독립군의 날카로운 기습공격에 대항할 능력이 전혀 없었다. 한 차례의 혼전이 있은 다음에, 일본군은 4명이 용케도 말을 찾아 타고 탈출한 이외에는 116명이 전원 몰살당하였다. 이 때 섬멸당한 일본군은 기병 제 27연대 소속의 전초기병중대였다. 북로군정서의 피해는 전사 2명과 부상 17명의 경미한 것이었다.

이것이 '천수평(泉水坪)전투'로서 북로군정서가 '기습섬멸전'으로 일본군을 선제공격하여 일본군 1개 기병중대를 섬멸한 대승리의 전투였다.

뒤이어 벌어진 '어랑촌(漁郎村)전투'는 '기습섬멸전'이 될 수 없었고 불가피하게 정면전이 될 수밖에 없어서 독립군은 10월 22일 오전 9

시부터 해가 질 때까지 하루 종일 전투를 하여 힘겹게 일본군을 패주시켰다.

즉, 북로군정서 독립군은 천수평 전투에서 일본군 수색기병중대를 섬멸한 후 숨 돌릴 사이도 없이 다음 전투를 준비하지 않으면 안 되었다. 왜냐하면 천수평에서 도망쳐간 4명의 일본군 기병이 어랑촌에 설치한 그들의 기병연대 사령부에 사태를 보고했을 것이고, 이렇게 되면 일본군 대부대의 공격이 있을 것이 틀림없기 때문이었다.

북로군정서 독립군은 이에 적을 앉아서 기다리기보다는 기선을 잡아 먼저 유리한 고지를 선점하는 것이 승리를 보장하는 것이라고 판단하고 '어랑촌 서남단 874고지'를 선점하는 작전을 시작하였다. 북로군정서 독립군이 874고지를 선점하고 전투태세에 들어갔을 때에 일본군도 얼마 후에 이 고지를 선점하려고 달려왔다. 그러나 이때는 이미 이 고지가 북로군정서 독립군의 선점 하에 들어간 후이었다.

그 결과 북로군정서 독립군은 고지 위에서 일본군을 내려다보며 전투를 하는 유리한 위치에 서게 되고 일본군을 고지 밑에서 고지 위에 있는 독립군을 공격하는 불리한 위치에 서게 되었다. 일본군은 북로군정서 독립군의 6배가 넘는 우세한 병력과 화력만 믿고 고지 아래에서 독립군을 밑으로 포위하여 22일 오전 9시경부터 공격을 시작하였다.

일본군은 부근에 흩어져 있는 일본군 병력을 모두 불러 모았으므로 일본군의 숫자는 시간이 갈수록 증가하였다. 반면에 북로군정서 독립군은 병력이 600명이었고 화력이 제한되어 있어서 시간이 갈수록 불리한 추세에 있었으나, 지형이 유리하므로 이 전투를 전사할 자리라고 각오하고 우세한 성과를 내면서 혈전을 전개하였다.

북로군정서 독립군은 지형이 유리했기 때문에 우세한 화력으로 돌격해 올라오는 일본군을 내려다보면서 소총과 기관총을 퍼부어 수많은 적을 살상하였다. 그러나 병력과 화력에 있어서 압도적으로 우세한 일본군은 단념하지 않고 계속 북로군정서 독립군을 고지 아래서 포위하여 공격하였다. 일본군은 기병대로 측면을 공격하고 정면에는 포병과 보병으로 결사적인 공격을 감행하였다. 일본군의 공격은 치열했으나 유리한 지형을 차지한 북로군정서 독립군은 충천하는 투지로 용감히 분전하였다. 북로군정서 독립군의 투지가 얼마나 높았는지 하나의 사례를 들면, 북로군정서 기관총대 제 2소대장 최인걸(崔麟杰)은 기관총 사수가 전사하자 기관총을 스스로 자기 몸에 묶고 몰려 올라오는 일본군을 집중 사격하여 패주시킨 후에 기관총 탄환이 떨어지자 장렬하게 전사하였다.

북로군정서 독립군과 일본군은 해가 져서 고지에 어둠이 내릴 때까지 치열한 전투를 했으나, 일본군은 막대한 희생만 낸 채 고지를 점령하지 못하고 어두워지기 시작하자 결국 패퇴하였다. 독립군은 이 치열한 전투에서도 승리했으므로 북로군정서를 홍범도부대가 있는 최고 표고의 고지에 집합시켜서 어둠을 타고 다시 부대를 나누어 안도현(安圖縣) 방면을 향해 이동함으로써 '어랑촌(漁郞村)전투' 는 일단 종결되었다.

일본군은 이 '어랑촌전투' 에서 크게 패하여 기병연대장 가노(加納) 대좌를 비롯해서 300명의 전사자를 내었다. 한편 독립군측도 어랑촌전투에서의 피해가 가장 컸다.

북로군정서 연성대장 이범석에 의하면, 북로군정서의 전사자와 부상자만도 100여 명에 달했다고 한다.

일본군은 그들의 모든 보고서에서마다 독립군을 패배시켰다고 하면서도 어랑촌전투에서 일본군이 패전한 사실을 간접적으로 시인하였다. 청산리독립전쟁 중에서 가장 치열하고 규모가 큰 어랑촌전투도 결국 독립군의 승리로 귀결된 것이었다.

북로군정서 독립군은 어랑촌전투에서 승리한 다음날인 10월 23일부터 소부대를 편성해서 서북방으로 이동하면서 일본군 부대들과 조우할 때마다 소규모 전투로서 '맹개골(萬麒溝)전투' '쉬구(溝)전투' '천보산(天寶山)전투' 를 전개하여 일본군에게 큰 타격을 주었다.

북로군정서는 10월 29일경에 안도현 황구령촌(黃口嶺村)에 도착하여 다른 부대들과 합류했다가 그 해 12월에 다시 북방으로 이동하여 밀산(密山)에 도착하였다.

광의의 '청산리독립전쟁' 의 결과를 결산해 보면, 상해 임시정부의 「독립신문(獨立新聞)」은 '김좌진씨 부하 600명과 홍범도씨 부하 300여 명은 대소전쟁 10여 회에 왜병을 격살한 자가 1,200여 명' 이라고 하여, 일본군 전사자를 약 1,200여 명으로 계산하였다. 상해 대한민국 임시정부 군무부의 추산은 이것이었다고 할 수 있다. 북로군정서가 청산리독립전쟁 직후에 상해임시정부에 제출한 정식 보고서에서는 ① 일본군 전사자가 연대장 1명, 대대장 2명, 기타 장교 이하 사병 1,254명이며, ② 부상자가 장교 이하 200여 명이라고 하였다.

한편 당시 중국의 「요동일일신문(遼東日日新聞)」은 일본군 전사자를 2,000명으로 추정했으며, 박은식(朴殷植)도 이를 자료로 일본군 전사자를 약 2,000명으로 추산하였다.

우리가 상해 임시정부의 추산에 의거한다면, '청산리독립전쟁' 에서의 일본군 전사자를 약 1,200명, 부상자를 약 2,100명으로 볼 수 있다.

한편 독립군의 피해는 상해 임시정부가 간도 독립군 단체들의 통합을 위하여 현지에 파견한 간북시찰원(墾北視察員) 안정근(安定根)의 임시정부에 제출한 비밀보고서를 기본자료로 하여 추산할 때, 독립군의 전사자가 130여 명, 부상자가 약 220명, 합계 약 350여 명으로 추산

된다.

어떠한 자료를 사용하든지간에 '청산리독립전쟁' 에서 일본군은 대패하고 북로군정서를 주력으로 한 독립군은 대승리를 쟁취한 것이었다.

북로군정서 총재 서일(徐一)은 1921년 1월 15일 상해 임시정부에 북로군정서의 '청산리독립전쟁' 에서의 승리의 요인과 일본군의 패배의 요인을 다음과 같이 보고하였다.

(ㄱ) 일본군의 실패 이유

① 병가(兵家)에서 가장 기피하는 경적(輕敵)의 행위로 험곡장림(險谷長林)을 별로 수색과 경계도 없이 맹진(盲進)하다가 항상 일부 혹은 전부의 함몰을 당한 것.

② 국지전술(局地戰術)에 대한 경험과 연구가 부족하여 삼림과 산지 중에서 종종의 자상충돌(自相衝突)을 낳은 것.

③ 일본군인의 염전심(厭戰心)과 피사도생(避死逃生)은 극도에 달하여 군기가 문란하여 사법(射法)이 부정(不精)하여 1발의 효과도 없는 란사(亂射)를 행한 뿐인 것.

(ㄴ) 독립군의 전승(全勝)이유

① 생명을 돌아보지 않고 분용결투(奮勇決鬪)하는 독립에 대한 군인정신이 먼저 적의 심기를 압도한 것.

② 양호한 진지를 선점하고 완전한 준비를 하여 사격 성능을 극도로 발휘한 것.

③ 응기수변(應機隨變)의 전술과 예민근속(銳敏近速)한 활동이 모두 적의 의표에서 벗어나서 뛰어난 것.

김좌진 장군이 영솔하는 북로군정서가 주력이 되어 승리한 '청산리 독립전쟁'은 일제가 독립군을 '토벌'하기 위하여 수립한 '간도지방불령선인 초토계획'과 간도침입 작전을 붕괴시켜 버렸다. 앞에서도 밝힌 바와 같이, 2만 5,000명의 병력으로 제1단계에서는 무장독립군을 완전히 섬멸하고 제2단계에서는 촌락에 잠복하고 있는 비무장독립운동세력까지 뿌리 뽑아 간도지방의 한국민족 독립운동을 완전히 소멸시킬 것을 목표로 하고, 이것을 달성함으로써 국내독립운동을 고립차단시켜 이를 완전히 소멸시키고자 하였다. 그러나 일본군은 이 목표를 달성하기는커녕 1단계에서조차 김좌진의 북로군정서를 주력으로 한 '청산리 독립전쟁(靑山里獨立戰爭)'에서 패배하여 일본군의 작전은 완전히 실패하였다.

그리하여 북로군정서를 주력으로 한 독립군부대들의 '청산리독립전쟁'의 대승리는 일본군의 간도침입작전을 완전히 실패로 돌려줌으로써 만주지방의 한국민족 독립운동을 보위한 커다란 역사적 역할을 수행했으며, 이를 통하여 간접적으로 국내의 독립운동도 보위하고 민족의 해방과 독립을 쟁취하려는 한국민족의 독립정신과 독립투쟁을 한층 더 고양시켜 주었다.

김좌진의 북로군정서 독립군은 청산리 독립전쟁에서 승리한 후 안도현으로 이동했다가, 다시 산개해서 1920년 12월 밀산(密山)에 집합하였다. 김좌진은 북로군정서를 인솔하고 대한국민의회(大韓國民議會) 간부 등의 요청과 안내를 받아 다른 독립부대들과 함께 흑룡강을 건너 노령 이만에 도착하였다. 이곳에서 독립군의 통합과 무기 공급을 달성하여 대작전을 감행할 계획이었다.

김좌진 등은 1921년 3월에 이만에서 북로군정서 · 대한독립군 · 국민회군 · 의군부 · 군무도독부 · 혈성단 등 만주에서 건너온 독립군부대들과 청룡대·사하린부대(박일리아 부대)·이만부대(박그레고리 부대)등을 통합하여 대한의용군총사령부(大韓義勇軍總司令部: 후에 대한독립단이라 개칭)를 조직하였다. 이 통합독립군은 약 3,000명의 병력으로서 총재에 서일, 부총재에 김좌진·홍범도 등이 지휘하였다. 그러나 이 통합독립군이 대작전을 전개하기 전에 코민테른동양비서부가 1921년 3월 긴급하게 임시고려혁명군정회의(臨時高麗革命軍政會議)를 조직하고 총사령관에 갈란다라시월린, 부사령관에 오하묵(吳夏默)을 임명한 후 통합독립군을 그 산하 군대로 개편하려고 하였다. 김좌진은 이에 회의를 품고 다시 만주로 건너왔다. 그 직후 1921년 6월 박일리아부대(사하린부대) 등 고려혁명군정회의에의 편입에 거부반응을 보이자 갈란다라시월린 등은 러시아 적군 제29연대를 동원하여 사할린부대 등을 공격케 함으로써 독립군의 사망 272명, 익사 37명, 행방불명 250여 명, 포로 917명의 참혹한 희생을 내었다. 이것이 이른바 '흑하사변(黑河事變; 自由·慘變)' 이라고 부르는 사건이었다.

코민테른 동양비서부는 이어서 1921년 8월 통합 독립군을 바이칼호 부근의 이르쿠츠크로 이송시켜 여기에서 고려혁명군(高麗革命軍)을 편성하고 군사훈련을 시키면서 이 독립군으로 연해주 시베리아에 주둔한 일본군 3개 사단을 공격케 하려고 하였다.

일본측은 1922년 늦은 봄에 소련측에게 고려혁명군의 해산과 소련 영토내에서의 한국인 무장독립운동의 금지를 조건으로 시베리아에 출병한 일본군의 철수를 제의하였다. 소련측은 이에 동의하여 이해 여름에 고려혁명군의 해산을 명하고 보급을 중단시켰다. 고려혁명군 해산병들은 금광을 하나 빌리어 낮에는 금광을 캐고 밤에는 자체 군사훈련을 하여 독립군의 자립을 시도하였다. 그러나 빌린 금광은 폐광이어서 금은커녕 식량도 조달하지 못하게 되었다. 이에 적군에의 편입을 받아들인 소수의 해산병은 소비에트 적군 제5군단 관할하의 한족여단(韓族旅團)으로 편입되고 나머지 대부분의 해산병들은 산개하여 개별적으로 만주와 연해주로 돌아오게 되었다.

김좌진은 만주에서 재기에 노력하고 있다가 1925년 3월 신민부(新民府)를 창립하여 독립군을 재건하고 신민부 군사위원장과 총사령관이 되었으며, 성동(城東)무관학교를 설립하여 독립군 장교와 사병의 양성 훈련에 총력을 기울였다. 이 때 상해 임시정부가 김좌진을 국무위원으로 임명하여 초청했으나 독립군 양성을 위해 가지 않았다. 일제와 만주 군벌 사이에 미쓰야협정(三失協定)이 체결된 후, 1927년 신민부의 다수 간부가 체포되자 신민부를 재정비하여 재건하고 총사령과 함께 중앙집행위원장으로 활동하였다.

김좌진은 독립운동 및 독립군단체를 통합하기 위해서 1929년에는 신민부를 발전적으로 해체하고 한족총연합회(韓族總聯合會)를 결성하여 독립운동에 진력하다가 1930년 1월 공산주의자 청년에게 암살당하여 그의 장렬하고 애국적인 일생을 마치고 순국하였다.

정정화: 내 나라에서 아침을 맞으며

수당 정정화와 함께 한 독립운동 10장면*

김 창 희

(전 동아일보 국제부장)

1. 동농의 죽음 앞에서

그때 정정화는 서울에 있었다. 아니, 정확하게 말하자면, 친정인 충남 예산에서 시댁인 서울 적선동 집으로 막 올라온 참이었다. 청천벽력이었다. 시아버지 동농 김가진이 상하이에서 별세했다는 전보가 도착해 있었다. 정신이 아득해지며 지난 2년 반 동안의 일이 주마등처럼 머리를 스쳐갔다. '아, 끼니도 제대로 갖춰 드리지 못해서….' [1)]

정정화는 훗날 시아버지의 최후를 언급할 때마다 "사실상 굶어서 돌아가신 것" 이라며 한숨을 내쉬곤 했다. 비록 쓰러져가는 나라일망정 대

* 이 글은 2013년 서울역사박물관에서 한 가족의 독립운동이야기를 「조국으로 가는 길」이라는 주제로 유물 · 유적 전시를 하였는데 그때 발표된 논고이다.

1) 동아일보 상하이통신원 우승규가 작성한 것으로 보이는 「동아일보」 1922년 7월 7일자 '김가진씨 장서(長逝)' 라는 제목의 상하이발 기사는 그의 죽음을 국내에 알린 첫 보도다. 우승규는 김가진의 아들 김의한의 친구이기도 했다. 이 기사는 당시 김가진의 상황을 "상하이에 건너간 이후의 고생은 거의 극도에 이르러 팔십지년(八十之年)에 하로 한 끼를 먹지 못하야 가위 긔한(飢寒)이 도골(到骨)한 중에서 이 세상을 마추었더라" 라고 언급했다.

한제국의 법부대신을 지내고 1만여 평에 이르는 백운장을 경영하던 김가진이 굶어서 죽었다는 것은 상상하기 어려운 일이다. 그러나 그는 1919년 10월 상하이 망명길에 오를 때 아들 김의한과 동행한 것 외에 모든 것을 버렸다. 명예와 재산을 버린 것은 물론이고 74세의 노구까지 독립운동의 제단에 던진 것이다. 그렇게 상하이 생활 2년 9개월 만인 1922년 7월 4일 대한민국 임시정부의 고문으로서 산화했다.

시아버지와 남편을 따라 두 달 뒤 상하이로 건너갔던 정정화는 자신이 시아버지를 제대로 모시지 못했기 때문이라는 자책감에 짓눌렸다. 이번에 세 번째로 국내 잠행을 결행한 이유도 생활비를 포함해 독립운동 자금을 마련하는 데에 있었다.[2] 그렇게 우여곡절 끝에 친정 예산에까지 다녀왔는데 정작 서울에서는 김가진의 사망 소식이 그를 기다리고 있었던 것이다.

그렇게 자책감과 안타까운 심정이 일시에 밀려들었지만 맥 놓고 있을 수도 없었다. 그에게는 할 일이 많다. 시어머니 위로하랴, 다른 한편으로 남편 김의한을 대신해 국내에 빈소 차리랴… 뒤처리는 모두 그의 몫이었다. 이번 잠행의 목적이 김가진의 활동 자금을 마련하는 것이라는 점을 기억한다면 정정화가 국내에서 김가진 사망의 뒤처리를 맡게 된 것은 참으로 얄궂었다. 하지만 어쩔 수 없었다. 김가진의 사망을 아쉬워하는 사람들이 상하이뿐 아니라 국내에도 많았기 때문이다.

정정화는 우선 시어머니와 시동생, 시누이 등이 살던 집을 급히 옮겼

---

2) "시아버님과 성엄(김의한의 자)도 상하이를 떠나 만주로 갈 것을 희망하고 있었다. 당시 만주에는 일가 되는 백야 김좌진 장군이 북로군정서의 총사령으로 있었는데, 성엄에게 아버님을 모시고 오라는 편지를 보냈다. 그러나 그때 연로하신 시아버님의 건강이 아주 좋지 않았으며, 세 식구가 만주로 옮겨갈 여비를 마련하기도 어려웠던 처지였다. 그리하여 1922년 6월에 나는 다시 한 번 본국에 다녀올 것을 결심하였다."(정정화, 『장강일기』, 학민사 1998, 77쪽).

다. 이 무렵 시댁 식구들이 살던 곳은 서울 운니동에 있던 친척 김종한의 집 문간방[3]이었다. 남의 집 문간방에서 문상객을 받을 수는 없는 노릇이었다. 마침 그에게는 친정에서 얻어온 돈이 조금 있었다. 앞뒤 가릴 것 없이 우선 이 돈으로 적선동 160번지[4]의 집 가운데 사랑채 전체를 빌려 그곳에 상청을 차리고 문상객을 받았다.

김가진의 쉽지 않았던 말년 삶에 대한 안타까움의 표시였을까? '유림연합대회' 명의로 부고가 나갔고, 7월 8일부터 사흘 동안 상당히 많은 사람들이 빈소를 찾았다. 부의금도 300원 이상 모였다. 적지 않은 액수였다. 친척들 외에 눈에 띄는 부의 목록으로는 '동아일보사'와 '동아일보사 송진우 씨' 등 간부 명의로 각 30원, '한성도서주식회사' 명의로 30원, '민영휘' 명의로 30원 등이 있었다.[5]

정정화는 이 가운데 시집 식구들이 작은 집 한 채를 마련할 수 있는 액수를 떼어놓은 뒤 대부분의 부의금을 품에 안고 상하이로 돌아갔다.[6] 그에게는 그 돈이 '독립운동자금'이었다. 그의 상하이 귀환에는 시동생 김용한이 동행했다.

상하이 귀로에 비로소 정정화는 상황을 돌이켜볼 여유가 생겼다. 모

---

3) 1922년 당시 이들 가족의 서울 거주지에 대해 정정화의 아들인 김자동의 회고록 『상하이일기』(두꺼비 2012)는 "할머니는 결국 종로 체부동의 작은 집마저 팔아(…) 어머니가 세 번째 귀국했을 때 가족들은 종로 재동에 있는 한 일갓집의 사랑채에서 더부살이를 하고 있었다." 정정화의 『장강일기』는 "그때 시어머님은 어린 세 자녀를 데리고, 시아버님과 함께 조정대신을 지냈던 근친 김종한의 집에서 곁방살이를 하고 있던 터였다"고 각각 기록하고 있다. 그러나 가전문서인 「조객록」은 김종한의 자택을 '재동이 아니라 그 인근의 운니동 101번지'로 기록하고 있다.

4) 「동아일보」 1922년 7월 8일자는 "수일 전에 시내 적선동 일백육십 번지 되는 남의 집 사랑채 두 칸을 간신히 사글세로 빌려서 당분간 주인을 일흔 여러 식구가 몸을 담고 있게 되었다 한다"고 전했다. 이 집은 76평 규모의 꽤 큰 집이었으나 지금은 해당 필지가 사직로 8길의 종교교회 앞 도로로 편입됐다.

5) 「김가진 부의록」, 1922, 연세대학교 학술정보원 소장.

6) 정정화의 상해 출발은 7월 9일 저녁이었다. 「동아일보」 1922년 7월 10일자 참조.

든 것이 바뀌어 있었다. 6월 중순 상하이를 떠나 고국으로 출발할 때만 해도 시아버지 김가진, 남편 김의한과 함께 조만간 상하이에서 만주로 옮겨가 무장독립운동에 몸담을 계획이었다. 그 여비 등을 마련하는 것이 국내 잠행의 목적이기도 했다. 그러나 그로부터 한 달이 채 지나지 않은 지금은 상황이 완전히 달라졌다. 그 모든 계획의 중심축이던 시아버지가 이 세상에 없는 것이었다. 어디에서 무엇을 해야 할지 원점에서 다시 생각해야 했다.

또 한 가지 달라진 것은 그의 국내 잠행이 이번에 처음으로 일제 경찰에 발각된 것이었다. 그것은 사실 김가진의 사후 분향소 설치 등의 공개적 활동과는 관계없는 일이었다. 국내로 들어올 때 이미 그의 행적이 일제 경찰에 포착되었기 때문이다.

이 점은 당시 상하이 중심의 독립운동이 처한 상황을 상징적으로 보여주는 것이었다. 앞선 두 차례 국내 잠입 때는 상하이 임시정부의 국내 연락조직인 연통제(聯通制)가 살아 있어 그 루트 중의 하나를 이용해 왕래할 수 있었다. 그러나 아일랜드계 영국인으로서 중국 안둥(安東縣, 지금의 단둥)에서 이륭양행(怡隆洋行)이라는 윤선(輪船)회사를 운영하며 우리 독립운동에 적극 협력하던 조지 쇼(George Shaw)가 1920년 7월 일본 경찰에 체포되어 한때 법정에까지 서고, 다른 관계자들도 체포되거나 신분이 탄로 나게 된 것을 기화로 1921년 말이면 연통제가 제대로 작동하지 않게 되었다. 국내와의 연결 루트가 붕괴되었다는 것은 임정 보급선의 단절을 의미하는 것이었다.

바로 이런 사정 때문에 정정화가 상하이에서 세 번째 국내 잠입 의사를 밝혔을 때 임정 관계자들은 대부분 말렸다. 그럼에도 불구하고 정정화는 마침 상하이에 왔다 돌아가는 이욱(李昱)이라는 자와 동행해 귀국하던 길에 신의주에서 일본 경찰의 불심검문에 걸려 신분이 탄로 난 것이다. 조직이 와해된 상황에서 단신으로 움직이는 게 얼마나 위험한지 증명된 셈이었다. 다행히 그 이전 두 차례의 밀행이 드러나지 않아 상하이 생활이 힘들어 친정으로 돌아가는 길이라고 둘러대며 심문은 그럭저럭 넘길 수 있었지만 그 대가로 앞으로는 '국내 잠입'을 할 수 없게 되었다.

연통제의 붕괴뿐만 아니었다. 1919년 삼일운동 직후 2,000명 가까이 되던 상하이의 한인사회도 한두 해 사이에 500명도 채 되지 않게 줄어 있었다. 임시정부와 상하이의 거의 모든 한인당체들이 침체 상태에 빠졌고, 국내와 만주의 항일 조직들도 어려운 시기를 보내고 있었다. 삼일운동 직후 곧 독립이 될지도 모른다던 기대감과 그에 따른 활기는 임시정부의 내분과 일제의 집요한 회유를 거치며 싸늘하게 식어갔다.

그것이 상하이로 귀환하는 정정화를 기다리고 있던 한인사회의 상황이었다. 더욱이 그곳에는 하늘같이 믿고 따르던 시아버지도 없었다. 그의 빈자리가 너무 컸다.

2. 백운장의 호랑이

본래 정정화는 당찬 여성이었다. 150㎝가 채 되지 않는 작은 체구에서 어떻게 그런 용기가 나오는지 놀라울 정도였다. 오죽하면 국내 잠행을 자청해 다녀온 그를 두고 임정의 관계자들은 '온 몸이 담(膽)으로 이뤄진 사람'이라고 평가했을까? 아니, 겸손함과 부드러움 속에 오롯이 자리잡은 용기가 없었더라면 그 힘든 세월을 넘기기 어려웠을지도 모른다.

1900년생인 정정화는 우리 나이로 열한 살 때인 1910년 동갑인 김의한과 결혼했다. 그가 어린 나이에 결혼해서 살던 곳은 인왕산 자락의 백운장이었다. 지금은 자하문 터널이 시작되는 청운동 지역중에서 몰몬

교회 등이 넓게 자리 잡은 곳이다.[7] 이곳은 뒤로는 북한산 줄기와도 연결되고 주변에 인가가 드물다 보니 산짐승들이 심심치 않게 출몰했다.

열대엿 살 무렵의 정정화가 어느 날 새벽 백운장의 마당에 나갔다가 호랑이와 마주쳤다고 한다. 보통 그 나이의 여자들이라면 기겁을 했겠지만 정정화는 그 자리에 서서 자신도 호랑이를 빤히 쳐다보았다는 것이다. 그렇게 시간이 한참 지난 뒤 호랑이가 먼저 고개를 돌려 산등성이 쪽으로 걸음을 옮기자 자신도 그제야 집 안으로 들어왔다고 한다.[8] 그렇게 정정화는 어려서부터 침착하고 무서움을 몰랐다.

그의 용기는 가문의 피였을까? 본관을 연일(延日)로 하는 정정화의 아버지와 할아버지는 모두 구한말 무과로 입신했다. 할아버지 정낙용(鄭洛鎔)은 1855년 무과에 급제한 뒤 삼도수군통제사, 병조참판 등을 거쳐 공조판서, 형조판서, 한성판윤, 농상공부대신 등을 역임했다. 아버지 정주영(鄭周永) 역시 무과에 급제한 뒤 전라우도 수군절도사, 경상좌도 병마절도사, 병조참판 등을 거쳐 경상북도 · 경기도 · 충청남도의 관찰사를 역임했다. 그런 무관의 피는 18년 연상의 큰오빠 정두화(鄭斗和)가 은행가이면서 비밀조직인 대동단의 창설에 관여하고 자금을 댄 일에도 면면히 흐르고 있었을지 모른다.[9]

그러나 화불단행(禍不單行)이라고, 좋지 않은 일은 한꺼번에 들이닥

---

7) 김자동의 회고에 따르면, 김가진이 처음 터전을 잡은 백운장의 영역은 서울 종로구 청운동 1번지부터 10여 번지에 이르는 넓은 터였다. 이는 현재 몰몬교회를 포함해 청운벽산아파트 자리까지 모두 포함하는 대단히 넓은 지역이다.

8) 정정화의 손녀인 김선현의 증언(2013년 3월 29일).

9) 정낙용(1827~1914)은 한일합방 직후 조선귀족령에 따라 '남작'의 작위를 받았으며, 그 작위는 장남 정주영(1860~1923)과 장손 정두화(1882~1939)에게 2대에 걸쳐 차례대로 승계되었다. 정두화의 사후에는 작위 승계가 신청되지 않았다. 정두화가 1919년 대동단사건에 주요관계자로 연루되었음에도 불구하고 '무죄 방면' 될 수 있었던 것은 그 시점에 아버지 정주영이 남작이어서 일제 당국으로서는 '조선 귀족의 가족'이 독립운동에 연루되었다는 사실이 알려지는 것을 부담스러워 했기 때문이라는 해석이 있다.

치는 법이다. 1919년 여름과 가을 사이에 정정화는 몇 겹의 고난에 직면했다. 이미 김가진 일가는 1917년경 백운장을 동양척식주식회사에 빼앗겨 사직동으로 옮겨 앉았다가 1919년 초에는 그보다 더 작은 규모인 체부동 집으로 옮겨 살고 있었다. 바로 그해 여름 결혼한 지 10년 만에 첫 딸을 낳았지만 산후에 바로 잃고 말았다. 갓난 자식의 죽음을 눈앞에서 본다는 것은 젊은 어머니로서 차마 할 수 없는 일이었다. 그런 마당에 두 달 뒤에는 시아버지와 남편이 온다 간다 말도 없이 사라지더니 두 사람의 '상하이 망명' 사실을 그해 10월 말 시어머니가 보여주는 신문을 보고서야 알게 되었다. 도대체 무슨 영문인지 알 수가 없었다. 엎친 데 덮친다고 다시 한 달 뒤인 11월 말에는 큰오빠 정두화가 대동단 사건으로 구속되는 일이 벌어졌다.

그제야 정정화는 어렴풋이 사태의 가닥을 잡을 수 있었다. 그해 초 큰오빠 정두화가 낯모르는 남자와 함께 체부동 집으로 시아버지 김가진을 찾아와 긴 시간 대화를 나누던 일이 떠올랐다. 큰오빠는 '대동단 재정부장' 으로 구속되었고, 시아버지는 '대동단 총재' 자격으로 망명했으며, 체부동 집을 찾던 낯선 남자는 신문에 보니 '대동단 단장 전협' 이었다. 퍼즐이 맞춰지는 것 같았다.

대동단은 그해 수개월 동안 전국 방방곡곡에서 진행되어 온 삼일운동이 보다 조직적인 항일투쟁으로 이어지게 하고자 결성된 비밀조직이었다. 그러고 보니 삼일운동의 열기가 전국을 들끓게 하던 4월경 시아버지를 만나고 나오던 큰오빠 정두화가 그에게 해주던 말도 생각났다.

"머지않아 무슨 변화가 생길 것이니 자중하고 있거라."[10)]

막연하나마 그를 둘러싼 현실의 흐름이 감지되는 것 같았다. 그러나

---

10) 정정화, 앞의 책, 37~38쪽.

스무 살짜리 젊은 부인으로서는 감당하기 힘든 현실이었다. 마음의 준비도 없었다. 주위를 둘러보니 물어보고 상의할 만한 사람도 남아 있지 않았다. 그들은 모두 나라 밖에 있거나 감옥에 들어가 있었다.

혼자 판단하고 혼자 결단해야 했다. 그의 결론은 '상하이행' 이었다. 고민의 과정도 길지 않았다. 대동단사건이 터진 것이 그해 11월 28일이고 정정화가 서울을 떠난 것이 12월 초였다. 그 사이에 그는 큰오빠의 옥바라지를 위해 상경해 있던 아버지 정주영에게 자신의 결심을 알렸고, 딸의 결심을 알게 된 정주영은 '시아버지에게 전해 드리라' 며 거금 800원을 내놓았다.

이 같은 결심은 사실 거창한 명분에 따른 것은 아니었다. 지금 서울의 시댁에 머무르는 것보다는 상하이로 가서 어려운 처지의 시아버지와 남편을 돕는 것이 자신의 할 일이라는 판단이었다. "유교사상에 젖어 있던 그때 어머니는 나라와 겨레를 위하여 항일전선에 참여한다는 뜻을 갖고 망명길에 올랐다기보다는 오직 며느리의 도리와 책임만을 생각하고 있었다"[11]는 아들 김자동의 평가를 보아도 그렇다.

그렇다고 정정화의 결단이 쉬웠던 것은 결코 아니다. 상하이로 가는 길 역시 간단치 않았다. 만주에서 장사를 해서 중국어를 할 줄 아는 정필화(정정화의 팔촌 오빠)를 아버지 정주영이 소개해 주었고, 정정화는 그를 따라 1주일 이상 기차를 몇 번씩 갈아타며 서울—의주—봉천—산하이관—텐진—난진—상하이의 긴 여정을 거쳐 목적지에 이르렀다.

상하의 자베이잔(閘北站) 기차역에서 인력거를 잡아탄 정정화는 여기서부터 혼자 프랑스 조계지 안의 한인 거주지를 무작정 찾아갔다. 그렇게 해서 이른 아침 무렵 우연히 찾아들어간 곳이 손정도 목사의 집이

11) 김자동, 앞의 책, 37쪽.

었다. 낯선 젊은 부인으로부터 상황설명을 들은 손 목사는 깜짝 놀라지 않을 수 없었다. 그 집에서 차려주는 아침상에서 몇 술 뜨는 둥 마는 둥 하고 손 목사의 안내로 시아버지 김가진과 남편 김의한이 있는 융칭방(永慶方) 10호의 집으로 갔다. 어느 날 아침 예고도 없이 들이닥친 며느리를 본 김가진은 아연실색했다.

"네가 어떻게 여길 왔느냐?"

"저라도 아버님 뒷바라지를 해드려야 할 것 같아 허락도 없이 찾아뵈었습니다. 아버님."

"그래. 잘 왔다. 고생했다. 참 잘 왔다. 용기 있다."[12)]

이런 용기 있는 결단으로 정정화의 상하이 생활이 시작되었다. 그는 상하이로 망명한 직후 자신의 이름을 '묘희(妙喜)' 에서 '정화(靖和)' 로 바꾸었다. 우리가 지금 알고 있는 그 이름이다. 돌림자를 따라 스스로 이름을 바꾼 행동은 가문의 전통 위에 서겠다는 뜻이라기보다는 의식적으로 당당하게 자신의 길을 마련해 가겠다는 측면이 컸던 것으로 보인다. 또 그 무렵부터 정정화는 '수당(修堂)' 이라는 호를 사용했다. 늘 몸과 마음을 닦아 가지런히 한다는 뜻이다.

이런 개명과 자호는 독립운동의 쉽지 않은 길을 스스로 헤쳐 나가되 늘 평상심을 잃지 않겠다는 다짐이었다. 정정화는 실제 그렇게 했다. 상하이 시절을 포함해 독립운동의 전선에 있을 때뿐만 아니라 나라를 되찾고 귀국한 뒤에도 그는 그렇게 늘 가지런한 삶을 살았다. 삶이 고단하고 그의 기대를 벗어났을 때에 특히 그랬다. 호랑이와 같은 위압적인 존

12) 정정화, 앞의 책, 52쪽.

재까지 마주 대면할 수 있었던 용기의 이면에는 이렇게 차분한 평상심이 자리 잡고 있었다.

3. 압록강의 쪽배

정정화를 얘기할 때 빼놓을 수 없는 것이 그가 상하이로 망명한 1920년부터 1930년까지 10년 사이에 여섯 차례나 국내를 왕래한 일이다. 앞서 언급한 것같이 시아버지 김가진의 서거를 서울에서 알게 된 것은 세 번째 귀국 때의 일이었으니 그에 앞서 두 차례 국내에 다녀갔던 것이고 그 뒤에도 세 차례 더 발걸음을 했다는 얘기다.

항간에는 정정화의 여섯 차례 국내 왕래를 함께 뭉뚱그려 '밀행' '잠입' 등으로 표현하기도 하지만 정확히 말하자면 세 번째 귀국 때 신분이 탄로났고 그 뒤에는 정식 여권을 발급 받아 왕래했기 때문에 앞의 세 번과 뒤의 세 번은 정황이 완전히 다르다. 국내 체류기간도 앞의 세 차례는 말 그대로 비밀리에 다녀가는 것이었기 때문에 한 달 전후의 최소한의 기간에 그쳤지만, 그 뒤에는 반년 정도씩 국내에 머물며 영어 공부를 하는가 하면 손자를 시어머니와 친정 식구들에게 보이는 등 비교적 여유가 있었다.

며느리와 아내의 도리를 다하기 위해 상하이로 건너간 정정화가 '나라'와 '독립'이라는 화두를 체득할 수 있었던 것은 이 중 처음 두 차례의 국내잠입 때였다. 이를 통해 그는 독립운동가로 다시 태어나고 '한국의 잔 다르크'라는 별칭까지 얻었다. 본인도 이때의 왕래가 대단히 인상적이었던지 회고록 『장강일기』에 그와 관련해 상당히 긴 기록을 남겼다.

연통제에 따른 국내 왕래 루트 중에서 결정적인 것은 압록강을 무사히 건너는 일이었다. 이를 위해 압록강 양쪽에 마주보고 있는 도시, 즉

정정화의 국내 왕래 일지

차수	시기	내용
제1차	1920년 3월~4월	연통제를 이용해 왕래. 신필호 등과 접촉해 독립운동 자금 모금. 서울에만 체류.
제2차	1921년 늦은 봄	역시 연통제를 따라 왕래. 서울, 예산, 개성 등지에서 모금. 친정아버지가 일본 유학 권유. 상해 귀환 때 서재현 군(김규식의 이질) 대동.
제3차	1922년 6월~7월	연통제붕괴로 국내에서 온 이욱을 따라 귀국하다 신의주에서 검문에 신분 탄로. 서울압송 후 종로경찰서에서 조사 받은 뒤 시댁으로 귀가. '김가진 위독' 전보확인. 김가진 호상소 설치 및 운영 뒤 상해 귀환. 종로경찰서장이 주선해 여권발급. 귀환시 시동생 김용한 동행.
제4차	1922년 10월~ 1923년 7월	공식 발급 받은 여권으로 귀국. 장기 체류. 서울의 근화학원에서 영어공부하며 미국 유학 계획했으나 1923년 2월 후원자인 친정아버지 사망으로 계획 철회
제5차	1924년 12월~ 1925년 6월	처음으로 임시정부의 임무 없이 귀국. 주로 예산의 친정에 머물며 문학 · 역사 서적 탐독. 오빠 정두화의 경제적 도움 받음.
제6차	1930년 여름~ 1931년 초	첫 아들 후동(자동)과 함께 귀국. 주로 서울 체류. 인심의 변화 실감하고 나라가 독립하기 전에는 귀국하지 않기로 결심.

중국 쪽의 안동과 국내의 신의주에는 각각 비밀요원이 있었다. 안동에서 일본경찰의 형사로 위장해 일하던 최석순, 그리고 신의주에서 세창양복점의 주인이자 재단사로서 비밀활동을 하던 이세창이 그 주인공들이었다. 이 가운데서도 특히 이세창이 정정화에게 많은 것을 일깨워주

었다. 첫 번째 국내잠입을 위해 막 신의주로 건너왔을 때 이세창을 처음 만난장면은 정정화의 뇌리에 꽤나 오래 남았던 모양이다.

세창양복점에서 하룻밤을 지내는 동안 이세창 씨와 여러 이야기를 나눌 수 있었는데, 비밀리에 활동하는 지하운동 요원답지 않게 그분은 무척 소박하고 착한 성품을 지니고 있었다. 그러나 유심히 살펴보면 볼수록 겉모습에서는 쉽게 찾아 볼 수 없는, 정의감에 불타는 뜨거운 가슴을 가지고 있었으며, 애국의 열정이 대단했다.

별로 배운 것도 없고, 나라가 망하기 전에 세도가나 집권자들의 압제를 받으며 억눌려 지내오기만 했던 사람이 (…) 이렇다 할 혜택이나 은덕을 베풀어 주지 못했던 조국이 이미 숨통을 끊긴 마당에도 그 조국을 찾고자 위험을 무릅쓰고 일제에 항거하는 모습을 볼 때 진정한 애국자가 따로 없다는 것을 뼈저리게 느낄 수 있었다.

그런 분이 나중에 왜경에 체포되어 투옥되고, 결국은 소식도 들을 수 없는 또 다른 외진 곳으로 스며들어 다시는 이름석자가 세상에 밝혀지지 않았다는 것은 안타깝기 그지없는 일이다.

이세창 씨는 내게 차표까지 손수 끊어다 주고 역에까지 안전하게 안내해 주었다. 열차에 오르기 직전 친오라버니 같은 그분이 미소를 띠며 거센 평안도 사투리로 내게 한 말을 되씹어 볼수록 독립운동은 과연 누구를 위한 것인가, 이 나라의 주인이 과연 누구인가를 되뇌어 보지 않을 수 없었다.

"몸조심 하라요. 자기만 생각할 거이 아니라 남도 생각을 해야 되는 일이야요. 기래야 또 들어올 수 있으니까니. 명심하라요. 내레 솔직하게 한마디 하겠는데, 젊은 아주머니레, 더구나 귀골로 곱게 산 사람이 이런 일을 하리라고는 꿈에도 생각 못했시다. 독립운동 하는 유명한 사람들이레 하나같이 다 이런 험악한 일을 하는 건 아니디요? 기렇디요? 나같은 놈이나 하는 일인 줄 알았거든."[13]

아주 상징적인 장면이다. 정정화는 이세창을, 이세창은 정정화를 발견하는 순간이고, 그것은 전혀 다른 상황에 있던 사람들이 사적인 관계와 계층을 넘어서서 대의를 위한 일에 어떻게 합일하는지를 잘 보여준다. 그런 발견과 신뢰의 과정이 있었기에 압록강을 다시 건널 때 이세창이 자청해서 쪽배에 동승해 강 건너까지 배웅해 주었고, 정정화는 정정화대로 타고난 용기에 더해 이런 경험을 통해 '독립운동' 과 '나라의 주인' 에 대해 제대로 생각해 보는 기회를 갖게 되었다.

그런 점에서 1920년대 초 중국 생활은 정정화에게 한편으로는 처음으로 맞닥뜨린 고통스러운 삶의 현장이었지만, 다른 한편으로는 그 고통 속에서 비로소 삶의 의미를 새로이 체득해 나간 현장이기도 했다. 정정화가 하루하루 힘겹게 꾸려간 임정의 안살림과 그의 잇단 국내 밀파는 곧 동전의 앞뒷면과 같은 것으로서 모두 대의에 투신하는 독립운동의 현장이었던 것이다. 그런 깨달음이 없고서는 그 시절을 제대로 넘을 수 없었다.

4. 모색…좌절… '임정의 며느리' 로 다시 서기

물론 큰 깨달음과 독립운동가로 다시 태어나는 결단이 있었다 해서 현실이 고통스럽지 않은 것은 아니었다. 당시 세계 최대의 국제도시 중 하나였던 상하이에서 망국의 국민으로 산다는 것은 여간해선 감당하기 힘든 일이었다. 당장 의식주를 해결하는 것부터 문제였다.

---

13) 정정화, 위의 책, 59~60쪽.

당시 일제 경찰의 한 문건은 "김가진은 아들 의한(毅漢)과 동거하고, 의한의 처 역시 최근 상하이에 도항하였는데, 몇 개월분의 집세와 식비 지불을 정체하여 중국인 집주인이 퇴거를 요구했다고 한다"[14]고 기록할 정도였다. 김가진은 1919년 10월 중국 망명 당시 적지 않은 돈을 갖고 떠났지만 두 달 뒤 정정화가 상하이에 도착해 보니 그 돈은 이미 바닥 나 있었다. 정정화가 친정아버지로부터 받아 온 돈도 여비로 쓰고 약간의 살림살이를 장만하고 보니 남은 게 별로 없었다.

그런가 하면 1922년 7월 세 번째 국내밀행 때 정정화가 김가진의 부의금으로 국내에서 받아온 돈도 마찬가지였다. "상하이에 돌아와 보니 시아버님 장례식 비용은 하다 못해 수의까지 전부 외상이었다. 내가 가지고 온 자금으로 여기저기 외상도 갚고 뒷마무리를 했던 기억이 있다. 그만큼 상하이 생활은 어찌 보면 비참했다고까지 말할 수 있는 지경이다"는 것이 정정화의 기억이다.[15]

그런 비참한 살림살이가 고스란히 정정화의 몫이었다. "식생활이라고 해야 가까스로 주먹덩이 밥을 면할 정도였고, 반찬은 그저 밥 넘어가게끔 최소한의 종류 한두 가지 뿐이었다. 상하이에는 국내보다 푸성귀가 풍부했다. (…) 사실 배추로 만드는 반찬이 제일 값이 쌌기 때문에 늘 소금에 고춧가루하고 범벅을 해서 절여 놨다가 꺼내 먹곤 했다."[16]

먹고 사는 게 그런 지경이었으니 의복 역시 제대로 갖춰 입을 수 있는 형편이 아니었다. 아주 헐값에 천을 사서 짱산(長衫)이라는 중국옷을 만들어 입었다. 신발은 한층 더했다. 헌 헝겊 조각을 몇 겹씩 겹친 뒤

14) 「국외정보: 상해 불령선인의 궁핍상황」, 고경 제24265호, 밀수 제33 기228, 1921년 8월 1일.

15) 정정화, 앞의 책, 84쪽.

16) 정정화, 위의 책, 87쪽.

단단한 실로 바닥을 누벼서 신고 다니면 다행이고 대개는 짚세기를 끌고 다녔다고 한다.

김가진의 사망 이후 김의한 · 정정화 부부는 집을 줄였다. 식구 구성이 단출해진 데다 정정화가 1922년 10월 국내에서 반년을 체류하게 되자 이들 부부는 방이 3개나 되는 융칭방(永慶方) 10호의 집을 김구와 최중호[17] 두 사람에게 넘겼다. 그리고 김의한은 같은 프랑스 조계 안에서 한국사람들이 가장 밀집해 살던 아이런리(愛人里)의 1호 집을 얻어 무정(武亭) 등과 자취생활을 했다.[18] 김의한은 1922년 가을 상하이의 대동의학전문학교에 입학해 2년 동안 학업과 독립운동을 병행했다.[19]

이 무렵은 정정화에게 모색의 시기였다. 상하이로 건너온 가장 큰 이유가 시아버지를 모시기 위한 것이었는데 그분은 돌아가셨다. 그리고 이제 국내 잠행도 불가능해졌고, 상하이의 독립운동 진영도 사분오열되어 갈피를 잡지 못하고 있었다. 스스로 길을 찾아야 했다. 그렇게 해서 떠오른 길 중 하나가 미국 유학이었다.

> 시아버님의 별세 후 성엄과 나는 진로를 새로 검토하지 않을 수 없게 됐다. 지난 3년간 우리는 아버님을 모시는 일을 주로 생각했기 때문에 자신들의 거취는 별로 설계할 수가 없었다. (…) 나는 친정에 가서 학자금과 여

17) 최중호(崔重鎬, 1891~1934). 황해도 신천 출신이며 1917년 상하이로 망명했다. 황훈(黃勳)이라고도 불리며, 인성학교 교장을 지냈다.

18) 무정(1905~52)은 나중에 중국공산당의 장정에 참여해 조선의용군 사령관 등 연안파의 주요인물이 된다. 김의한은 상해 시절 동년배였던 무정 등과 함께 청년운동을 했다. 신명식, 『대한민국임시정부의 안살림꾼 정정화』, 역사공간 2010, 52쪽.

19) 신명식, 위의 책, 50쪽. 아들 김자동의 증언(2013년 7월 4일)에 따르면, 김의한은 늘 약을 준비해서 다니는가 하면 필요한 사람들에게 주사도 놓고 다친 데를 꿰매 주기도 하는 등 누군가를 치료해 주는 것을 좋아하고 그쪽(외학계)으로 나아가고 싶어 했으나 임시정부 생활 속에서 기회가 주어지지 않았다.

비를 마련해 보겠으니 유학을 가자고 성엄에게 말했다. (…) 어쨌든 그해 가을 10월에 나는 다시 한 번 네 번째로 귀국길에 올랐다. (…) 주로 서울의 외가에 머물렀다. (…) 나는 동생과 함께 묵으며 근화학원을 다니면서 영어를 배웠다. (…) 한편 나는 아버님께 미국 유학을 가겠다는 뜻을 얘기하였다. 아버님은 쾌히 승낙하였으며, 봄이 되면 쌀을 팔아서 3천원을 해 주겠다고 약속하였다.[20]

그러나 그의 유학 계획은 실현되지 못했다. 거기엔 두 가지 이유가 있었다. 첫째는 유학자금을 약속했던 아버지 정주영이 1923년 2월 4일(음력) 쌀을 내다팔기 직전에 세상을 떠난 것이었다. 이것은 유학 계획의 무산만을 의미하는 것이 아니었다. 정신적으로건 물질적으로건 늘 든든한 의지처이자 울타리였던 아버지의 부재는 시아버지의 별세만큼이나 그에겐 충격적이었다. 모든 것을 원점에서 다시 생각해야 했다.

또 하나의 이유는 남편 김의한이 유학에 소극적이었다는 점이다. 20대 중반의 혈기왕성한 청년이었던 김의한은 1926년 무렵 상하이의 영국인 전차회사의 검표원[21]으로 취직해 생계 문제를 해결하면서 한편으로는 독립운동의 방편으로 일본 요인들에 대한 테러 활동을 계획하고 있었다. 이는 임시정부를 중심으로 한 독립운동이 침체 상태에 빠질 무

20) 정정화, 앞의 책, 84~85쪽.

21) 김효숙은 "(전차회사의) 매표원은 중국사람을 쓰는 까닭에 검표원 직업의 문이 한국 사람들에게로 열려 있었다"고 증언하고 있다. 김효숙, 「상해대한민국임시정부와 나」, 미간행 원고 1996, 3쪽. 외국계 전차회사의 검표원으로 일하며 생계를 해결하던 한국인 숫자에 대해서는 1921년 '상해전차공사 한인친목회'의 회원이 40명이었다는 기록과 1923년에 그 가족들까지 합칠 경우 100명에 이른다는 기록, 1925년에 전차회사를 포함해 영국 · 미국계 회사에 취직한 한국인이 150~160명이었다는 기록 등이 있다. 孫科志, 『상해한인사회사:1910~1945』, 한울 2001, 78, 126, 128쪽. 그런가 하면 김구는 1930년을 전후한 시기에 "전차공사와 공공기차공사 사표원이 60~70명이더라"고 기록했다. 김구, 『백범일지』, 돌베개 2012, 317쪽.

렵 의열단이 본부를 상하이로 옮기면서 일본 요인과 주요 건물들에 대한 테러 활동을 계속해 일정부분 성과를 거두고 있던 데에 영향을 받은 것으로 보인다. 무엇이 됐든 구체적인 행동이 필요하다고 보았다. 김의한은 그 무렵 한인청년동맹 상하이지부의 재정간사였다. 상하이지부의 위원장은 조한용이었고, 그 밖의 주요 간부는 조시원, 무정등이었다. 이런 상황에서 정정화의 유학 권유가 김의한의 귀에 들어올 리 없었다.

결국 정정화는 유학의 꿈을 접고 임정의 안살림꾼으로서 자기 자리를 잡아 나갔다. 1928년에는 아들 후동(나중에 '자동' 으로 개명)도 태어났다.[22] 남편과 아들의 생활을 돌보는 한편, 독신으로 있는 임정 요인들의 생활을 살피는 것도 자연스럽게 그의 일이 되었다. 특히 두 부부가 살던 아이런리에는 '홀아비 임정 어른' 들이 많았다. 이동녕, 이시영, 조완구 등이 그들이었고, 그들은 모시는 것은 주로 김의한과 엄항섭[23] 등 젊은 층의 부부들이었다.[24]

그 무렵 김구는 어머니와 부인, 두 아들 등 다섯 식구가 방 한 칸에서 함께 살았다. 부인 최준례가 프랑스 조계지 밖의 훙커우 폐병원에서 1924년 1월 1일 숨질 때 임종한 것도 김의한 부부였다. 김구는 이미 그 무렵 일본경찰의 표적이 되어 프랑스 조계지를 벗어날 수 없었기 때문이다. 그 뒤 김구의 어머니 곽낙원이 1925년 작은 손자 신을 데리고 귀국한 데 이어 1927년 큰 손자 인마저 국내로 불러들이자 김구는 꼼짝없이 홀아비가 되고 말았다. "그림자나 짝하며 홀로 외롭게 살면서, 잠은

22) 당시 임정 가족들이 해산을 할 때에는 병원에 갈 형편이 되지 않아 서로 품앗이로 산파 역할을 했다. 정정화의 해산때에는 이회영의 며느리이자 이규학의 부인인 조계진 등이, 조계진의 해산때에는 정정화 등이 각각 산파 역할을 했다. 김자동, 앞의 책, 64쪽.

23) 엄항섭(嚴恒燮, 1898~1962). 호는 일파(一波)로 경기도 여주 출생이다. 삼일운동 직후 상하이로 망명했으며, 항저우의 지강대학에서 중국어, 영어, 불어 등을 수학했다. 일제시대 내내 김구의 최측근으로 활동했으며 6.25때 납북되었다.

24) 김효숙, 앞의 글, 24쪽.

정청에서 자고 밥은 직업 있는 동포들 집에서 얻어먹으며 지내니, 나는 거지중의 상거지였다"[25]는 회고는 바로 그 시절의 일이었다. 그런 김구의 생활을 살피는 것도 정정화의 몫이었다.

정정화는 이렇게 '동농의 며느리'에서 '임정의 며느리'로 다시 태어났다. 그가 상하이에 온 이후 5, 6년 사이에 상황은 완전히 달라지고 독립운동의 진로도 암울하기 짝이 없었지만, 그럴수록 임정 식구들의 동지적 결속력은 한층 강화되어갔다.[26] 그런 결속의 구심점 가운데 하나가 정정화였다. 본인 희망대로 미국 유학길에 올랐더라면 그 연장선상에서 나름대로 역할을 했겠지만 이렇게 가장 어려운 곳에서 가장 눈에 띄지 않는 일을 통해 희망의 불씨를 꺼뜨리지 않는 것이 이 시기 그의 역할이었다.

5. 조국에서 온 젊은이

1930년대에 들어 한반도 주변 정세가 요동치기 시작했다. 1931년 9월 18일 일본군이 중국 동북지방으로 진격해 만주사변이 일어났고, 1932년 1월 28일에는 일본 육해공군이 합동으로 상하이를 공격해 상하이사변이 일어났다. 중국과 일본 사이에 전쟁 분위기가 무르익으면서 한반도와 상하이에도 그 파장이 직접 미쳤다.

이 무렵 일본의 만주 강점으로 그 지역에 있던 임정 계열의 무장 조

---

25) 김구, 앞의 책, 317쪽.

26) 조덕천, 「상하이시기(1919~1932) 대한민국 임시정부 구성원의 생활사 연구」, 안동대학교 사학과 석사학위 논문 2009, 22쪽.

	1921	1925	1926	1927	1928	1929	1930	1931
프랑스조계	458	514	534	531	423	405	516	497
공공조계	69	253	271	53	43	53	344	268
중국인지역	60	28	42	120	186	176	77	91
합계	567	795	847	704	653	634	937	856

직이 와해되면서 임정도 의열 투쟁을 도입하기로 결정하고, '특무공작대' 를 조직하는 책임을 김구에게 일임했다. 그렇게 해서 1931년 10월 김구는 신임하는 소수인사들만으로 비밀리에 한인애국단을 구성했다. 당시 단원은 정정화의 부군인 김의한을 포함해 안공근, 엄항섭, 김동우(노종균), 안경근, 손창도, 백정기, 김현구, 손두환, 이덕주, 유상근, 이수봉, 최흥식 등이 꼽힌다. 이들은 대개 혈기왕성한 30대로서 임시정부 외곽에서 이런저런 직접행동에 개입한 적이 있는 열혈청년들이었다.[27)]

비상한 시기에는 비상한 방법이 필요한 법. 일본군이 압도적인 무력으로 중국 대륙을 휩쓸 때 그에 무력으로 맞상대하기 어렵다면 배후의 수뇌부를 노리는 것도 효과적일 수 있었다. 그것이 바로 의열투쟁이었고, 그것은 때때로 생각했던 것보다 훨씬 큰 성과를 거두고 깊은 파장을 남기기도 했다.

마침내 1932년 1월 8일 한인애국단원 이봉창이 일본 도쿄에서 일왕이 탄 마차에 폭탄을 던졌다. 그러나 폭탄의 성능이 좋지 않아 실패하고 말았다. 중국 국민당 상하이당부의 기관지 「국민일보(國民日報)」가 '불행히 명중하지 않았다' 고 표현했던 바로 그 사건이다.[28)] 사건 자체는 실패였지만 임정에 대한 지지와 격려가 중국인들은 물론이고 세계 각지에서 쏟아져 들어오기 시작했다. 500명을 헤아리던 프랑스 조계 내 한인사회의 흥분과 긴장감도 그만큼 높아갔다.[29)]

---

27) 신명식, 앞의 책, 58~59쪽. 김의한은 이밖에도 상하이 시절에 김구 계열의 비밀조직 한혈단(韓血團) 단원이었다는 일본경찰 보고(高警 제460호, 1925.2.12)와 노병회(勞兵會) 조직원이었다는 진술 등이 있으나 구체적으로 확인되지는 않았다.

28) "韓人李奉昌狙擊日皇, 不幸不中."

29) 孫科志, 앞의 책, 62쪽. 상하이 한인의 거주 지역 분포는 다음과 같다.
임시정부가 자리 잡은 프랑스조계의 한인 숫자는 1920년대부터 1932년 상하이사변 전까지 대개 500명 전후를 유지했지만, 일본영사관이 위치한 공공조계의 한인 숫자는 일본 당국의 정책에 따라 시기별로 큰 차이를 보였다.

이렇게 고조되기 시작한 분위기 속에서 김구는 다음 의열투쟁을 준비하고 있었다. 일왕의 생일인 천장절(天長節)을 기념하는 축하식이 목표였다. 그것은 일본군이 상하이사변에서 사실상 승리한 것을 기념하기 위해 일본 요인들이 한 자리에 모이는 자리이기도 했다.

그러던 어느 날 조국에서 온 청년 한 사람이 조용히 김구를 찾아왔다. 상하이 홍커우시장에서 사과 장사를 하는 윤봉길이었다. 그의 사람됨됨이를 확인한 김구는 즉각 두 갈래로 일을 진행했다. 한 갈래는 윤봉길에게 마음의 준비를 시키는 것이었고, 다른 한 갈래는 이봉창 의거 때와 같이 폭탄의 위력이 약해 낭패가 되지 않도록 보다 강력한 폭탄을 준비하는 것이었다.

그때 마침 상하이의 일본영사관은 "4월 29일 홍커우공원에서 천장절 축하식을 거행하니 물병과 도시락, 그리고 일본 국기 하나씩을 가지고 입장하라"는 공고를 현지 신문에 실었다. 김구는 자신의 측근으로 중국군 상하이병공창에 근무하는 왕웅(王雄, 본명 김홍일)을 찾아가 일본인들이 사용하는 물통과 도시락을 구해 보낼 테니 그 속에 폭탄을 장치해 달라고 부탁했다. 김자동의 증언에 따르면, 폭탄을 장착하기 위한 물통과 도시락을 일본인들이 많이 찾는 홍커우시장에서 사 모은 것도 윤봉길 의사 본인이었다고 한다.

윤봉길 의사가 홍커우공원 현장에서 사용한 폭탄의 위력이 어떠했는지는 우리가 다 알고 있다. 축하단상에 있던 일본거류민단장 가와바다 사라쓰구(河端貞次)가 즉사하고, 상하이파견군 사령관 시라카와 요시노리(白川義則) 대장이 중상으로 입원했다가 죽었으며, 주중 공사 시게미쓰(重光癸)는 한쪽 다리를 잃었다. 제3함대 사령관 노무라요시사부로(野村吉三郎)는 시력을 잃었으며, 제9사단장 우에다 켄키치(植田謙吉) 중장 등 5명도 크게 다쳤다.

바로 그날은 정정화도 기억하고 있었다. 그는 훙커우공원의 현장에 있지는 않았지만 바로 그 시간쯤 김구가 그를 찾아왔기 때문이다.

> 점심때가 되어 백범이 나를 찾았다. 몇 분의 점심 준비를 하라는 것이었는데 (…) 간단하게 점심상을 거의 차렸을 쯤 이동녕·조완구 선생이 왔고 좀 늦게 백범이 도착했다. 여느 때와 다름없는 분위기였다. 식사가 끝난 후 백범이 난데없이 나에게 술 한 병과 신문을 사오라고 일렀다. 평소 술을 입에 대는 일이 없는 분이 더욱이 낮에 술을 찾는 게 의아했다.
>
> 집 밖으로 나오자 거리 분위기가 술렁술렁하며 평소와 달랐고, 아니나 다를까 호외가 돌고 있었다. 중국 청년이 일본 침략군의 원흉 시라카와를 즉사시키고, 여러 명을 부상시켰다는 것이었다. 그때서야 백범이 왜 신문을 사오라고 했는지 짐작하고 얼른 신문을 사들고 집으로 돌아왔다. 호외를 받아든 백범은 일이 제대로 됐다면서 석오장〔이동녕〕과 우천〔조완구〕에게 술을 권했고, 세 분이서 같이 축배를 들었다. 몇 시간이 지난 후 다시 나온 호외에서는 폭탄을 던진 사람이 중국인이 아닌 한인청년 윤봉길이라고 고쳐 보도되었다.[30)]

이렇게 해서 정정화는 임정의 안살림꾼으로 살면서 일제하 독립운동의 가장 중요한 한 장면에서 증인의 되었다. 그의 살림 솜씨가 워낙 깔

---

30) 정정화, 앞의 책, 109~110쪽. 『백범일지』는 이날 이 시간에 김구가 이동녕 선생의 처소로 갔다고 기록하고 있으나, 당시 김의한·정정화 가족은 엄항섭의 집에 함께 살고 있었고 엄항섭은 이동녕도 모시고 살았기 때문에(정정화, 위의 책, 94~95쪽) 정정화의 기록과 동일한 장소를 가리키는 것으로 판단된다. 그 시간에 김구와 이동녕이 한 자리에 있었던 것만은 분명하다. 김효숙은 이 무렵 '보경리(普慶里) 1호' 에는 임시정부가, '보경리 4호' 에는 엄항섭이 각각 세 들어 살았다고 기록했다(앞의 글, 13쪽). 그러나 정정화의 아들 김자동은 '보경리 1호' 는 자신의 집이고 '보경리 4호' 가 임시정부 창사였다고 증언(2013년 7월 4일)했다.

끔하고 바지런하다 보니 중요한 일이 있을 때마다 임정의 주요인사들이 정정화를 믿고 일을 맡겼기 때문이다. 이 시절 '생활의 현장'이 바로 '독립운동의 현장'이었던 상징적인 사례를 우리는 정정화의 경우에서 확인할 수 있다.

정정화와 남편 김의한의 현장 증언은 그에 그치지 않는다. 해방 후 가족들에게 전한 말에 따르면, 이 부부는 윤의사의 예행연습에 본인도 인식하지 못한 가운데 두 차례나 참여했다.

한 번은 김구가 빈 도시락을 하나 정정화에게 갖다주면서 거기에 밥을 담아보라고 했는데, 알고 보니 그게 바로 윤 의사가 의거 현장에 갖고 들어갈 그 도시락 폭탄과 같은 모형이었다. 그것은 김구가 상하이병공창에 폭탄 장착을 의뢰하기 위해 확보한 도시락 케이스들 가운데 하나였을 것이다. 의거 당일 김구와 윤봉길은 다른 사람의 집에서 아침 식사를 했기 때문에[31] 진짜 폭탄이 장착된 케이스에 밥을 담은 것은 정정화가 아니었다. 그러나 거사를 앞두고 예행연습 과정에 입이 무거운 정정화가 본인도 모르는 사이에 참여했던 것이다.[32]

또 한 번은 김의한이 증인이었다. 윤봉길은 김구를 찾아온 뒤 임정청사에 기식하는 10여 명의 청년들과 어울렸기 때문에 그 무렵부터 김의한도 자신보다 7년 연하인 윤봉길의 존재를 잘 알고 있었다. 그러던 어느 날 임정 청사에서 가까운 정안사공원을 지나는데 윤봉길이 혼자서 돌멩이를 던지는 연습을 하더라는 것이다. 김의한은 윤봉길이 무엇인가를 준비 중임을 직감했다. 그러나 그가 부인 정정화에게조차 그날 공원에서 본 일에 대해 입을 뗀 것은 홍커우공원에서 그날의 장거가 확

31) 『백범일지』는 김구와 윤봉길 두 사람이 새벽에 김해산(金海山)의 집에 가서 아침 식사를 했다고 기록하고 있다.(335쪽).
32) 손녀 김선현의 증언(2013년 3월 29일).

인된 뒤였다. 정정화가 도시락에 밥을 담아본 일을 남편에게 말한 것도 아마 같은 날이었을 것이다.[33)]

이들 부부는 이렇게 상하이 한인독립운동사의 가장 중요한 한 장면을 목격하기도 하고 그 장면에 참여하기도 했다. 이렇게 해서 이들은 독립운동의 일꾼으로 성숙해 갔다. 이 일이 아니더라도 정정화는 그 무렵 나름의 결심을 굳히고 있었다. 1930년 여름 세 살 된 아들과 함께 처음으로 귀국해 반년 정도 국내에 머물 때의 일 때문이었다.

> 한 번은 시댁에서 가까운 인사동을 지나다가 내가 첫 번째 본국에 들어왔을 때 나를 숨겨주고 적극적으로 도와주었던 이의 집 골목을 지나게 되어 반가운 마음으로 찾아들어간 적이 있다. 젊은 안주인이 있길래 내가 아무개입니다 하고 아는 체하며 안부를 묻자 그 여인은 대뜸 "누구시더라?" 하는 게 아닌가.
>
> 나는 뒤도 안 돌아보고 얼른 되돌아섰다. 그런 무안이 없었다. 어쩌면 난생처음 당하는 곤혹스러움이었다. 그녀의 시숙부 두 분은 항일투쟁에 가담하여 한 분은 상하이에서 별세하고, 또 한 분은 그곳에서 민족의 해방을 위해 몸을 바치고 있었다. (…)
>
> 이 일은 나로 하여금 많은 것을 반성하게 했다. 비록 하잘것 없고 하찮은 일이겠지만, 과연 나는 누구를 위해 독립운동을 하는가? 도대체 독립이란 무엇이며, 또 투쟁이란 무엇인가? 독립의 주인은 누구이며, 투쟁의 대상은 누가 되어야 하는가? 이세창 씨를 처음 만났을 때 느꼈던 것과는 또

---

33) 아들 김자동의 증언(2013년 7월 4일)에 따르면, 그는 아버지 김의한으로부터 훗날 이 같은 목격담을 들었을 뿐만 아니라 당시 10대 소년으로서 임정 청사에서 윤의사와 함께 기거하던 김영린(1914~73)으로부터는 '윤 의사는 고향 예산에서 보내오는 사과를 홍커우시장에 내다 팔았다', '윤 의사가 일본인들과 친교를 맺으러 돌아다닐 때는 내가 대신 노점을 지켰다', '폭탄으로 사용할 도시락과 물통도 윤 의사가 직접 사 모았다' 는 등의 언급을 들었다.

다른 문제였다. (…) 1931년 초에 다시 상하이로 돌아가면서 나는 독립이 되기 전에는 다시 귀국하지 않을 것이라고 마음먹었다.[34]

독립 전에 귀국하지 않겠다는 결심은, 소극적으로 보자면 그런 난감한 상황을 다시는 맞닥뜨리고 싶지 않다는 심정의 결과였을 테고, 적극적으로 이해하자면 기어이 독립을 이뤄 피차 불편할 수 있는 상황을 원천적으로 해소한 뒤 귀국하겠다는 결단이었을 수도 있다.

그렇게 상하이로 돌아와 있을 때 만주사변과 상하이사변이 일어나고 거기에 적극 대응하는 임정의 의열투쟁이 진행되는 와중에 정정화 역시 일익을 담당하게 되었던 것이다. 윤봉길 의거의 파장은 엄청났다. 빈사 상태에 빠졌던 임정의 독립운동이 부활하는 순간이었다. 그러나 파장이 그토록 컸기 때문에 정정화를 포함해 임정의 구성원들이 감당해야 했던 부담도 그만큼 컸다.

6. 길 위의 망명정부…숨어 살며 '당원'이 되다

윤봉길 의거 직후 임정 가족들은 대부분 상하이를 탈출해야 했다. 그것은 감당해야 할 부담이고 치러야 할 대가였지만, 부담과 대가치고는 상당히 고가였다. 일본 경찰들은 사건이 일어난 1932년 4월 29일 오후부터 '테러의 배후인 김구 등 임정 관계자들을 체포해야 한다'며 프랑스 조계 관계자들을 대동하고 이들의 집에 들이닥쳤다. 물론 프랑스영사관 측의 귀띔으로 상황을 미리 파악하고 있던 임정요인들은 대부분 몸을 피할 수 있었지만[35] 이미 상하이는 위험지역이었다.

---

34) 정정화, 앞의 책, 99~100쪽.

35) 윤봉길 의거 직후 일본경찰에 체포된 임정 관계자는 안창호와 몇몇 청년들뿐이었다. 그러나 김구는 자신이 꾸민 일로 애꿎은 사람들이 체포되는 상황을 막아야 한다며 바로 이봉창

이렇게 해서 의거 다음날인 4월 20일부터 대부분의 임정 요인들과 그 가족들이 삼삼오오 상하이를 빠져나가기 시작했다. 이를 '제2차 망명' 이라고도 부른다.[36] 1919년 삼일운동 이후 본격적으로 형성되기 시작한 상하이의 한인사회는 12~13년 만에 완전히 새로운 국면을 맞았고, 임시정부와 그 가족들 역시 프랑스 조계라는 치외법권의 보호막을 벗어나 대륙을 침략 중인 일본 당국의 경찰과 언제든 맞닥뜨릴 수 있는 벌거벗은 상황에 처한 것이다.

우선 임시정부 관계자들은 대부분 상하이에서 멀지 않은 저장성의 자싱(嘉興) 또는 항저우(杭州)로 옮겼다. 그러나 일부 관계자들은 외국과의 통신 및 왕래가 용이한 홍콩 인근 광둥 지방으로 떠났다. 여기에는 임정 문서들을 분산 보관하기 위한 목적도 있었다. 그런가 하면 임정 조직과 드러나는 관계를 맺고 있지 않던 홍사단의 일부 관계자 등은 상하이에 그대로 남았다. 국내 및 미국 쪽과 '길 위의 망명정부' 를 연계하기 위한 조치였다.[37]

이렇게 급박하고 어수선한 분위기 속에서 김의한 일가족이 집과 직장을 모두 버리고 길을 떠난 것은 5월 1일이었다. 평소 가깝게 지내던 엄항섭 가족과 함께 기차 편으로 자싱으로 떠났다. 이때 김의한과 엄항

및 윤봉길 의거는 자신과 한인애국단이 벌인 일이라는 취지의 성명서를 작성하고 이를 미국인 피치 부인(Geraldine Fitch)에게 영역하게 해 로이터통신 등에 보냈다. 이로써 사건의 진상이 알려졌고, 김구는 해외 독립운동의 중요한 지도자로 부각됐다. 김구는 윤봉길 의거 당일부터 20일 가량 프랑스조계지 안의 피치 부부 집에 은신했다가 엄항섭, 김의한과 함께 자싱으로 옮겼다.

36) 김효숙, 앞의 글, 23쪽.

37) 김효숙, 위의 글, 24쪽. 광둥 지방으로 간 임정 요인들은 김붕준, 양우조와 그 가족, 중국 중앙군관학교 광저우분교 및 중산대학에 입학한 청년 등이었으며, 상하이에 남은 인사로는 조상섭, 장덕로 등의 장년층과 이규학(이회영의 아들), 이규홍(이시영의 아들) 등 청년층이었다. 이때 김원봉의 의열단 계통 인사들은 임정과는 별도로 중국 국민당 정부가 있는 난징으로 이동했다.

섭은 은신 중인 김구의 연락책 역할을 하느라 상하이에 남았기 때문에, 정확히 얘기하자면 김의한의 부인 정정화와 아들, 엄항섭의 부인 연미당과 자녀 남매 등이 민필호[38]의 안내로 길을 떠난 것이다. 김의한과 엄항섭의 가장 가까운 친구 중의 하나였던 민필호는 이미 그 전날 자신의 가족을 항저우로 이동시킨 다음이었다.

자싱에 도착한 이들은 박찬익[39]이 미리 마련한 서남호수 옆의 허름한 2층 목조건물[40]에 들었다. 임정의 원로인 이동녕과 이시영이 미리 도착해 있었다. 이제 이곳은 앞으로 2년간 임시정부가 은신할 장소인 동시에 김의한 가족이 머물 보금자리이기도 했다.

사실상 모든 것을 상하이에 버리고 온 마당에 이렇게 중국인 후원자의 그늘 아래 머물 곳이 있다는 사실 자체가 이들에게는 고마운 일이었다. 윤봉길 의거에 감격한 중국 국민당 정부 및 관계자들의 호의의 결과였다. 이를 두고 임정 관계자들은 '윤봉길 의사의 피값' 이라고 표현하기도 했다. 큰 현상금이 걸린 김구는 이곳도 위험해 주변의 다른 은신처를 전전하거나 그곳 광활한 호수와 그 사이의 운하를 운행하는 놀이배 중의 하나를 빌려 은둔하기도 했다.[41]

---

38) 민필호(閔弼鎬, 1898~1963). 호는 석린(石麟)이고 서울 출생이다. 일찍이 한일합방 직후 중국으로 망명했으며, 신규식이 설립한 박달학원에서 수학하고 그의 사위가 되었다. 중국 교통국 상하이전보국에서 근무했고 김구의 측근으로서 임정과 중국 당국 간의 각종 실무 교섭을 담당했다. 해방 후 중국 교민의 귀국과 임정 잔무처리 등을 마치고 1948년 마지막으로 귀국했다.

39) 박찬익(朴贊翊, 1884~1949). 호는 남파(南坡)로 경기도 파주 출생이다. 대종교인으로서 한일합방 직전 만주로 망명했고, 1921년부터 상하이 임정에서 활동하며 외교업무를 전담했다. 윤봉길 의거 직후 안공근, 엄항섭 등과 함께 중국 국민당 정부와 교섭해 임정의 피신과 정착에 주도적 역할을 했다. 그 후 광복군 창설에 가담했으며 임정 내 좌우합작 등에도 결정적으로 기여했다.

40) 이 건물은 손문의 혁명동지인 저보성과 그 아들 저봉장 소유의 면사공장으로서 1932년 당시에는 세계대공황의 여파로 폐쇄되어 있었다. 현지인들은 '스룬사창(秀綸紗廠)' 이라고 불렀다.

임정 관계자들은 이런 식으로 은거하면서 시간을 정해 항저우 등지에서 비밀회합을 계속했다. 이때 중국정부와 교섭해 이뤄낸 가장 큰 성과는 김구가 1933년 5월 장개석과 직접 만나 중국 중앙육군군관학교 낙양분교에 한인훈련반을 별도로 구성하기로 한 것이었다. 중국 측의 전적인 지원 아래 매년 100명씩 특별히 입교시키는 방식이었다. 이는 우리의 독립운동이 산발적인 의열투쟁을 넘어 항일투쟁의 무력을 직접 조직하는 데에 초석이 되는 것이었다.

1933년 11월 제 1기로 92명이 입교해서 1935년 4월이 가운데 62명이 졸업해 각종 특수공작에 투입됐다. 이들은 일제 말기 무장 투쟁에서 뚜렷한 족적을 남겼다. 그러나 유감스럽게도 이런 사실을 알게 된 일본 측이 중국 정부에 한인 훈련반의 해산을 요구했고, 이 무렵 일본과 정면대결을 꺼리던 중국 정부가 이를 폐쇄해 버렸다.[42]

이 시기에 정정화의 역할은 밖으로 드러난 것이 별로 없다. 그러나 상하이 시절 후반기와 마찬가지로 '임정 어른' 들의 생활을 뒷바라지하느라 영일이 없었다. 비록 간판을 건 것은 아니지만 임정 관계자들이 일부는 은신 차 상주하고 일부는 회의 차 수시로 드나들었기 때문에 그들의 뒤치다꺼리는 꼼짝없이 정정화와 연미당 두 사람의 몫이었다. 그렇게 바쁜 만큼 다른 생각을 할 여지가 거의 없었다.

---

41) 임정 관계자들에게 수륜사창을 제공한 중국인 저보성은 그 근처 호수가에 있던 수양아들 진동생 소유의 정자 하나를 김구의 침실로 별도 제공했다. "침실은 2층에 있었는데 침대 밑 마루를 열고 내려가면 곧바로 호수로 연결되어 목선을 타고 피신할 수 있게 되어 있었다" (김자동, 앞의 책, 73쪽)고 한다. 그러나 그것도 위험하게 되자 김구는 아예 호수에서 놀이배의 노를 저어주며 선상생활을 하던 '주애보' 라는 중국 여인과 1932~37년의 5년 기간 중 상당부분을 자싱과 난징에서 동거했다.

42) 이와는 별도로 중국 정부는 광둥성 광저우의 중앙육군군관학교 광저우분교와 중산대학에도 한인 학생들을 특별히 받았다. 이는 중일전쟁의 도화선이 된 1937년 7월 7일 노구교 사건 때까지 지속되어 40여 명이 입학했고 그 가운데 10여 명이 졸업했다. 김효숙, 앞의 글, 120쪽.

그러나 남편 김의한의 사정은 자싱 시절 2년 동안 조금 달랐다. 상하이에 있을 때는 전차 검표원으로서 생활의 방도를 갖고 있었고, 한인애국단의 단원으로서 이런저런 논의에 함께 했지만 자싱에서는 꼬박 임정 뒷바라지에 붙어 있을 수밖에 없었다. 하는 일이라고는 매달 한두 차례씩 기차로 두 시간 정도 걸리는 자싱과 항저우를 오가며 연락원 역할을 하는 것뿐이었다. 답답하기 짝이 없었다. 이 시기엔 임정도 활동이 최소화되어 있었으니, 이럴 바엔 중국인 회사에 취직이라도 하는 게 낫겠다는 생각을 하게 됐다.

그러던 차에 박찬익이 중국 인맥을 통해 다리를 놓아 김의한은 1934년 봄 저장성과 이웃한 장시성의 전원공서(專員公署)란 곳에 취직했다. 중국인으로 위장한 것이어서 '진해(陳海)' 라는 가명을 썼다. 다만 상하이 망명 직전 부친 김가진과 함께 살던 서울 체부동 집 앞을 흐르던 청계천 상류의 맑은 물을 기억하고 이 무렵 자신의 아호를 '청계(淸溪)'로 했다.[43]

김의한의 가족은 장시성의 펑청(豊城)으로 이사 갔다. 정정화의 기억으로는 "펑청은 이름 그대로 풍요한 고장으로 물가가 무척 쌌" 으며 김의한의 월급 20원은 "그야말로 호강할 수 있는 거금이었다" 는 것이다.[44] 이곳에서 1년쯤 살다가 직장인 전원공서가 같은 성의 우닝(武寧)으로 이사 가는 바람에 다시 그곳에서 3년 가까이 생활했다. 이 장시성 시절 4년은 중국인으로 변성명한 은거생활이기는 했으되 모처럼 일가

43) 김가진과 김의한 · 정정화 부부가 상하이 망명 직전에 살던 서울 체부동 86번지의 집은 이제 큰 삼계탕 전문식당의 일부로 바뀌었다. 김의한과 정정화의 기억 속에 남은 청계천은 지금의 자하문터널 근처에서 발원해 서울경찰청 쪽으로 내려오는 백운동천(白雲洞川, 지금은 복개되어 자하문로 지하를 흐른다)으로서 청계천의 상류에 해당한다. 이들의 체부동 집은 이 백운동천에 직접 면한 것은 아니고 한 블록 뒤에 위치했다.

44) 정정화, 앞의 책, 123쪽.

족 3명이 함께 단란한 생활을 꾸리던 때였다. 정정화로서는 임정 요인 등과 떨어져 있게 됨으로써 중국어 공부를 제대로 할 수 있는 모처럼의 기회이기도 했다.

그렇다고 임정과 완전히 별개로 살았던 것도 아니다. 정정화는 1935년 9월 백범의 어머니 곽낙원을 모시기 위해 장시성을 떠나 아들 자동과 함께 난징(南京)으로 갔다. 당시 곽낙원은 칠십이 넘은 고령으로 어린 손자 김신을 데리고 난징의 작은 집을 세내어 살고 있었다. 이 살림을 돌보아줄 사람이 필요했는데, 백범이 몇몇을 거론했으나 곽낙원이 모두 마다하다가 정정화가 온다고 하니 그제야 수락했다고 한다. 정정화–김자동은 이렇게 해서 곽낙원–김신과 한 가족을 이루어 꼬박 반년을 함께 살았다.

정정화는 이때 이미 임정의 어른들이 가장 신뢰하는 안살림꾼이 되어 있었다. 나아가 그는 그저 뒷바라지만 하는 수준에서 그치지 않았다. 1935년 11월 김구 등 임정의 중심인물들이 주축이 되어 결성한 한국국민당에 남편 김의한과 함께 당당하게 당원이 된 것이다. 김의한과 정정화가 김구와 정치적 행동을 늘 함께 해 오긴 했지만 두 사람 모두 정당에 가입한 것은 이때가 처음이었다. 당원이 된다는 것은 어찌 보면 별일이 아닐 수도 있다. 그러나 이를 계기로 정정화는 이제 조직원으로서의 의무와 권리를 다하겠다는 생각을 갖게 되었을 수 있다. 그것은 그저 뒤에서 봉사하는 것과는 전혀 다른 문제였다.[45]

이렇게 정정화가 난징에 머물던 1936년 초 뜻밖에 국내에서 상하이

---

45) 이 무렵 의열단 측에서 '임시정부 해소'를 주장하고 나서고 국무위원 7명 중 5명이 사임해 임정이 무정부 상태에 빠지자 1935년 10월 임시의정원 의원 16인은 자싱 남호에 배를 띄우고 선상에서 비상회의를 열어 이동녕, 김구, 조완구를 국무위원으로 보선해 임정을 복구했다. 이로써 임시정부의 '김구 시대'가 정식으로 열렸고, 김구는 다음 달 임정을 옹호하기 위해 한국국민당을 조직한 것이다. 이때 임정은 항저우에서 전장으로 옮아갔다.

를 거쳐 두 사람의 손님이 찾아왔다. 김의한의 막내 여동생 영원(1913년생)과 김의한의 바로 아래 남동생 용한의 아들 석동(1923년생)이었다. 느닷없는 시누이와 조카의 출현에 정정화는 깜짝 놀랐다.

사정인즉 이랬다. 영원은 동덕여고보 재학중 공부를 잘한 것은 물론이고 서예에도 뛰어난 소질을 보였는데[46] 학교에서 좌익 독서서클에 가담해 경찰서 유치장 출입이 잦았다.[47] 졸업 후에도 결혼할 생각은 하지 않고 후배들을 지도하며 지내니 이를 보다 못한 일제 경찰이 차라리 오빠가 있는 중국으로 나갈 것을 권했다는 것이다.

석동은 또 다른 아픈 사연이 있었다. 그의 아버지 용한(1903년생)은 정정화가 1922년 7월 김가진의 장례를 치른 뒤 상하이로 돌아올 때 동행했던 시동생이다. 그런데 그가 한 달 뒤 귀국할 때 우연히도 종로경찰서에 폭탄을 던지기 위해 귀국하는 의열단원 김상옥과 같은 배에 타게 됐다. 1923년 1월 22일 김상옥의 의거가 일어나자 용한은 일본경찰이 연루자로 체포해 모진 고문을 가하는 바람에 그 여파로 숨지고, 부인마저 1934년 세상을 등졌다. 이들 가족에게 닥친 또 하나의 불행이었다. 천애고아가 되어 의탁하기 위해 온 조카 석동을 김의한 · 정정화 부부는 친아들처럼 길렀다.

이렇게 해서 우닝의 김가진 일가는 식구가 갑자기 다섯 명으로 불어

46) 「동아일보」는 1932년 9월 21일자에 동덕여고보 3년생인 김영원이 제3회 전조선남녀학생 작품전의 중등학생부 습자 부문에서 3등에 입상했다고 보도한 뒤 9월 28일자에 김영원의 작품 사진을 소개했다. 또 9월 30일자에서는 그가 김가진의 딸이라고 밝히며 그의 인물 사진과 함께 인터뷰 기사를 실었다.

47) 김영원은 1930년대의 전설적인 공산주의운동가 이재유 그룹에서 활동했던 것으로 보인다. 당시 동덕여고보에서 이순금 등의 후배였던 김영원은 1933년 5월 동맹휴학의 주동자로 활동(김경일, 『이재유, 나의 시대 나의 혁명』, 푸른역사 2007, 118쪽)하는가 하면 동덕여고보 졸업 후에도 '청유(廳有)제사' 에서 적색노조 계열의 노동운동을 계속(김경일, 『한국 근대 노동사와 노동운동』, 문학과지성사, 2004, 473쪽) 했다.

났다. 당시 시누이 영원을 지켜본 정정화의 후일담이 날카로우면서도 솔직하고 솔직하면서도 안타깝다.

> 영원은 학생 때부터 높은 이상을 갖고 살아 왔으며, 중국에 올 때는 독립 진영에 가담할 생각이었으나, 당시 중국에서의 독립운동은 동면 상태에 놓여 있었고, 오라버니인 성엄도 별 볼일 없이 중국 관청에서 세월을 보내며 때를 기다리고 있는 형편이었다. 영원은 자기가 아무 일도 할 수 없다는 것에 대해 회의하고 있었으니, 오빠에 대한 실망도 컸을 것이다. 더구나 그때는 오히려 국내에서 학생, 노동자, 농민들의 저항운동이 활발히 전개되어 뜻있는 이들의 동참이 절실히 요구되던 때였다. 그래서 영원은 불과 6개월 정도 함께 지낸 후 국내로 귀환하고 말았다. 당시 시누이의 나이가 스물일곱(스물넷의 잘못－필자)으로 혼기가 훨씬 지난 노처녀였기에 성엄과 나는 귀국 후 마땅한 자리가 생기면 시집가도록 설득하여 보냈다.[48]

이렇게 밖으로 드러나는 일이 별로 없는 가운데 정정화 부부의 장시성 생활도 막바지를 향해 가고 있었다. 중국과 일본의 전쟁 상황은 그 대륙에 등 붙이고 살던 사람이라면 어느 누구도 내버려두지 않았기 때문이다. 마침내 1938년 2월 이들 부부와 아들 후동, 조카 석동 등 일가족은 아무 일도 없는 듯했던 4년간의 장시성 생활을 정리하고 후난성 창사로 갔다. 임정이 그곳으로 이전해 있었으며, 상황이 이들을 불렀기 때문이다. 이들 부부는 그 부름에 즉각 응했다. 모험심 가득하던 스무 살에 중국으로 망명한 이들 동갑내기 부부가 이제 마흔을 목전에 두고

48) 정정화, 앞의 책, 138쪽.

있던 때였다.

7. 강물 위의 망명정부…다시 그 중심에 서다

임정이 자싱과 난징을 전전하고, 김의한·정정화 부부가 자싱을 거쳐 장시성에 머물던 1930년대 초중반 내내 중국 대륙은 짙은 전운에 휩싸여 있었다. 그러나 국민당 정부는 제대로 대응하지 못했다. 짙은 먹구름이 드리웠지만 비는 내리지 않았다.

만주사변을 일으킨 일본이 동북3성을 점령하고 1932년 3월 만주국 괴뢰정부를 세워도 국민당 정부는 '공비(共匪) 토벌' 에만 몰두했다. '안내양외(安內攘外, 내부를 안정시킨 뒤 외적을 물리친다)' 라는 명분을 내세웠다. 그 사이에 홍군(紅軍)은 1934년 10월부터 꼬박 1년 걸려 대장정을 마무리하고 산시성 연안에 도착했다. 여론이 들끓었다. 마침내 1936년 12월 역사적인 시안사변이 일어났다. 이를 계기로 국민당 정부는 내전을 중지하고 항일투쟁에 적극 나서는 쪽으로 물꼬를 튼다. 이어 1937년 7월 7일 노구교사건은 중－일 간 전면전의 도화선이었다. 그해 8월 일본이 상하이 총공격을 시작하자 국민당 정부도 '전면항전' 을 내걸고 '국공합작' 을 선포하기에 이르렀다. 이제 두 나라의 운명을 건 피할 수 없는 대결이 시작된 것이다.

동아시아를 뒤덮고 있던 먹구름이 순식간에 폭우를 쏟기 시작했다. 이 폭우의 향배에 동아시아의 운명도 걸려 있었다. 임정의 선택은 한 가지 밖에 없었다. 모든 역량을 쏟아 중국의 항일투쟁에 협력해 일본 제국주의 세력을 대륙에서 쓸어내는 것, 그것 외에는 다른 길이 없었다.

때마침 국내에서 전해진 1937년 6월 4일 보천보전투의 승전보도 이들의 사기를 북돋웠다.[49] 임정은 더 이상 숨어 있을 상황이 아니었다. 그것은 김의한·정정화 부부도 마찬가지였다. 그 무렵 두 부부는 "이렇게 아무 것도 한 일 없이 조국이 해방되면 무슨 면목으로 귀국할 것인가" 걱정할 때가 많았고,[50] 항일전선에서 어떤 방식으로든 역할을 해야겠다고 마음먹고 있었다. 때마침 김구가 이들 부부를 불렀다. 일가족 네 식구는 장시성 우닝을 떠나 며칠 동안 버스—기차—선박—기차를 갈아타며 막 임정이 도착해 있던 후난성 창사에 이르렀다. 장시성에서 일정한 수입이 보장되던 직장, 그리고 무엇보다도 중국인으로 변성명해 숨어 살던 안락한 생활을 버린 것이다. 그렇게 해서 다시 임정 본진과의 동행이 시작됐다.

그 동행은 우선 꼬박 1년이 넘는 고통스러운 피난길이었다. 대륙을 장악하기 위해 압도적인 화력을 바탕으로 밀고 들어오는 일본군의 포화를 뒤에 달고 임정 본진은 피신에 피신을 거듭할 수밖에 없었기 때문이다. 두 부부는 전쟁이 끝날 때까지 그 대열을 한 번도 벗어나지 않았다. 벗어나기는커녕 늘 그 중심에 있었다. 김의한은 임시정부를 가동하게 만드는 실무 역할을 맡았으며, 정정화는 임시정부청사 안에서 생활하며 모든 살림을 챙기는 역할이었다.

상하이 방어선이 무너지면서 일본군이 예상보다 빠른 속도로 난징으로 진격해 들어오자 임정은 1937년 11월 말 가까스로 장쑤성 전장(鎭江)을 빠져나와 목선 한 척을 빌려 후난성 창사로 옮겨갔고, 다시 1938년 7월 양쯔강을 따라 서진한 일본군이 창사의 지척까지 진출하자 이번

---

49) 한중연합부대인 동북항일연군의 한 부대가 1937년 6월 4일 함경남도 갑산군의 보천보에 있는 일본주재소를 습격해 일본경찰을 여러 명 사살하고 큰 물자를 획득한 전투를 가리킨다. 이 전투는 일장기 말소사건으로 1936년 8월 27일부터 무기정간 상태에 있던 「동아일보」가 9개월여 만인 1937년 6월 2일 속간된 직후 벌어졌다. 「동아일보」는 전투 다음 날인 6월 5일 대단히 이례적으로 하루에 두 차례나 호외를 발행해 보천보 전투의 상황을 상세히 보도했다.

50) 정정화, 앞의 책, 175쪽.

엔 기차편을 마련해 대규모 인원이 한꺼번에 남쪽 광둥성 광저우(廣州) 인근의 포산(佛山)으로 옮아갔다. 창사 시절부터는 김의한 · 정정화 일가족을 포함해 상하이, 난징, 항저우 등 각지에서 합류한 임정 관계자들 및 그 가족들로 인해 일행이 100명 이상의 규모로 불어나 있었다.

임정은 웬만하면 포산에 오래 머물기를 원했다. 그러나 그 기대는 배반당했다. 그해 10월 초 일본군이 광둥성에도 상륙했고, 전 방면에서 내륙으로 진격해 들어오기 시작했다. 창사에서보다 훨씬 위급했다. 이번엔 중국의 피난 정부가 위치한 쓰촨성 충칭으로 방향을 잡았다. 각자 짐을 최소한으로 줄이고 10월 18일 새벽 두 시, 중국 정부의 호의로 배정받은 기차를 타고 포산을 떠났다. 등 뒤의 일본군 기관총 소리가 지척에서 들리었다.[51)]

'충칭 가는 길' 은 만만치 않았다. 대륙을 침공한 일본군의 포화가 늘 뒤따라 왔다. 포산을 떠난 기차가 100여㎞를 달려 이른 아침 싼수이(三水)에 도착할 무렵 일본비행기의 공습을 만났다. 피난길 내내 절망감이 엄습했다. 항일전쟁 일선에 나서겠다는 '의지' 와 남부여대해서 일본군의 총탄을 피해 무기력하게 피난 가는 '현실' 사이에는 건널 수 없는 심연이 자리 잡고 있었다. 그러나 어쩌면 그런 절망감조차 사치스런 것이었다. 이미 포산 시절 김의한은 '임시정부 국무위원회 비서' 로 임명(1938. 9. 27)되어 중국 관청과의 교섭 업무 등을 책임지고 있었다. 임정 식구들이 한 명의 낙오도 없이, 아무 사고도 없이 피난하도록 만드는

---

51) 임정 관계자들이 포산에서 충칭으로 간 루트는 3가지였던 것으로 기록되어 있다. 첫째는 김구, 안춘생 등 수뇌부가 광저우 → 홍콩 → 베트남을 거쳐 항공편으로 충칭까지 간 루트이고, 둘째는 나일환, 김인(김구의 아들) 등 일부 청년들이 궈린으로 가 한때 김원봉의 조선의용군에 의탁했다가 천신만고 끝에 충칭에 도착한 루트이고, 셋째는 여기 설명하는 대부분의 임정 식구들의 이동 경로다. 中共廣西柳州市委員會宣傳部, 『大韓民國臨時政府在柳州』, 廣西人民出版社 2005, 18~19, 24쪽.

것이 그의 책무였다. 정정화는 그런 피난이 실질적으로 가능하도록 먹거리 등 생활을 책임지고 있었다. 다른 생각할 겨를조차 없이 부부가 함께 100여 명 일행의 피난을 실질적으로 이끌고 있었던 셈이다.

포산을 떠난 일행이 싼수이에서 류저우(柳州)에 이르는 40여 일의 행군은 그야말로 고난의 가시밭길이었다. 우선 여기서는 육로 이동이 불가능했다. 중국의 4대 강 중 하나인 주강(珠江)을 거슬러 오주까지는 사나흘 걸려 목선으로 갔고, 거기서 광저우에서 직접 떠난 사람들과 합류해 구이핑(桂平)까지는 기선이 끄는 목선을 타고 다시 며칠을 갔다. 강물이 거세 목선 자체의 힘만으로는 전진은커녕 휩쓸려 내려갈 수밖에 없었기 때문이다. 구이핑에서 문제가 생겼다. 선금을 받은 기선이 목선을 떼어놓고 달아나버린 것이다. 며칠을 하릴없이 묶였다가 겨우 다른 기선을 구해 행군을 계속했지만 지류인 용강(龍江)으로 접어들자 이제는 불쑥불쑥 나타나는 여울 때문에 기선조차 맥을 쓰지 못했다. 이제는 일본군이 아니라 자연과 싸우고 있는 격이었다.

게다가 사람은 먹어야 사는 존재이니 배 위에서 보낸 40일 내내 이것을 챙기는 것은 정정화의 몫이었다. 안팎의 일이 엄연히 구분되어 있던 시대였고, 거기에 혼자 사는 노인들을 돌보는 일까지 해야 했으니 정정화로서는 한 달 남짓 말로 다할 수 없는 고생이었다. 류저우에 도착해 넉달 남짓 땅 위에 등 붙이고 잘 수 있게 된 것만도 감지덕지했다. 그러나 류저우는 목적지가 아니었다. 다시 1939년 4월 4일 버스 6대를 빌려 타고 이번엔 산악지대를 돌고 돌아 600㎞ 떨어진 구이저우성의 수도 구이양(貴陽)에 도착했고, 거기서 다시 버스를 갈아타고 충칭 방향으로 가야 했는데 구이양에서 웬일인지 일행이 머뭇거렸다. 예산이 초과되어 비용이 모자라 충칭에서 돈이 올 때까지 기다려야 하는 상황이었다. 정정화는 장시성에서 지낼 당시 저축해 놓은 200원을 선뜻 이동녕에게 건넜다.

그 덕에 곧바로 구이양을 떠난 일행은 쭌의를 거쳐 500㎞를 내쳐 달려 1939년 4월 마침내 쓰촨성 치장(綦江)에 도착했다. 충칭에서 남쪽으로 삼십 리 떨어진 곳으로서 임정 가족들의 목적지였다. 김의한 · 정정화 부부로서는 장시성 우닝을 떠난 이후 1년 2개월을 사실상 길 위에서 보낸 셈이었다. 이들은 이제 이곳 충칭 근처를 전전하며 전쟁이 끝날 때까지 6년여 동안 살았다. "중국정부와 우리 임시정부는 더 이상 일본군에게 쫓기지 않을 것이며, 사실 쓰촨성 충칭을 떠난다면 이제는 더 갈 곳도 없었다. 장쑤성에서 출발하여 쓰촨성에 이른 장장 5,000㎞의 피난길은 중공군이 장시성에서 산시성까지 쫓겨난 만리장정과 견주어질 만한 것이었고, 사실 우리끼리 이 피난 행각을 만리장정이라고 부르기도 했다."[52)]

창사에서부터 포산과 류저우를 거쳐 치장까지 오는 피난살이 기간 동안 의미 있는 일도 없지 않았다. 류저우 시절인 1939년 2월 앞으로 광복군의 모체가 될 '한국광복진선 청년공작대'가 창설됐다. 정정화의 조카인 석동도 이때 열일곱 살의 나이로 공작대의 가장 나이 어린 대원이 되었다. 이들은 중국 측의 청년문화단체와 합동공연을 가져 큰 반향을 불러 일으켰다.[53)]

그런가 하면 창사에서부터는 임정이 몇 달씩 머무는 곳마다 학교가 개설되어 초등학생 나이의 어린이들을 가르쳤다. 1932년 5월 상하이를

52) 정정화, 앞의 책, 168쪽.

53) 임시정부가 중일전쟁 발발 직후 군사위원회를 조직하고 각 정당 · 사회단체들로 '한국광복진선'을 결성하는 등 무장 조직을 갖기 위해 발 빠르게 움직이긴 했으나 중국 정부의 미온적인 태도로 결실을 못 보고 있는 사이에 김원봉의 민족혁명당 등 '민족전선' 계열에서는 1938년 10월 10일 약 140명 규모의 조선의용대를 호북성 한구에서 창설했다. 임시정부보다 한 발 앞선 군대의 창설이었다.

탈출한 이후 6년 만에 처음 이뤄진 일이었다. "창사에서 머문 기간이 (중국)학교에 다니기에는 너무 짧아 국어와 우리 노래 등을 가르칠 목적으로 10여 명에 지나지 않는 아이들을 위해 임정에서는 임시학교를 개설했다. 교장은 일본 와세다대학 재학 중 항일투쟁에 가담한 이달 선생이 맡았으며, 송면수 · 김효숙 내외분이 국사와 국어를 가르쳐줬다. 그리고 노래와 춤은 김철 선생이 맡았는데, 그때 배운 노래들을 지금도 기억하고 있다."[54]

이들이 고단한 피난길에서도 잊지 않았던 것이 하나 더 있다. 삼일절 기념식이 그것이었다. 이는 그들이 중국 땅에서 그 고생을 하면서도 머물러 있는 이유를 확인하고 스스로 할 일을 다짐하는 자리였다. "창사에 도착한 지 한 달도 못 돼 삼일절을 맞이하여 망명정부로서는 처음으로 제법 큰 강당을 빌려 기념행사를 했다. 이때 단상에 깃대를 세워 태극기를 올리는 순서가 있었는데, 참석자 중 부인들이 감격하여 흐느끼는 소리가 들리더니 결국 국기 게양식은 울음바다로 변했다. 우리 어린 아이들도 따라 훌쩍였다."[55]

8. '어른' 이 되기…여유와 조바심

이렇게 충칭 지역에서의 생활이 시작됐다. 중국의 피난수도이자 우리 임시정부의 마지막 기착지였던 쓰촨성 충칭은 일본군의 군화발이 다가오기엔 꽤나 먼 내륙의 깊은 산악지역이었다. 그 대신 일본군은 거의 매일 비행기로 공습을 감행했다. 제공권은 일본이 장악하고 있었기 때문에 공습경보가 울리지 않는 날이 없었다.

---

54) 김자동, 앞의 책, 98쪽. 김자동은 그때 김철 선생으로부터 배운 '고향의 봄' '고향 하늘' '반달' '봄편지' 등의 동요를 지금도 기억하고 있다.

55) 김자동, 같은 면.

충칭에 살기 위해 또 한 가지 견뎌내야 하는 것은 안개였다. 지금까지 임시정부 관계자들이 살던 곳은 모두 바닷가나 평지여서 사철 햇볕이 좋았다. 그에 반해 양자강 상류 물길을 끼고 산악지역에 위치한 충칭은 겨울(10월~이듬해 2월)이면 안개로 휩싸이곤 했다. 이 축축한 공기가 결핵의 원인이 되었다. 임정 식구들 중에도 이 외진 충칭까지 와서 결핵에 쓰러진 사람이 여럿 있었다. 다만 겨울에는 이 안개로 인해 일본군의 공습이 중단되곤 했던 것이 위안이라면 위안이었다.[56)]

'공습'과 '안개'라는 두 가지 위험요소를 피해서 임시정부는 충칭 시내의 연락사무소에 최소한의 인원만 두고 대부분의 식구들을 거기서 90㎞ 떨어진 치장에 머물게 했다. 처음에는 치장 중에서도 타이쯔상(台子上)이란 동네의 도교사원 한 채를 개조해서 함께 기거했고, 나중에는 토완(沱灣)이란 동네의 집들을 세 내어 몇 가족씩 어울려 기거했다. 이 무렵에도 이동녕, 이시영 등 원로들을 돌보는 것은 정정화의 몫이었다.

그러나 정정화는 치장에서부터 비교적 생활에 여우를 가졌다. 경제적인 얘기가 아니다. "나도 이때쯤 해서는 내 주변의 상황을 나름대로 따져보고 가늠해 볼 수 있을 만큼 임정의 생활에 익숙해져 있었고, 국무위원들을 모셔야 하는 바쁜 생활 중에서도 나 자신이나 식구들을 위해 짬을 낼 만큼 정신적으로 여유가 생겼다. 임정을 둘러싼 사태가 호전되어서라기보다는 중년이 된 한 아낙네만이 발휘할 수 있는 생활의 지혜 탓이었을 것이다"고 그 스스로 40대 초반 자신의 정황을 회고한 바 있다.[57)]

---

56) 그날 그날의 날씨가 일본군의 공습을 가늠하는 판단기준인 동시에 자신의 목숨과 관련된 일이었기 때문에 당시 충칭에 있던 사람들은 전쟁이 끝난 뒤에도 늘 일기예보에 귀를 기울이는 습관을 갖게 되었다. 양우조·최선화, 『제시의 일기』, 도서출판 혜윰 1999, 6~7쪽.

57) 정정화, 앞의 책, 173~174쪽.

이 치장 시절 임정의 어른 두 분이 별세했다. 치장에 피난 짐을 푸느라 어수선했던 1939년 4월 26일 김구의 노모 곽낙원이 80세를 일기로 세상을 떴고, 한 해 뒤인 1940년 3월 13일에는 임시정부의 주석 이동녕이 71세의 일기로 역시 조국의 광복을 못 보고 숨졌다. 두 사람은 임정 식구들 사이에서 원로이자 정신적 구심적이었다. 특히 정정화에게는 아버지, 어머니나 다름없는 존재들이었다. 정정화는 곽낙원을 모시기 위해 가족과 떨어져 난징에서 반년 이상을 머물기까지 했고, 이동녕과는 상하이 시절부터 친아버지나 다름없이 늘 공양하곤 했다.

상실감이 클 수밖에 없었다. "중국 땅에서 이 민족의 큰 별들이 하나씩 둘씩 그 자취를 감출 때마다 조국의 독립이 그만큼 점점 더 멀어지는 듯 싶었던 것은 나만이 느낀 심정이 아니었으리라."[58] 개인적으로는 더 허전할 수밖에 없었다. 중국 망명 초기에 시아버지와 친아버지를 잇달아 잃은 정정화로서는 근 20년 만에 다시 맛보는 근원적인 상실감이었다.

그러나 어른이 없어지고 허전해진다는 것은 사실은 자신이 어른이 되어가는 과정이었다. 아들 후동을 포함해 자라나는 2세들을 돌보고 한국에서 온 조카 석동과 같은 청년들이 독립운동 전선에서 제 역할을 찾아 나가도록 뒷바라지하는 것이 이제는 김의한 · 정정화 부부 세대가 맡아야 할 일이었다. 앞 세대는 비록 사라져 가고 있지만 그들과 함께 하며 배우고 익힌 조국애와 식견을 이렇게 세대를 이어 전해 주는 것이 그들의 할 일이었다.

그런 점에서 이들 부부의 생활은 그렇게 여우 있는 것일 수 없었다. 우선 1940년 5월 임정 계열의 3개 정당(한국국민당, 한국독립당, 조선

58) 정정화, 위의 책, 179쪽.

혁명당)이 통합해 한국독립당이 결성될 때 김의한은 중앙집행위원인 동시에 조직부와 선전부 주임이 되었고, 임시의정원에서도 의원으로 선출됐다. 그런가 하면 그해 9월 17일 드디어 한국광복군이 창설될 때에는 군사 경험이 없었음에도 정령(지금의 대령) 계급을 받고 '주계(主計)' 라는 직임을 맡았다. 말하자면, 임시정부의 당 · 정 · 군 3면에서 모두 실무를 맡아보게 된 셈이었다. 김의한은 결국 그해 9월 임시정부 청사가 충칭으로 옮길 때 가족은 치장에 둔 채 따라갔고, 주로 한국독립당 당사에서 생활하며 분주한 나날을 보내게 되었다.

영일이 없기는 정정화도 마찬가지였다. 한국독립당의 재창당 때 다시 한 번 그 당원이 되었고, 그 다음 달 치장에서 한국혁명여성동맹이 출범할 때에는 간사들 가운데 한 사람이 되었다.

그렇게 분주하게 보낸 치장에서의 2년 가까운 기간은 막다른 곳에서 독립운동의 마지막 전열을 정비하는 시기였다. 절박한 심정으로 소수나마 한국광복군도 출범시켰다. 이 광복군 창설에 중국 측 지원은 없었다. 재미동포들이 한 푼 두 푼 모아 보내준 헌금이 바탕이 되었다.

이 무렵 아쉬운 것이 있다면, 국내의 소식을 거의 들을 수 없었다는 점이다. "일제의 탄압이 날로 격심해지면서 창씨개명이 강요되고 있다는 정도는 알 수 있었으나 국내에서의 항일투쟁에 대한 세부적인 정보 따위는 거의 들을 수 없었다. 조선일보와 동아일보가 그해(1940년) 8월에 폐간되었다는 것도 나중에 알게 되었다."[59]

차라리 중일전쟁의 전황에 국제정세는 나름대로 듣고 생각할 여지가 많았다. 중국 측으로부터 들어오는 정보도 있었고, 미국 동포들을 통해 알려지는 소식도 있었다. 일본이 석유자원을 확보하기 위해 이른바 남

59) 정정화, 위의 책, 181쪽.

진정책을 통해 동남아시아로 침공의 마수를 뻗고 있다는 사실을 전해 듣고 '일본이 스스로 무덤을 파기 시작했다' 고 생각한 것도 치장 시절(1940년)의 일이었다. 자연스럽게 국제정세를 학습하게 된 것이었다.

그런 급박한 상황 전개를 지켜보면서 우리도 무슨 일이든 해야 한다는 쪽으로 더욱 조바심이 날 수밖에 없었다.

9. 또 다른 고향

그렇게 '여유' 와 '조바심' 사이에서 임정과 함께하던 김의한 · 정정화 가족은 1941년 2월 충칭에 가까운 투차오(土橋) 마을로 이사했다. 치장에 살던 임정 가족 10여 가구가 함께 이사했다. 투차오는 충칭에서 양쯔강을 따라 하류 쪽으로 25㎞ 떨어진 아주 한적한 농촌이었다. 임정 가족들은 강변의 언덕 위에 직접 대나무로 발을 엮은 뒤 콜타르를 발라 벽을 세우고 기와까지 올려 제법 번듯하고 큰 공동주택을 세 채 지었다. 집 뒤로 농지도 사들여 부식은 직접 키워 먹을 수 있게 되었다. 집터와 농지는 중국인 지주로부터 20년 기한으로 조차한 것이었다.[60)]

미주동포들이 간간이 보내주는 성금 외에는 아무런 수입원이 없던 임정과 그 식구들이 갑자기 무슨 돈이 있어서 이렇게 땅을 빌리고 집까지 지을 수 있었을까? 그것은 전적으로 중국 국민당 정부가 이 무렵 임정에 대한 재정적 지원을 시작했기 때문이었다. 그 이전에 피난을 위한 버스 마련 등의 편의를 제공하던 것에서 한 발짝 더 나아간 것이었다. 대일공동전선을 염두에 둔 조치였다.

중국 측 기록에 따르면, 국민정부 군사위원회는 1940년 12월 임시정부 교민들의 생활비로 매월 6만 원을 지급하기로 결정했으며[61)] 1943년

---

60) 정정화의 아들인 김자동의 증언(2013년 7월 4일).

6월부터는 전시 물가상승을 감안해 매월 20만 원을 지급했다.[62] 그리고 100여 명이던 교민 숫자가 1944년 340명 이상으로 늘자 그 액수를 50만 원으로 조정해 줄 것을 재정 당국에 요청하기도 했다.[63]

이 시점에 김의한 · 정정화는 이미 중국 망명 20년을 넘긴 상황이었다. 이들은 다시 20년을 중국에 머물러야 할지 모른다고 생각했다. 그 이전에 일본이 전쟁에서 패망하고 귀국하게 되면 좋겠지만 지금까지 지내온 세월만큼 더 있을 수도 있으니 그런 상황에도 대비해야 한다는 생각을 동시에 했던 것이다. 이것 역시 '여유'와 '조바심' 사이에서 내려진 판단이었다. 그러나 순전히 생활만으로 살피자면, 이 투차오 시절이 김의한 · 정정화의 중국 체류기간 중 가장 평온하고 안정된 시기였다.

우리말로 번역하면 '꽃여울'이라고 할 수 있는 '화탄계(花灘溪)' 옆 투차오 마을을 당시 임정 식구들은 '우리촌(村)'이라고 부르기도 했다. 마을 언저리의 밭에 야채도 심고 꽃도 가꾸며 마치 고향에 와 있는 듯한 나날을 보냈다. 정정화를 포함해 임정 가족들은 1945년 말까지 근 5년을 이곳에 머물렀다. 1932년 5월 상하이 탈출 이후 한 곳에 머문 기간으로는 가장 긴 셈이었다. 우리 나이로 14세에 이곳으로 이사 와 청소년기를 보낸 정정화의 아들 김자동의 기억은 남다르다.

1년에 8개월 가량이나 수영을 할 수 있어 내 또래 아이들에게는 천국이

---

61) 中央研究院近代史料研究所, 「國民政府軍事委員會快電」, 『國民政府與韓國獨立運動史料』, 1988, 438쪽. 1941년 5월의 한 문서에는 매월 한 사람당 소비하는 쌀이 2말이고 이를 전체 교민 123명으로 환산하면 24섬 6말의 쌀이 필요하다고 보고하는 내용도 있다. 쌀 소비량을 집계한 것은 전체 지원금 책정에 참고하기 위한 것이었다.

62) 中央研究院近代史料研究所, 「松字第」 264號, 위의 책, 1988, 526쪽.

63) 中央研究院近代史料研究所, 「請求借助經費概算書」, 위의 책, 1988, 523쪽.

었다. 우리 집에서는 개울이 폭포로 떨어지는 모습도 내려다보여 경치가 좋았다. 폭포 아래쪽에는 그늘이 있어 아주 더울 때에는 그 밑에서 수영을 즐길 수도 있었다.[64]

피난정부 또는 망명정부를 따라 일본군의 추격을 등 뒤에 달고 살아 온 이들에게는 마지막 국면에 잠깐 찾아온 평화였을까? 그 평화의 이면은 대단히 복잡하고 급박했으며, 그에 따른 임시정부의 대처 역시 전례 없이 활발하고 분주했다.

광복군 총사령부는 이미 1940년 11월 충칭에서 훨씬 더 깊숙한 내지 산시성 시안(西安)으로 이동해 전열을 정비하고 예하에 3개 지대를 창설했다. 이 3개 지대는 임정 가족들이 치장에서 투차오로 이사하는 것과 거의 같은 시점인 그 다음해 초 일본군과의 전선 지역으로 각기 이동해 한국인 병사들을 모집해 나갔다.

그 무렵인 1941년, 임시정부가 자리 잡고 있는 충칭에 두 사람의 진객이 나타났다. 독립운동의 좌우 양 진영으로부터 모두 존중받고 있던 김규식[65]과 장건상[66]이 주인공이었다. 이 두 사람의 등장은 좌 · 우파 독

---

64) 김자동, 앞의 책, 149쪽.

65) 김규식(金奎植, 1881~1950). 호는 우사(尤史)이고 부산 출신이다. 선교사 언더우드 목사에게 입양되어 미국에 유학했다. 한일합방 후 중국에 망명해 임시정부 초대 외무총장이 되었고, 파리강화회의(1919년) 모스크바극동피압박민족대회(1922년) 등에서 한국의 독립을 역설하는 외교활동을 폈다. 상하이에 돌아와 국민대표회의에서 '창조파'의 주요인물로 활동했다. 그 뒤 중국의 여러 대학에서 영문학 교수를 지내면서도 민족통일전선의 실현에 노력했고, 그 연장선상에서 1935년 조소앙, 김원봉 등과 민족혁명당을 결성했다. 일제 말 임시정부에 참여해 부주석으로 해방을 맞았다. 귀국 후 과도입법의원 의장을 지냈고, 남북의 단독정부 수립을 막기 위해 김구와 함께 남북협상에 나섰으나 끝내 실패했다. 6.25때 납북돼 그해 말 별세했다.

66) 장건상(張建相, 1882~1974). 호는 소해(宵海)이고 경북 칠곡 출신이다. 젊은 시절 단신으로 시베리아 · 유럽을 거쳐 미국에 유학한 뒤 1916년 상하이로 귀환해 독립운동에 투신했다. 임시정부 초대 외무차장이면서도 무장 투쟁노선을 지지해 임정을 탈퇴한 뒤 의열단 등

립운동 진영의 정치 및 군사 조직, 즉 한국독립당과 민족혁명당, 광복군과 조선의용군(독립동맹) 사이에 가교가 놓였음을 의미했다. 이중 김규식·김순애 부부는 김의한·정정화 부부와 본래 아주 가까운 사이이기도 했다. 통합의 기운이 무르익어 갔다.[67]

그런 상황에서 1941년 12월 7일 일본이 진주만을 기습함으로써 중일전쟁은 태평양전쟁으로 비화했다. 임시정부는 즉각 그 다음날 일본에 선전포고를 했다. 전쟁의 한 당사자임을 선언한 것이다. 실제 광복군은 중국군과 보조를 맞춰 각 전선과 후방에서 역할을 했다.

이 시기에 김의한은 충칭을 떠나지 못했다. 한독당의 조직부 주임이자 광복군의 정훈처 선전과 주임으로서 한독당 기관지 『한보』와 광복군 기관지 『광복』에 실릴 글을 모으고 편집하는 것은 꼬박 그의 일이었다. 가족들이 있는 투차오에는 거의 들르지 못했다. 지금과 달리 그 당시에는 전―후방 사이에 이같은 기관지가 거의 유일한 소통수단이어서 심혈을 기울여 만들지 않을 수 없었다.

정정화는 정정화대로 충칭과 투차오를 오가며 남편일 도우랴, 대한애국부인회 사람들과 함께 아이들을 모아 '삼일유치원'이라는 이름 아래 교육하랴 영일이 없었다. 전쟁난민의 보따리 사이에 파묻혀 자라나는 아이들에게 가족적인 분위기를 형성하고 또래끼리 어울리게 하며

에서 활동했다. 이 무렵 김성숙, 장지락(『아리랑』의 '김산') 등과 함께 잡지 『혁명』을 발행하고 민족유일당운동을 주도했다. 1937년 상하이에서 체포돼 국내 압송된 뒤 1년여 만에 석방돼 충칭 임시정부에 합류했다. 해방 직전 민족혁명당 소속의 임정 국무위원으로 좌우합작에 노력했고, 해방 후 여운형 계열로서 좌우합작·남북합작에 진력했다. 1950년 5월 제2대 국회의원선거에서 옥중 당선됐으며, 그 뒤 혁신계 활동으로 여러 차례 옥고를 겪다 서울에서 별세했다.

67) 이런 좌우합작 노력은 그 다음 해인 1942년 일정 부분 결실을 거둬 5월 김원봉 계열의 조선의 용대 일부가 광복군 제1지대로 합류했고, 다시 10월에는 민족혁명당 세력이 임시의정원 개편에 참여했다.

어렴풋이나마 조국과 민족을 알게 만드는 것은 부인들 몫이었다.[68] 또 김의한이 바쁠 때면 그를 대신해서 철판 위에 친필로 이런 저런 기관지들의 원고를 긁어 편집제작을 돕기도 했다. 정정화는 당시의 유인물 기관지에 대해 "성엄이 원지를 제작한 것은 글씨가 곧고 명확한 반면 내가 제작한 것은 삐뚤빼뚤해 금방 구별해 알아볼 수 있었다"고 말했다.[69]

전쟁은 드디어 한 고비를 넘었다. 1942년 6월 미드웨이 해전을 고비로 전쟁의 주도권은 연합국 쪽으로 넘어왔고, 1943년부터는 일본 전폭기들의 충칭 공습도 사라졌다. 말하자면, 충칭의 두 가지 위험요소 가운데 하나가 사라졌으니 임정 가족들이 자신들의 거주지인 투차오와 남편 또는 아버지가 있는 충칭 사이를 안심하고 오갈 수 있게 된 것이다. 당시 상황을 김자동은 이렇게 기억한다.

> 아버지는 (…) 상당히 바쁜 나날을 보내고 있었다. (…) 그 무렵〔1943년 여름방학 기간 동안〕 우리 가족 셋은 충칭 시내 화평로에 있는 한독당사에 딸린 방에서 살게 됐다. (…) 2채를 우리(임시정부)가 세내어 사용했다. 한 채는 한독당이 썼는데, 아래층에는 제법 넓은 회의실이 있었다. 2층의 3분의 2정도는 사무실로 사용됐으며, 그 3분의 1이 우리가 사는 방이었다. 여전히 단칸방에서 우리 세 식구가 기거하고, 한쪽 구석은 부엌과 식당으로 썼다. 밖에 사무실이 있었으므로 책상은 따로 필요치 않았다.[70]

---

68) 이 삼일유치원의 활동에 대해서는 "언덕에 있는 YMCA회관과 민가에서는 아이들을 모아 한국말과 한국노래를 가르치고 있어 그 앞을 지날 때면 고향에 온 느낌이 들곤 했다"(양우조 · 최선화, 앞의 책, 220쪽) 또는 "학교 못가는 어린이들에게는 가갸거겨, '푸른 하늘 은하수' 한국말을 가르쳤다"(김효숙, 앞의 글, 86쪽)는 등의 증언이 있다.

69) 이때 정정화가 사용하던 등사용 원지 제작용 철필이 해방 후에도 오랫동안 정정화의 집안에 보존되어 있었으나 지금은 행방을 알 수 없다고 한다. 손녀 김선현의 증언(2013년 3월 29일).

70) 김자동, 앞의 책, 169~170쪽.

이 시기에 가장 감격적인 사건은 뭐니 뭐니 해도 일본군 학도병으로 끌려갔던 청년들이 중국 현지에서 탈출해 광복군에 합류한 일이었다. 1944년부터 일본군은 중국 각지에서 무너지고 있었다. 그런 중에 1945년 1월 31일 오후 장준하, 김준엽, 윤경빈, 김우전 등 50여 명의 학병 출신 청년들이 대오를 맞춰 충칭 연화지(蓮花池)에 자리 잡은 임정 청사 앞에 도착했다. 이들은 그 전해에 중국 각지의 일본군에서 탈출해 안후이성 푸양의 광복군 제3지대에 합류한 뒤 중국 중앙군관학교 임청분교에서 단기간 교육[71]을 막 마친 상황이었다. 그리고선 직선거리만으로도 1,000㎞가 넘는 충칭까지 두 달 가까이 거의 걷다시피 해서 도착했던 것이다.

청년들의 의기는 어느 시대건 늘 자랑스럽고 감격스러운 법이다. 청년들 스스로도 드디어 광복군의 일원이 된다는 사실에 가슴이 벅차올랐던 모양이다. 이날 청년들을 대표해 인사말을 한 장준하는 그날의 심정을 생생하게 전하고 있다.

> 임시정부 청사 앞뜰은 우리들 50여 명을 2열 횡대로 정렬시키기에 충분했다. 누구의 지휘 구령도 없이, 우리는 오(伍)와 열(列)을 맞춰 섰다. 줄이 정돈되어 가자 우리는 침묵으로 감격을 억눌렀다. 1945년 1월 31일 하오가, 휘날리는 태극기의 기폭처럼 벅찬 감회에 몸부림치며, 시간의 흐름을 잠시나마 정지시켰고 나의 의식도 아련해졌다.
>
> (…)이렇게 이 장군(이청천 광복군 총사령관)이 말을 맺자, 벌써 저 위 층계에는 푸른 중국 두루마기를 입은 노인이 앞서고, 뒤에는 역시 머리가 희끗희끗한 일행 몇 명이 내려오고 있었다. 이 장군의 소개가 없더라도 능

71) 당시 이들 학병 출신의 탈영자들로 이뤄진 교육과정은 '한국광복군 훈련반 제1기'로 명명됐고, 이 제1기의 졸업식은 1944년 11월 30일에 이뤄졌다.

히 저 분이 김구 선생이시구나 하는 것쯤은, 육감으로 알 수 있었다. (…) 엷은 미소를 담은 선생의 인상은, 검은 안경 속에 정중한 성격을 풍기는 아주 인자한 인상이었다. (…) 장엄한 예식의 주악이 울리듯, 파도 같은 바람의 주악이, 분명히 우리들 가슴마다에 물결을 일으키며 울려 퍼졌다.

이 분을 찾아 6천 리, 7개월 행군의 귀향처럼 우리는 애국가를 듣고 싶었다. 한 발자국 한 발자국을 옮길 때마다 그 얼마나 갈망했는가. 지금의 이 순간을. 걸어온 중국의 벌판과 산길과 눈길 속에 뿌린 우리들의 땀과 한숨과 갈망이 들꽃으로 가득히 대륙에 피어나고, 그 들꽃에서 일제히 합창의 환영곡이 들려오는 듯한 환상의 곡 속에서 김구 선생을 맞았다.[72]

이 청년들로 이뤄진 부대는 2월 20일경 투차오로 이동해 약 10주간 이곳에 머물렀다. 마침 이태 전인 1943년, 중립국인 스웨덴의 루터교회가 한인사회를 지원하기 위해 'YMCA회관' 이라는 명목을 붙여 투차오 우리촌 언덕 위에 지어준 건물이 있었다. 십자가가 달린 탑도 있고, 이삼백명이 모일 수 있는 강당도 마련된 꽤 큰 건물이었다. 정정화 등은 부랴부랴 이 강당을 침실과 식당으로 꾸며 이들 자랑스런 신입 광복군에게 임시막사로 제공했다. '도쿄대(土橋隊)' 라고 불린 이들은 4월 29일 충칭을 거쳐 서안으로 가 미국 전략사무국(OSS)의 국내침투 특수훈련을 받게 되기까지 대오를 정비하고 훈련을 준비하던 상황이어서 임정가족들과 비교적 편안하게 어울리곤 했다.

원래 주민 수만큼의 사람들, 그것도 건장한 청년들이 추가로 들이닥쳤으니 투차오 마을이 북적거리고 꽉 찼을 것은 불문가지다. 그 당시 18세 소년이던 김자동의 기억은 아주 선명하다.

72) 장준하, 『돌베개』, 세계사 2007, 263~268쪽.

나도 이들이 머무는 동안 자주 그곳에서 보냈다. 이들과 만나 국내 얘기, 일본 유학시절 얘기, 그리고 일본 군대 생활과 탈출할 때의 얘기 등을 듣는 것이 무척 재미있었다. 그들과 함께 화탄시(花灘溪) 건너 칭화중학교의 농구장에 가서 농구도 하고 수영도 즐겼다. (…) 그리고 청년회관 안에 탁구대가 있어 거의 매일 그들과 함께 탁구도 쳤다. (…) 대원 중에 기독교 신자가 몇 사람 있었으며, 신학교를 나온 장준하가 있어 교회 일을 거들었다. 그는 주일 학교도 운영했다.[73]

김자동에게 다른 청년들은 모두 '형님' 이었지만 교회 주일학교 교사를 하는 장준하만은 꼼짝없이 '선생님' 이었다. '형님' 이건 '선생님' 이건 그들로부터 고향의 이야기를 매일 한 보따리씩 듣는 것만으로도 가슴이 벅찬데, 머지않아 국내로 진격해 들어가 일본 식민당국을 내몰고 아름다운 고향을 수복할 주인공들과 함께 한다는 것은 엄청나게 감격스런 일이었다.

그것이 곧 다가올 미래의 희망으로 가득 찬 '또 다른 고향' 투차오의 광복 직전 모습이었다.

10. 동농의 묘소 앞에서

전쟁이 막바지로 치달으면서 임정 식구들 중에서도 중견이 된 정정화·김의한 부부는 훨씬 바빠졌다. 한편으로는 실질적으로 전쟁의 일익을 담당하는 것으로, 다른 한편으로는 식구들의 안위를 챙기고 2세들을 건사하는 것으로 더욱 분주해졌다. 밖으로 드러나는 일이건 아니건 한 조직을 유지하고 작동하게 만든다는 것은 그렇게 어려운 일이었다.

---

73) 김자동, 앞의 책, 247~248쪽.

김의한은 1945년 임시의정원의 의원인 동시에 광복군의 정훈처 선전과장으로서 동분서주했고, 정정화는 눈에 잘 뜨이지 않지만 여전히 임정의 내부 살림과 유치원 운영에 한층 더 매진했다.

그러던 어느 날 갑자기 일본이 전쟁에서 항복했다는 소식이 전해졌다. 정정화는 1945년 8월 15일 전해진 소식을 "왜놈이 항복했다"는 표현으로 기억하고 있다. "우리가 이겼다"가 아니었다.[74] 그날 이들 부부는 밤늦도록 '해방의 기쁨'과 '조국의 앞날에 대한 걱정'을 나누었다.[75] '기쁨'은 더 이상 설명이 필요 없는 대목이었다. '걱정'은 최근 수년간 정정화를 옥죄고 있던 문제, 즉 스스로 해방을 이뤄내고 손에 움켜쥐지 못한 데 따른 결과였다. 특히 토교대로 와 있던 청년들이 불과 며칠 전인 8월 7일 OSS의 특수훈련을 마치고 국내 진공을 앞두고 있던 것을 알기에 더욱 안타까웠다. 무슨 낯으로 귀국할 것인가?

그러나 그런 걱정도 사실은 조금 먼 일이었다. 당장 충칭의 임시정부 가족들을 포함해 대륙 각지에 흩어져 살아온 동포들의 신변과 재산을 보호하고 이들을 안전하게 귀국시키는 일이 큰 과제였다.

김의한은 임시정부의 지시에 따라 9월 초 우선 상하이로 파견됐다. 상하이로 모여드는 교민들을 안정시키고 귀국 준비를 하는 것이 임무였다. 임정 본진이 충칭으로 떠나 상하이로 출발한 것은 두 달 뒤인 11월 5일이었다. 그러나 정정화는 김의한이 상하이로 떠난 때로부터 근 5개월을, 임정 본진이 떠난 때로부터도 근 3개월을 더 투차오에 머물다가 1946년 1월 하순에야 100여 명 일행의 일원으로 상하이로 출발했다. 그 일행 중에는 일본군 정신대로 끌려갔다가 중국군 포로수용소를 거쳐 충칭으로 넘어온 한국여성 30여 명도 포함되어 있었다.[76]

---

74) 정정화, 앞의 책, 232쪽.

75) 김자동, 앞의 책, 256쪽.

이들 부부와 아들 등 세 가족이 상하이에서 다시 만난 것은 2월 20일이었다. 그때는 이미 임정 본진이 비행기 편으로 귀국(11월 23일과 12월 1일 등 두 차례)한 뒤였다. 김의한의 일이 워낙 바빴던 관계로 일가족이 1932년 상하이를 떠난 이후 아버지 김가진의 묘소를 처음 찾은 것은 3월 초였다.

유난히도 화창한 봄날이었다. 그날은 성엄과 내가 모든 것을 다 잊은 채 여한 없이 울었던 날이다. 몸뚱아리 어느 구석에 그렇게 많은 눈물이 들어 있었는지. 그 하고많은 눈물을 어찌 다 참아 왔었는지. 성엄은 아버님 앞에 서서 그렇게 울었고, 나도 꿇어앉은 채 그렇게 울기만 했다. 나는 울면서 아버님께 감사드렸고 죄를 빌었으며, 또 아버님께 다짐했다. 이 길을 이끄신 아버님이셨으며, 오늘을 있게 하신 아버님이셨으니 아버님의 말없는 가르침을 높이 받들겠다는 감사요, 속죄였으며, 언약이었다. 만 스물여섯해 동안 이역만리 타관에서 겪은 내 고초는 아버님 앞에서 한순간에 스러져 없어지는 듯했다. 내가 겪은걸 고초라고 할 수 있을까? 일흔넷의 나이에 모든 것을 버리고 새로운 인생을 출발하고자 했던, 그 나이에 혁명에 가담하고자 했던 아버님의 그 진정한 용기의 실체가 왜 25년이 지난 지금에야 내가 어렴풋하게나마 느껴지는 것일까? (…) 열아홉 나이였던 성엄과 내가 이미 아버님 안 계신 중국 땅에서 나이 쉰을 바라보는 중년이 되도록 혁명투사들 틈바구니에서 지낼 수 있었던 것은 어쩌면 모습을 보이지 않은 채 저 앞에 서서 우리를 지켜보신 아버님 때문이었을지도 모른다. 이제 우리에게는 아버님 돌아가신 중국 땅에서 태어난 아들이 있으니, 할

76) 이들 정신대 여인들 가운데 서너 명은 귀국 후 임정 식구들 가운데 독신자들과 결혼해 단란한 가정을 꾸리기도 했다. 충칭에서 상하이까지 20여 일에 걸쳐 함께 이동하는 과정이 계기가 되었을 것이다. 아들 김자동의 증언(2013년 7월 4일).

아버지가 손자에게 독립된 조국을 돌려준 셈이다.[77]

상하이 프랑스조계 안의 서가회 만국공묘에 자리 잡은 김가진 묘소는 이들 부부에게는 중국 망명생활의 원점 같은 곳이었다. 김의한은 정확한 영문도 모른 채 아버지 김가진이 가자고 하니 중국으로 건너온 것이었고, 정정화는 그런 시아버지와 남편을 공양하기 위해 중국으로 건너왔다. 모든 일은 김가진으로부터 비롯된 것이었다. 그러니 눈물이 날 수밖에! 김가진은 70이 넘어 자신의 모든 것을 걸고 독립운동에 뛰어들었으며, 본인은 결실을 못 보고 세상을 떠났으나 이제 그렇게도 염원하던 독립이 이뤄진 것이다. 그러니 또 눈물이 날 수밖에!

이 김가진의 묘소는 해방된 조국의 미래를 비추는 한 줄기 빛이기도 했다. 나라의 주인들이 김가진과 같이 모든 것을 걸고 지켜내려 하지 않으면 그것은 쉽게 위태로운 지경을 맞을 수밖에 없음을 김가진의 묘소는 말없이 보여주었다.

이들 부부는 다시는 김가진의 묘소를 찾지 못했다. 1946년 5월 9일 미군의 LST수송선을 타고 귀국한 이후 1949년 중국 대륙에 공산주의 정권이 들어서 대한민국과 국교가 단절된 데다가 아들 김의한은 1950년 한국전쟁 기간 중에 납북됐고, 며느리 정정화도 1991년 숨졌다. 1960년대 문화혁명 기간 중에는 이 만국공묘 내의 모든 비석들이 파괴되어 묘소의 위치를 식별하기도 쉽지 않다.

지금 김가진 묘소의 유일한 단서는 손자인 김자동이 자신의 수첩에 고이 적어 간직하고 있는 묘번이다. '만국공묘 B119 을혈(乙穴)', 이들 일가족을 나라 찾는 독립운동의 현장으로 이끌고 다시 찾은 나라의 내

77) 정정화, 앞의 책, 262~263쪽.

일에 대해서도 빛을 비춘 김가진의 묘소는 그렇게 한낱 기호로 남았다. 그 기호에서 그와 그 일가족이 중국에서 일군 삶의 의미를 찾아내는 것은 우리의 몫이다.

에필로그: 조국으로 가는 길, 그리고 사후이산(死後 離散)

김의한 · 정정화 부부가 타고 온 귀국선은 미군이 난민수송용으로 제공한 LST였다. '난민' 이라는 표현이 많은 것을 시사한다. 정정화는 이 난민선이 상하이 부두를 빠져 나갈 때 그 물살 속에 '서러움' 과 '슬픔', 그리고 '망국민의 기억' 을 모두 내던져 버렸다고 말했으나 그것들은 그 뒤에도 끈질기게 따라 붙었다.

5월 9일 상하이를 떠난 배는 사흘 만에 부산에 도착했다. 그러나 내릴 수 없었다. 콜레라 환자가 없는지 확인해야 한다는 것이었다. 다시 사흘을 부산 앞바다에 뜬 배 위에서 하릴없이 지냈다. 이 사흘을 두고 정정화는 "중원 대륙을 헤매며 20여 년을 보냈어도 그 사흘만큼 지루하고 딱한 신세는 아니었다. 비록 제 나라 잃고 남의 나라에 가서 유랑생활을 했을망정 부산 앞바다의 사흘만큼 딱한 신세는 결코 아니었다" 고 회고했다.[78)]

미군의 호루라기 소리에 따라 사흘 만에 드디어 조국 땅을 밟기는 했지만 이번엔 전원이 수용소로 들어갔다. 거기서 미군 측은 수용자 전원에게 콜레라 예방주사를 놓고 온몸에 DDT를 뿌렸다. 모든 사람이 흰 밀가루를 뒤집어 쓴 것처럼 보였다. 귀국 환영식 치고는 아주 고약한 것이었다.

그 뒤 이들 부부가, 특히 정정화가 해방된 조국에서 겪은 일들을 일

78) 정정화, 위의 책, 267쪽.

일이 여기 옮길 필요는 없어 보인다. 그는 자신이 한 일을 내세우거나 자신의 주장을 펼친 적이 전혀 없었다. 그저 "서신 연락조차 닿지 못했던 중원 내륙에 흙바람이 휘몰아칠 때, 손가락 같이 굵은 빗줄기가 천형인 듯 쏟아져 내려와 가슴을 갈가리 찢어 놓을 때, 그래서 서글프고, 그래서 쓸쓸할 때마다 늘 생각이 사무치던 곳, 내 나라, 내 조국"[79]에 돌아온 것으로 만족했다.

그의 귀국 이후 삶에 대해서는 본인의 표현대로 "내 땅에서 맞이하는 내 나라의 아침은 춥고 쓸쓸한 것이었다"[80]는 한 마디만 남기고 가자. 그 대신 이 일가족의 오늘날 묘소 상황에 대해서는 짚어보지 않을 수 없다.

앞에 설명했다시피, 김가진의 묘소는 비석이 파괴된 채 상하이에 방치돼 있다. 만국공묘는 이제 '송경령 능원'으로 이름이 바뀌었다. 후손들은 김가진의 묘소를 아직 상하이에 둔 것을 죄스럽게 생각하면서 기회가 되면 측량을 해서라도 묘소 위치를 확인하고 유해를 국내로 모셔오고 싶어 한다. 다만, 묘소 이전에 앞서 서훈 문제가 남아있어 그 귀추가 주목된다.

그 다음은 김의한의 묘소다. 김의한은 한국전쟁 당시 납북되어 숨졌기 때문에 그의 묘소는 북한 지역에 있다. 북한 정권이 임시정부 계열의 인물들을 위해 설정해 놓은 평양 '애국열사릉'이 바로 김의한의 묘소가 있는 곳이다. 남북이 통일되기 전에는 가보기도 쉽지 않고, 묘소를 옮기는 문제는 언감생심이다.

마지막으로 정정화의 묘소는 대전의 국립현충원에 있다. 그는 대한민국으로부터 건국훈장 애족장을 받았기 때문에 자연스럽게 국립묘지

---

79) 정정화, 위의 책, 239쪽.
80) 정정화, 위의 책, 316쪽.

에 묻힐 수 있었다.

이렇게 전혀 자연스럽지 않은 경위로 상하이—평양—대전에 흩어진 세 가족의 묘소는 아주 자연스럽게 우리 민족의 오늘의 과제를 웅변으로 보여준다. 그것은 '조국의 타오르는 아침을 맞게 될' 후손들을 위해 하나 된 나라를 만드는 일일 것이다.

安東金氏 獨立運動家列傳

2019년 11월 8일 초판 1쇄 인쇄
2019년 11월 12일 초판 1쇄 발행

편저자 김위현
펴낸이 김정년
펴낸곳 예문춘추관

등록 제 15-26호 (1988. 3. 24)
주소 / 서울 관악구
보라매로5가길 7, 1310호
전화 / (02) 887-5423
FAX / (02) 888-5423

ISBN 978-89-85090-13-1 03990

값 25,000원

※잘못된 책은 바꿔드립니다.